LA FOI ET SES RAISONS...

DES CHRÉTIENS S'EXPLIQUENT

Visitez notre site :

www.karthala.com

Paiement sécurisé

ISBN : 978-2-8111-2957-6

Bernard Quelquejeu
et Jacques Musset (éd.)

La foi et ses raisons...

Des chrétiens s'expliquent

Éditions Karthala
22-24, bd Arago
75013 Paris

Introduction

Comme ces oliviers millénaires qui donnent leurs fruits, année après année, pendant des siècles, mais finissent par périr, le christianisme est-il en train de s'éteindre, comme le répètent les oracles de la décadence ?

À l'initiative de deux d'entre eux, une quinzaine de chrétiens ont accepté de se livrer à une opération vérité. Ils ont décidé de prendre le temps et la plume pour livrer un témoignage de leur foi, reçue en héritage et qu'ils montrent enracinée dans la grande tradition chrétienne. Non pas seulement un récit brut de leur histoire intérieure personnelle, mais une attestation approfondie, passée au crible d'un contrôle critique des « raisons » qu'ils ont de croire.

Conscients de vivre dans une société globalisée et une culture profondément marquée par la sécularisation, les auteurs ont perçu bien des obstacles que rencontre leur tentative. Ils ont éprouvé qu'ils ne peuvent plus parler de « Dieu » en présupposant qu'ils seront compris. Ils savent qu'avec les philosophes des *Lumières*, soucieux de probité critique, la raison a conquis sa légitime autonomie, l'ampleur de ses pouvoirs, mais s'est aussi avisée de ses propres limites : les preuves de l'existence de Dieu sont hors de sa portée. Ils ont constaté que leurs contemporains ont peu ou prou intériorisé les critiques et les réfutations radicales que les *philosophes du soupçon* ont élevées à l'encontre d'une foi devenue incapable de rendre compte de ce qu'elle affirme. La foi ne se démontre pas, elle ne se justifie pas dans une démarche rationnelle. Elle n'est pas déraisonnable pour autant. Est-il permis de se risquer à penser que certains des textes ici présentés inaugurent une étape nouvelle dans la longue histoire des rapports entre la foi et la raison ?

Les contributeurs de ce livre ressentent que beaucoup des langages dans lesquels s'exprimait et s'exprime encore une croyance qui se prétend traditionnelle, exigent aujourd'hui un difficile travail de relecture, d'émondement à l'encontre d'excroissances désuètes, afin de se recentrer sur Jésus le Nazaréen et sur son Évangile. S'impose un travail de réinterprétation des grands récits symboliques, parfois devenus muets, que continue de transmettre l'institution catholique. Cette interprétation ne concerne pas seulement l'expression, le langage, elle engage toute leur existence. Leur foi s'interprète dans la vie, dans le désir d'être et le courage d'exister.

Qui ouvre ce livre y rencontre une surprenante, voire déroutante diversité d'approches, de tons, et même de thématiques. La *Lettre d'invitation* qui leur avait été adressée afin d'en préciser le dessein, reproduite ci-après en *Prologue* de l'ouvrage, leur laissait de très amples perspectives ; ils en ont largement usé. Le lecteur ne pourra sans doute pas entrer en sympathie avec chacun, il pourra même se sentir étranger à l'une ou l'autre des démarches présentées. Qu'il se souvienne qu'il s'agit là de témoignages intimes, de confessions parfois douloureuses, d'attestations fragiles. Qu'il entre dans ces sanctuaires sur la pointe des pieds.

Prologue

L'intention et la visée qui ont présidé à l'écriture de ce livre à plusieurs ne peuvent pas être mieux précisées qu'elles l'ont été dans la Lettre d'invitation *que nous avons envoyée en mai 2021 à quelques-uns de nos amis et amies pour leur proposer de participer à notre projet. Le lecteur y lira le défi que nous nous lancions à nous-mêmes, les trois objectifs, liés entre eux, que nous nous étions fixés, les périls qu'il nous paraissait souhaitable d'éviter dans une telle entreprise. Il lui sera aussi loisible de juger dans quelle mesure notre but aura été atteint. Peut-être sera-t-il tenté de prendre la plume, à son tour, afin de rendre compte de sa foi.*

Lettre d'invitation

À chaque époque, les chrétiens sont invités à répondre à l'invitation de l'apôtre Pierre : « *Soyez prêts à rendre compte de l'espérance qui est en vous* » (1 Pierre 3, 16).

Aujourd'hui plus qu'hier encore, nombre d'entre eux rencontrent pour exprimer leur foi une série de difficultés, liées aux expressions disponibles et, en deçà d'elles, aux manières contemporaines de penser, de se représenter le monde et la société. Certes, ces constats ne datent pas d'aujourd'hui, mais ils revêtent de nos jours une difficulté renouvelée, due aux modes de pensée que la modernité a introduites dans nos esprits et à la culture dominante qui s'est imposée autour de nous et en nous.

En effet, les expressions conventionnelles du langage classique (souvent désuet) de la tradition ne leur conviennent plus. Ils éprouvent le malaise de constater que celles-ci trahissent peu ou prou leur expérience vive, accompagné de la tristesse de déplorer que des mots nouveaux, des expressions novatrices, des symboles revisités font défaut. Il y a aujourd'hui bien des éléments traditionnels de la confession de foi qui sont devenus proprement « incroyables ». Mais nous savons aussi que chaque culture comporte toujours ce que Paul Ricœur nomme « *un croyable disponible* ». Un vocabulaire mieux adapté doit être réinventé, afin de rendre à nouveau vivante la Tradition de la foi. Étant sauve, bien entendu, la dimension du mystère, de l'ineffable, de l'inouï, qui demeure toujours au cœur du « dire » de la foi.

Le défi qui est le nôtre aujourd'hui, comme il le fut pour nos devanciers, est de tenter cette **attestation** : oser « *rendre compte de l'espérance qui est en nous* », livrer un témoignage audible par ceux au milieu desquels nous vivons, y compris les agnostiques, les athées, les mal-croyants, les indifférents, tous ceux qui se disent sans religion (50 % des Français !).

Nous vous proposons de relever avec nous ce défi, d'y prendre votre part, en écrivant un chapitre (10 à 15 pages à 4 000 signes par page, espaces compris) d'un livre qui regrouperait une douzaine d'auteurs.

Afin de préciser notre projet, en voici les trois axes principaux étroitement liés :

1. Rendre compte de la foi, de sa propre foi, au cœur des actes et de votre *existence* personnelle.
2. *Inventer* un cheminement, un développement original, approprié à un tel propos ;
3. *Renouveler*, autant que possible, le vocabulaire et les expressions dans lesquelles peut être transcrite l'expérience chrétienne aujourd'hui.

Compte tenu de cette orientation, nous pensons qu'il y a, pour vous contributeurs, deux choix, deux périls *à éviter* :

1. Il convient, à notre avis, d'écarter le récit biographique brut. Évidemment, au cours de l'itinéraire proposé, bien des rencontres, des expériences, des événements personnels, des lectures, etc., pourront trouver tout naturellement leur place, mais pas selon la logique d'un parcours narratif détaillé. Les noter et dire leur importance certes, mais avant tout tracer ici les étapes du chemin de pensée que nous croyons aujourd'hui devoir suivre afin de tenter de « rendre compte » de notre adhésion à la foi chrétienne et de vérifier que celle-ci n'est pas déraisonnable à nos yeux. Une justification ? Non, sûrement pas : ce serait beaucoup trop demander. La foi n'est pas la raison.

Nous ne pouvons que nous essayer à une explication, à un éclaircissement qui, peut-être, compose et organise quelques-unes des démarches que nous avons accomplies au cours de notre histoire intérieure, mais surtout qui répond à un appel tenace que nous nous adressons aujourd'hui à nous-mêmes et qui met en lumière l'urgence et la profondeur des novations et des ruptures globales qui s'imposent.

2. Il nous semble également qu'il faut éviter le schéma doctrinal, qui proposerait au lecteur un parcours calqué sur les Confessions de foi traditionnelles (Constantinople, Nicée, Credo, catéchismes...). Outre le fait qu'il existe de nombreux livres de ce genre, cette méthode irait directement à l'encontre de notre projet. Même si la dimension des contenus de la foi ne peut pas être totalement absente, bien sûr, il ne s'agit plus ici d'avoir pour références conscientes ou inconscientes le modèle ou le paradigme de la confession de foi, ou même explicitement celui du témoignage évangélique. Il faut imaginer un autre itinéraire, une autre succession de décisions intellectuelles, d'autres formes de récit qui innovent, qui cherchent à coller à l'expérience vive, telles qu'elles émergent de notre expérience, loin des vocabulaires reçus.

En vous avertissant des deux partis qui, semble-t-il, nous feraient manquer notre but, nous voulons laisser très ouverte à chacun(e) de vous la manière dont il comprend la proposition qui lui est faite, le développement qu'il propose, le plan qu'il entend adopter, les traces qu'il entend pister, les frontières qu'il lui a fallu franchir, tout cela à travers le genre littéraire qu'il affectionne. Cette grande liberté offerte à chacun est notre meilleure chance d'atteindre notre triple objectif.

Un tel projet n'offrirait-il pas une chance de dépasser l'inexistence ou la rareté actuelle des langages secourables ? Cette tentative ne vous semble-t-elle pas un pari à tenter, maintenant ? Ultérieurement, une lecture parallèle et comparative des itinéraires et des témoignages ainsi donnés, dans leur indépassable diversité, ne serait-elle pas potentiellement riche d'enseignements ?

Au regard de la présentation de ce projet, accepteriez-vous d'y contribuer ?

Bernard QUELQUEJEU,
Jacques MUSSET

1

La foi, une aventure personnelle ouverte à l'universel

Michel ANQUETIL*

Avant d'être un ensemble organisé de convictions partagées par une communauté de croyants, autrement dit le *credo* que celle-ci confesse et qui la caractérise, la foi est une expérience spirituelle personnelle qui a une histoire, qui s'épanouit avec le temps, qui épouse la subjectivité du croyant avec ses questionnements, ses impasses et ses blocages, ses affirmations et ses engagements. *Il y a une genèse et une croissance de la foi.*

Cette expérience spirituelle est une force de vie qui permet de surmonter les épreuves. Confrontée au témoignage des Écritures saintes, la foi acquiert une cohérence qui donne sens à l'existence. *Elle est salut.*

Cette foi oriente progressivement toute la vie du croyant et lui confère une manière d'être au monde et aux autres, inspirée par Celui en qui

---

* Michel Anquetil est docteur en droit et diplômé d'une maîtrise en théologie. Magistrat honoraire, il a publié divers articles juridiques. Il a, par ailleurs, enseigné la théologie morale dans un studium de religieuses. Il anime diverses sessions auprès des personnes homosexuelles et il concourt à leur accueil dans les diocèses de Lille et de Tournai. Il est membre de l'association *David et Jonathan* et ami de la *Communion Béthanie*. Il a publié *Chrétiens homosexuels en couple, un chemin légitime d'espérance* (Édilivre, 2018) et *Chrétiens homosexuels en couple, bonheur et sanctification* (L'Harmattan, 2020).

confiance est mise. Elle libère pour oser faire du neuf. Elle incorpore aussi à une communauté qui confesse et célèbre ses convictions communes. *Elle forge un style de vie*.

C'est au travers de ces trois approches que je voudrais témoigner de ma démarche de foi, comptant sur la bienveillance amicale du lecteur à qui j'ouvrirai nécessairement un peu de mon intimité.

Genèse et croissance de ma foi

Un Dieu absent

Je suis né dans une famille de province qui n'était chrétienne que par tradition. À l'instar des générations précédentes, il *fallait* respecter les rites des anciens : baptiser et catéchiser les enfants, se marier à l'Église et y célébrer les funérailles. Sans doute Jésus-Christ était-il une référence pour ma mère qui cependant n'en parlait guère. Mon père disait être convaincu de l'existence d'un *dieu horloger du monde*, mais ne reconnaissait aucune inspiration divine à la Bible, refusait toute origine divine à Jésus et tenait un discours profondément critique à l'égard de l'institution ecclésiale. En bref, Dieu était absent de la maison !

Scolarisé à l'école laïque, j'ai été catéchisé pour honorer la tradition familiale en vue de la communion solennelle et de la confirmation, l'une suivant alors l'autre de quelques semaines. C'était dans les années cinquante du siècle dernier : j'ai connu la litanie des questions/réponses qu'il fallait apprendre par cœur. Le catéchisme fut pour moi une matière de plus à apprendre, plutôt rébarbative, abstraite et anxiogène avec sa référence permanente au péché et l'importance mise sur les obligations, en particulier les fameux commandements de l'Église. Pastorale d'autant moins attractive que les élèves scolarisés à l'école laïque étaient regroupés tôt un matin par semaine avant l'ouverture des classes scolaires ! Le prêtre qui nous réunissait était plutôt sympathique mais le contexte n'avait rien d'agréable. Le dimanche, il fallait encore se lever tôt pour aller (seul) à la messe et faire pointer son carnet de présence. Célébrée en latin, elle me paraissait interminable. En réalité, le Graal espéré était la montre traditionnellement offerte par le parrain, outre d'autres cadeaux souhaités : cela justifiait l'effort... Le Jour passé, je me suis empressé de tout oublier. Il n'était pas question de poursuivre une pratique quelconque : la parole de mon père avait plus de poids !

Après ce temps de l'enfance, relativement serein, succédèrent les années de lycée (public et encore non mixte), celles de l'adolescence, beaucoup plus difficiles. Outre un climat familial qui s'était considérablement alourdi pour différentes raisons qu'il est inutile d'évoquer, c'est le moment où, dès mes douze ans, j'ai pris conscience que j'étais différent des autres en constatant l'attrait que je ressentais pour certains condisciples. À cette époque, la sexualité était totalement taboue et j'ignorais bien sûr ce qu'était l'homosexualité. J'ai donc gardé secret ce que je ressentais. L'année suivante, j'ai noué une « amitié particulière » avec un de mes camarades. Elle me sauva sans doute de cette période mortifère en me donnant une raison de vivre. Elle fut comme mon jardin secret tout au long de ces années de lycée, m'apportant confiance en moi et une certaine singularité dont j'étais fier intérieurement. N'ayant pas à subir le poids d'une condamnation religieuse ou parentale, elle ne suscita en moi aucune culpabilité. D'autant qu'en Seconde et en Première, j'eus un professeur de lettres qui, curieusement pour l'époque, n'hésitait pas à laisser entendre qu'il avait à Paris un « ami » et nous faisait étudier des textes latins ou français plus ou moins explicites.

En résumé, je ne ressentais nul désir religieux, cet amour platonique me comblait !

Quand Dieu paraît

Plus tard, au cours de mes études en faculté de Droit, j'ai pris progressivement conscience de l'impasse affective dans laquelle j'étais. Je ne pouvais plus que très rarement rencontrer mon ami qui avait opté pour un autre type d'études que les miennes et était désormais géographiquement éloigné. Je comprenais bien que cette passion qui s'étiolait par la force des choses n'avait aucun avenir. Pourtant je m'y accrochais désespérément, en alléguant un sens incongru de la fidélité (à lui, à moi-même ?), non sans éprouver un profond mal-être.

Durant ma cinquième année de faculté, préparatoire au doctorat d'État, je me suis lié d'amitié avec la propriétaire de ma chambre d'étudiant, une veuve assez âgée, un peu originale mais fort cultivée. Nous prîmes l'habitude de partager de longs moments ensemble. Elle me confia ses peurs, notamment de la mort, mais témoigna aussi de sa foi en Dieu qui l'avait toujours accompagnée pour traverser les difficultés de la vie. Quelque chose me fascinait en elle. Ses paroles réveillaient en moi certains propos de mon professeur de philosophie sur l'existence de Dieu, mais surtout me rendaient sa foi désirable. Priait-elle pour ma conversion ? Je ne sais pas.

En tout cas, je restais enfermé dans mon mal-être et prisonnier d'un dilemme : ou j'aimais mon ami et je ne pouvais aimer Dieu ... ou j'aimais Dieu et ce serait renier mon amour pour cet ami. Je considérais ces deux amours comme concurrentiels et incompatibles. C'est alors que se produisit un événement qui m'a bouleversé : j'avais juste vingt-deux ans.

Un jour, sous l'effet d'une soudaine curiosité esthétique, je suis entré dans une église d'architecture moderne. La visite faite, je jetai un coup d'œil sur le présentoir des prospectus au sortir de l'Église. Un numéro de « Fêtes et Saisons » était là à disposition, dont le thème annoncé en couverture était l'amour. Je l'achetai sans trop savoir pourquoi, peut-être par gratitude pour cette visite qui m'avait plu ? Le soir, dans ma chambre, je le parcourus assez nonchalamment ... jusqu'à ce que je lise ce verset de la première épître de Jean (4, 7) : « Mes bien-aimés, aimons-nous les uns les autres, car l'amour vient de Dieu et quiconque aime est né de Dieu et parvient à la connaissance de Dieu »[1]. J'en fus immédiatement tout retourné, ce fut comme une illumination, une révélation, une évidence : Dieu était la source de tout amour ! L'amour humain et l'amour pour Dieu n'étaient pas incompatibles mais l'un procédait de l'autre. Dieu était source de tout ce qui existe. Je me sentis tout à coup libéré du piège dans lequel je m'étais enfermé : je pouvais reconnaître que cet amour d'adolescent venait de Lui, qu'il avait désormais perdu sa raison d'être et m'avait conduit jusqu'à Lui. C'était ce Dieu que j'étais appelé à aimer désormais !

Mais était-ce illusion dans un moment de déprime ou phénomène de compensation d'une perte inéluctable ? Méditant les jours suivants sur cette expérience vécue, j'en perçus tout l'enchaînement. J'étais entré dans cet édifice religieux mû par une curiosité purement esthétique, mais en ressentant une sorte d'urgence et de violence intérieure qui m'y poussait et bien sûr sans aucun soupçon de ce qui allait advenir ! Cette curiosité ensuite n'avait aucune raison de me conduire à l'achat d'une revue religieuse, ce qui n'était pas du tout dans mes habitudes. Et pourquoi cette revue plutôt qu'une autre ? Pourquoi enfin, alors que je la feuilletais le soir même mais plutôt de manière insouciante et assez peu attentive, ce passage me sauta littéralement aux yeux et provoqua un tel bouleversement ? Cet enchaînement de circonstances ne pouvait être pur hasard ou construction de l'inconscient. Une autre logique était à l'œuvre et je ne pouvais en douter : Dieu m'avait visité, si vertigineux que cela soit pour

1. Au long de ma réflexion, je citerai les versets bibliques selon la *Traduction œcuménique de la Bible*, sauf les Psaumes dont les textes seront tirés du *Bréviaire romain* (avec la numérotation ad hoc).

ma conscience. J'étais un homme renouvelé et engagé à jamais comme sujet croyant.

Le chemin de la foi est toujours singulier, lié à l'histoire de la personne. Mais une certaine universalisation des processus de conversion permet sans doute de jeter les bases d'une possible évangélisation. Je retiens la nécessité de trois conditions à la genèse de la foi.

Comme dans la parabole du semeur (Matthieu 13), tant que la terre n'est pas bonne et profonde, la semence ne peut germer ! La foi ne surgit pas d'un coup, il faut un contexte de recherche, d'inquiétude sur le sens de sa vie, un désir, une attente même floue. Alors l'inattendu peut survenir. Aussi longtemps en effet qu'un homme est sûr de lui et met sa confiance dans son intelligence et son savoir, sa réussite affective ou matérielle, sa position de pouvoir, etc., que ferait-il de Dieu, que lui apporterait celui-ci ? D'une certaine manière, j'ai connu cette sorte de plénitude en cumulant réussite scolaire et fierté d'un amour secret que je croyais à nul autre pareil ! Il faut au contraire avoir l'occasion de se remettre en cause, d'éprouver un mal-être, un manque, une interrogation sur le sens de la vie, pour que se forme un bon terreau sur lequel quelque chose pourra lever. C'est une première étape incontournable.

Vient alors la rencontre d'un croyant (ou de plusieurs !) dont l'amitié porte à la confiance : rencontre indispensable car ses dires, ses actes, ses engagements sont semences d'un désir, jetées sur ce terreau favorable. À ce stade, le témoin ne livre pas (encore) un enseignement sur Dieu ou son Christ, ni ne propose une conduite morale ou une pratique religieuse. Il offre simplement l'ouverture sincère de son cœur, l'aveu discret d'une présence qui l'habite en son intime, qui donne à sa vie son prix et son parfum, qui est la source de sa paix et de sa force intérieures. Et cela le constitue porteur d'une bonne nouvelle : si la foi peut aider à vivre, elle devient désirable ! Désir encore fragile : la semence est répandue mais elle peut encore être perdue, étouffée, brûlée par l'indifférence, la paresse, les soucis, les obstacles invoqués !

Ce désir reste fugace et inefficient tant qu'un événement ne vient pas faire sauter les blocages qui s'opposent au retournement décisif ou abattre les idoles qui se dressent sur le chemin de la foi. Ce moment fondateur peut être un « eurêka » comme ce fut le cas pour moi ou bien consister dans l'appropriation personnelle d'un héritage familial, dans un « oui c'est vrai, je crois ». C'est en tout cas un instant de conversion, de retournement, d'évidence, la « nouvelle naissance » dont Jésus s'entretient avec Nicodème (Jean 3). Il est fruit de l'intervention directe de Dieu. J'ai appris plus tard que cela s'appelait la grâce, le don purement gratuit de l'Esprit. Le grain peut alors germer et croître !

Une soif insatiable de Dieu

Dieu était désormais présent en mon cœur, mais je n'avais aucun mot pour Le dire, Lui parler. Dans mon enthousiasme, je voulais en savoir plus... toujours plus, éprouvant la soif du psalmiste : « Dieu tu es mon Dieu, je te cherche dès l'aube ; mon âme a soif de toi » (Psaume 62). Mais comment me former, mieux le connaître ? Une rencontre avec un prêtre s'avéra décevante et me fit renoncer à chercher de l'aide auprès des instances ecclésiales. J'ai préféré alors me lancer seul dans la lecture de la Bible de Jérusalem, avec introductions et notes car je pressentais la nécessité d'être guidé pour découvrir ces textes anciens qui m'étaient jusque-là restés pratiquement inconnus. C'est ainsi que dans un premier temps, ma foi s'est précisée et fortifiée. Si, par la suite, les études de théologie que j'ai suivies m'ont certes apporté complément de savoir et mise en cohérence, l'essentiel de ma foi n'en a pas été profondément modifié. Il vaut donc la peine d'expliciter ce parcours.

J'ai commencé par lire les évangiles et j'ai ainsi *découvert* Jésus. Je ne me suis pas trop interrogé alors sur la question de l'historicité des faits rapportés. À ce moment-là il m'importait surtout de chercher qui était Jésus, quel rapport il avait avec ce Dieu qui avait surgi dans ma vie. Ce qui m'a frappé en premier, notamment dans les nombreux récits de guérison, c'est la disponibilité de Jésus pour tous ceux et celles, quels qu'ils soient, qui se présentaient à lui, son accueil inconditionnel : manifestation d'une gratuité totale dont l'origine possible me posait question et qui n'était pas sans me rappeler la gratuité de l'irruption de Dieu dans ma vie.

Dans d'autres péricopes, ce qui m'a tout autant étonné, ce sont la liberté de parole de Jésus, son courage et son autorité dans ses controverses avec les responsables religieux au sujet de l'interprétation de la Loi juive : la prise en considération du faible et de la personne dans le malheur devant l'emporter sur le respect formel de la coutume et des obligations prônées par les autorités religieuses. Il proposait la priorité de l'amour pour construire le Royaume, un monde renouvelé. Utopique ? En tout cas, lui, l'homme sans statut social enviable, n'avait pas peur de provoquer et de remettre en cause les autorités et leur prétention au savoir ... quitte à en souffrir. Les textes (notamment Luc) montrent un Jésus acceptant d'aller jusqu'à la mort. Le récit de la Passion par Jean explicite cette liberté royale de Jésus face à ses juges. Liberté fascinante pour moi juriste formé au respect de la loi !

Une troisième source de ma réflexion fut l'invitation insistante de Jésus à le suivre sur cette voie ardue. « Viens, suis-moi ! » est une parole d'autorité qui revient au long des Évangiles. Étais-je moi-aussi invité à m'attacher à la personne de Jésus et à le suivre, mais comment ? Et qui était-il par rapport à ce Dieu source de l'amour, dont j'avais fait l'expérience ? « Seigneur, à qui irions-nous ? Tu as les paroles de la vie éternelle ». Cette affirmation de Simon-Pierre (Jean 6, 68) m'impressionnait mais restait pour moi mystérieuse. Les quatre évangiles montrent Jésus priant Dieu, mais celui de Jean dévoile plus ouvertement le lien particulier pouvant l'unir à Celui qu'il appelle son Père. « Celui qui m'a vu a vu le Père. ... Les paroles que je vous dis, je ne les dis pas de moi-même. Au contraire, c'est le Père qui demeurant en moi, accomplit ses propres œuvres. Croyez-moi, je suis dans le Père et le Père est en moi » (Jean 14, 9-11). Quel homme sain d'esprit peut dire cela ? Jésus était-il aussi Dieu ? Telles étaient alors les questions de ma foi balbutiante !

Puis j'ai lu Paul qui m'a fait pressentir jusqu'où la foi en Christ engage. Sa méditation constante de la mort et de la résurrection du Christ m'a montré le chemin paradoxal de la sagesse et de la vraie vie, confirmant le travail d'émondage nécessaire pour porter du fruit, dont parle Jean (Jean 15). Les hymnes de ses lettres, aux Éphésiens (1,3 sv) et aux Colossiens (1,12 sv) m'ont fait découvrir le dessein grandiose de Dieu sur le monde et sur l'humanité.

Simultanément, j'avais acquis, je ne sais plus comment, le commentaire des Psaumes par Mgr Garrone[2]. C'est avec ce petit livre que j'ai appris progressivement à prier Dieu, à l'écouter et lui répondre, à vivre de sa Présence. Avec ce livre, j'ai compris combien les Psaumes traduisent tous les états de l'âme humaine, qu'ils sont tantôt prières de louange et d'adoration, tantôt prières d'imploration. Dieu y est tour à tour le Roi des Cieux comme le Tout-proche qui pardonne et remet debout. J'aime les psaumes, paroles de foi avec lesquelles Jésus a prié : depuis ce temps et encore aujourd'hui, ils nourrissent ma prière quotidienne.

Dans ma boulimie de connaissances, j'ai abordé ensuite l'Ancien Testament, livre après livre. Lecture qui me parut souvent difficile, parfois même fastidieuse ! Deux choses se sont imposées alors à mon esprit. *D'une part*, l'incapacité répétée des acteurs des récits contés (individus ou peuple tout entier) à faire confiance aux promesses que Dieu leur faisait et à suivre le chemin qu'Il leur proposait, leur promptitude à se révolter, à

2. Mgr Garrone, *Les Psaumes. Prière pour aujourd'hui*, Tardy, Bourges, 1963.

douter, alors même que Dieu les avertissait que leur bonheur ou leur malheur était en jeu (Deutéronome 30, 15-19). Et moi, étais-je aussi peu fiable qu'eux ? *D'autre part*, la fidélité de Dieu à ses promesses, Dieu qui se fait à nouveau proche d'eux dès qu'ils se tournent vers Lui dans la traversée des échecs et des souffrances qui sanctionnent leur révolte, Dieu qui vient à leur secours pour les relever et leur ouvrir un nouvel avenir dès qu'ils lui font confiance (Psaume 106). Était-ce là la manière de Dieu d'aimer ?

Aux termes de ces lectures bibliques et de quelques autres, j'ai réalisé que seul, je ne pouvais guère aller plus loin. Trop de questions restaient sans réponses ! À la fin de mon service militaire et avant d'intégrer l'École de la Magistrature, je décidai alors de faire une retraite dans une abbaye bénédictine. Ma rencontre avec le Père hôtelier fut à la fois chaleureuse et décisive puisqu'il me « prit en main » et me proposa un programme pour un an de lectures spirituelles et théologiques ! Au cours de nos rencontres les années suivantes, nous faisions le point et il me proposait un nouveau programme. Cette nourriture me rendait heureux.

Après la période des stages en juridiction, j'ai été nommé magistrat de plein exercice dans un tribunal pas très éloigné de cette abbaye, ce qui me permit de la fréquenter plus facilement. Même si l'exercice de mes responsabilités professionnelles me satisfaisait beaucoup, progressivement mûrissait l'idée de me consacrer à Dieu encore davantage. Après quatre années de réflexion, je fis le pas et entrai au noviciat de cette abbaye. Toutefois je m'aperçus assez vite que cette vie au quotidien, bien différente de celle vécue lors d'une retraite, ne correspondait pas exactement à ce que je cherchais. Je désirais davantage de vie intellectuelle et apostolique. Le Père Abbé m'orienta alors vers l'Ordre des Frères prêcheurs : à 31 ans, j'y fus admis comme novice et y trouvai rapidement mon équilibre personnel et spirituel.

Que conclure de cette aventure spirituelle ? Si la foi ne surgit pas par hasard, elle ne grandit pas non plus sans constance. Une fois le feu allumé, vient le temps d'une longue marche qui va de recherches en découvertes puis en nouvelles recherches. Marche parfois jalonnée de doutes, d'interrogations, voire d'arrêts. La foi transforme progressivement, sculpte un être nouveau, le croyant. Je suis persuadé que chaque croyant d'une certaine manière revit en sa personne l'histoire du peuple juif telle que nous la rapporte l'Ancien Testament.

Je voudrais souligner aussi l'importance des témoins durant cette phase de croissance de la foi : nous ne devenons pas adultes dans la foi sans l'aide des autres. Après les témoins qui font naître le désir initial de Dieu, viennent les témoins de tous temps qui nous font découvrir les divers visages de Celui en qui nous croyons ou qui nous montrent en quoi la foi engage dans la vie concrète. Une foule de témoins en vérité ! Leurs réflexions, leurs récits, leurs paroles, leurs exemples valident notre propre expérience de Dieu, avivent notre désir de le connaître davantage et pressent notre amour pour Dieu et pour toute la Création.

Parmi ces témoins, ont une place particulière les auteurs, anonymes ou non, des textes bibliques. Ils nous mènent, par-delà les mots et les images de leur culture, au plus près de la Parole de Dieu, de ce qu'Il dit et de ce qu'Il fait. Il faut mettre à part aussi les Apôtres qui ont partagé la vie de Jésus et qui ont été témoins de sa résurrection sans laquelle la belle aventure de Jésus ne serait qu'une utopie et un leurre. Sans leur témoignage, nous ne pourrions croire ! Enfin, le témoin ultime, c'est Jésus lui-même, témoin par excellence de Celui qu'il appelle son Père et qui nous Le révèle.

Nous ne sommes pas à l'origine de notre foi mais nous en sommes responsables. Croire, c'est accueillir le don qui nous est proposé, faire confiance aux témoins, accepter de se laisser bousculer dans nos certitudes, pour parvenir à un cœur à cœur avec Celui qui nous aime de toute éternité.

***

La foi sauve et donne la vie

La foi permet de traverser l'épreuve

Vint le temps où je devais faire profession solennelle, c'est-à-dire m'engager pour la vie dans la famille dominicaine. *A priori*, il n'y avait aucune difficulté et le vote préalable du chapitre des frères, canoniquement nécessaire pour que je sois autorisé à prononcer cet engagement, devait être une formalité. Mais contre toute attente, ce vote conclut à un refus d'admission définitif, décision au demeurant rarissime dans les circonstances favorables qui semblaient les miennes. Je devais donc quitter rapidement l'Ordre des Frères prêcheurs !

Pour moi, ce fut évidemment un écroulement total : à trente-six ans, je me retrouvais sans rien, toutes ces années exaltantes que je venais de traverser depuis ma conversion étaient comme mises à néant. Comment comprendre ? D'autant que, selon les usages ecclésiastiques, je n'avais pas eu « droit au chapitre » : je n'avais pas été convoqué préalablement au vote des frères pour répondre aux griefs qui pouvaient m'être opposés, et les motifs de la décision ne m'ont pas été ensuite notifiés. Pour le magistrat que j'avais été, cette procédure non contradictoire, violente s'il en est, ajoutait au désarroi. Les tentatives d'explication que je pouvais chercher restaient sans réponse. La foi dans laquelle je m'étais tant investi était-elle illusion ? Un sentiment de trahison m'habitait. Dure épreuve pour ma foi !

J'ai résisté pourtant à la tentation de tout abandonner. Si l'institution avait trahi mes espoirs, pour autant s'imposait à moi l'évidence que Dieu était le Dieu fidèle et ne pouvait me rejeter. Avait-il voulu que je traverse cette épreuve ? Je refusai de répondre à cette question insoluble : l'histoire de Job illustre que Dieu n'a pas à se justifier ! C'est la foi en sa fidélité qui m'a permis de ne pas m'enfermer dans le statut de victime. Même si le contexte procédural appliqué était violent et intolérable, je savais que le Chapitre avait effectivement le droit de refuser mon admission dans l'Ordre et j'admettais *par principe* que j'avais pu avoir des torts, même si je n'en avais pas pris conscience. Mes projets étaient morts mais, non sans résistance, je me suis abandonné entre les mains de Dieu pour qu'il me sauve de cette impasse et m'ouvre un nouvel avenir. Ma confiance en son salut possible m'a permis de chasser tout ressentiment.

De fait, très vite des signes de consolation me furent donnés, que je voulus interpréter comme autant de signes de la réponse à ma prière et de la protection de Dieu dans la traversée de cette épreuve, par ailleurs incompréhensible. La compassion des frères étudiants (qui n'avaient pas participé au vote, n'ayant pas eux-mêmes fait profession solennelle) me fut un réconfort amical précieux. Étant à six mois de l'obtention de ma maîtrise en théologie, mon souci fut de chercher des moyens de subsistance pour survivre pendant ce délai et obtenir au moins ce diplôme. Ce fut possible grâce à l'aide matérielle de nombreuses personnes, y compris dans l'Ordre lui-même. Des mains me furent tendues pour m'aider à poursuivre l'activité d'enseignant en théologie que j'avais entreprise les mois précédents, pour être admis dans une association de théologiens moralistes (ma spécialité) et éviter ainsi d'être seul dans mes recherches. Par ailleurs, ma demande de reprise de mes fonctions de magistrat fut rapidement acceptée. C'est ainsi que, six mois plus tard, j'obtenais la maîtrise en théologie, je restais actif dans le domaine théologique, tout en exerçant de nouvelles fonctions judiciaires. La confiance que j'avais conservée en Dieu m'avait sauvé !

L'épreuve n'était pourtant pas totalement achevée. Je m'étais habitué à cette vie fraternelle et communautaire qui aide, par l'amitié et la reconnaissance, à satisfaire les besoins affectifs. Elle n'était plus là ... et peu à peu un manque m'envahit. Au bout de trois ans, ce mal-être devint insupportable et quelques signes me firent prendre conscience que mon équilibre psychologique était menacé. Que faire, compte tenu de mon orientation affective particulière qui ne me permettait pas d'envisager sérieusement la fondation d'une famille ordinaire ? J'avais appris aussi entre temps la position de l'Église sur le sujet ... Je n'avais par ailleurs aucune expérience du milieu homosexuel ; je partageais les représentations habituellement défavorables qui lui sont attachées et je refusais de m'engager dans des fréquentations aventureuses. Comment sortir de cette solitude ?

À nouveau, j'ai imploré la miséricorde de Dieu, lui demandant de débloquer cette nouvelle impasse ... que je vivais comme une conséquence lointaine de la précédente. J'appris un jour l'existence d'une association qui se présentait comme à la fois homosexuelle et chrétienne. Non sans inquiétude et en m'en remettant cette fois encore à Dieu, je me sentis *autorisé* à la rejoindre. Un peu de temps plus tard, je fis la connaissance d'un adhérent dont l'histoire personnelle et la foi me firent comprendre que je pouvais l'aimer « parce que c'était lui, parce que c'était moi »[3]. Nous nous sommes reçus l'un l'autre sans culpabilité, comme une réponse à nos attentes, comme un cadeau de Dieu dans les impasses que nous traversions l'un et l'autre[4]. Trente-six ans plus tard, nous partageons toujours notre vie ...

L'épreuve permet donc d'expérimenter l'effet salutaire de la foi. Non qu'elle nous dispense de la souffrance, de l'inquiétude, de l'incompréhension, qui sont là à endurer sans atténuation. Comme Job, un moment, nous pouvons même nous révolter et demander à Dieu pourquoi ? « Jusques à quand, Seigneur, m'oublieras-tu ? Combien de temps aurai-je l'âme en peine et le cœur attristé chaque jour ? » (Psaume 12). Mon expérience personnelle me dit qu'il ne faut pas, autant que possible, s'y attarder. La foi en la fidélité de Dieu et en son amour permet de surmonter la désespérance humaine et d'atteindre la sortie des ténèbres, même si nous ne savons pas comment cela se fera. C'est le *fiat* de Marie à l'ange. Car Dieu n'abandonne pas celui qu'il a appelé à l'existence par amour. Arrimé à ce roc convictionnel, il est possible de reprendre confiance. Dans

3. Michel de Montaigne, *Essais*, chapitre 28 (*De l'amitié*).
4. Plus tard, j'ai montré qu'il était possible de vivre à la fois en couple homosexuel et dans l'amour de Dieu en publiant deux livres : *Chrétiens homosexuels en couple, un chemin d'espérance* (Édilivre, Saint-Denis, 2018) et *Chrétiens homosexuels en couple, bonheur et sanctification* (L'Harmattan, Paris, 2020).

la prière, l'attention aux signes réconfortants que Dieu envoie, la reconnaissance de sa présence et de son action au travers de petites choses, consolent et redonnent la force d'avancer.

Au cœur de ces situations malheureuses, nous prenons des décisions selon ce qui nous paraît le meilleur possible et sans toujours savoir, sur le moment, si elles correspondent vraiment à la volonté de Dieu. Il est toujours possible de lui demander de les faire fructifier tout en promettant de ne pas nous entêter si nous voyons qu'elles restent inféconds. C'est là notre *bonne foi* vis-à-vis de Dieu, notre reconnaissance que c'est Lui qui sait ce qui est bon pour nous. C'est ainsi que peu à peu se dessine une voie de sortie que nous ne pouvions pas imaginer au moment où l'épreuve est survenue. Nous ne nous sauvons pas nous-mêmes mais le salut de Dieu est à la mesure de la confiance que nous lui manifestons.

Cette expérience spécifique de la foi renvoie à la mort et à la résurrection de Jésus le Christ : il s'agit bien en effet de passer par un écroulement des espérances humaines, d'entrer dans un trou noir, pour se laisser relever par Dieu. « Si nous sommes morts avec le Christ, nous croyons que nous vivrons aussi avec lui » (Romains 6, 8). Mourir à toute prétention de diriger sa vie pour recevoir de Dieu une vie renouvelée sous le signe de sa présence, n'est pas facile ! Mais la traversée de l'épreuve nous unit à Jésus par un destin commun et nous apprend l'espérance qui ne déçoit pas. Saint Paul ose écrire : « Nous mettons notre fierté dans nos détresses mêmes, sachant que la détresse produit la persévérance, la persévérance la fidélité éprouvée, la fidélité éprouvée l'espérance. Et l'espérance ne trompe pas car l'amour de Dieu a été répandu dans nos cœurs par l'Esprit saint qui nous a été donné » (Romains 5, 3-5). Toute la vie s'en trouve transfigurée car elle se déroule alors en la présence du Dieu qui sauve.

La foi renouvelle la vie

Aujourd'hui, quelle est ma foi ? Elle est marquée évidemment par mon parcours théologique et ma fréquentation des Écritures. La foi est un don et ne se démontre pas : elle est toujours en recherche et fragile, mais elle a sa cohérence et c'est ce que je voudrais illustrer.

Croire, c'est entrer dans l'expérience spirituelle et personnelle d'une « Présence » qui nous précède et s'offre à nous, qui nous enveloppe de toute part, tout en se laissant trouver au tréfonds de notre être. Relire cette expérience à la lumière particulière des écrits bibliques permet de trouver les mots pour mieux en prendre conscience, l'affiner, la vérifier, la conforter, l'interpréter. Ces textes en effet rassemblent les paroles et les récits de multiples croyants : hommes et femmes, tout un peuple au cours de son histoire, enfin Jésus, ses Apôtres et les premiers chrétiens. Ces textes sont la mémoire de leur foi et portent trace de cette Présence qu'ils ont recherchée, invoquée, rencontrée, qui a animé toute leur vie. Précieuse est donc leur valeur spirituelle car ils me permettent de méditer et confronter mon propre vécu à celui de ces témoins. Certes, ces textes ne prouvent pas le bien-fondé de mon expérience, ni celle-ci la vérité des textes. Mais à la lumière de l'Esprit et du don de la grâce, leur coïncidence m'autorise à considérer comme raisonnable de m'en prévaloir. Je crois ce que je lis et je lis ce que j'éprouve. Ainsi, avec le langage de la Bible, je témoigne de la Présence en l'invoquant comme Dieu-Père, Fils et Esprit.

Cette Présence si intime à moi-même ne se confond pas avec ma conscience puisque j'en discerne la transcendance. Si elle vient à moi dans l'expérience d'une *rencontre*, pour autant je ne peux jamais la posséder. L'impossibilité de la réitérer au gré de mon vouloir réfute l'idée d'une simple projection de mon inconscient. C'est une vraie rencontre. Je ressens cette Présence comme le « tout Autre » qui reste en soi indicible : « Ô toi, l'au-delà de tout, n'est-ce pas là tout ce qu'on peut chanter de toi ? Quelle hymne te dira, quel langage ? Aucun mot ne t'exprime »[5]. Rencontre avec Dieu, qui me fait entrer dans la sphère du sacré. Je ne peux alors que me livrer à une contemplation silencieuse ou à un chant de louange. « Tout ce qui est te prie, et vers toi tout être qui pense ton univers fait monter une hymne de silence »[6].

Je discerne instinctivement que de cette Présence je tire mon existence et que toute créature en procède : elle est la Source en laquelle s'origine « la vie, le mouvement et l'être » (Actes des Apôtres 17, 28). C'est pourquoi je peux la nommer Dieu-Père par analogie à l'engendrement humain. Elle est le fondement de chaque créature, voulue pour ce qu'elle est. « Tu aimes tous les êtres et ne détestes aucune de tes œuvres : aurais-tu haï l'une d'elles, tu ne l'aurais pas créée » (Sagesse 11, 24). Elle révèle ainsi le Dieu créateur, s'il est vrai que la création n'est pas le processus de fabrication de l'univers (que la science analyse) mais l'acte qui fait éternellement émerger chaque être du chaos ou du néant, le fait exister et le maintient sans cesse par amour dans l'existence. Je pressens cette Source intarissable et par suite je l'invoque comme le *Dieu fidèle*, le *Tout-puissant*, le *Dieu bon*.

---

5. Hymne de l'office des lectures (*Bréviaire romain. Liturgie des heures*, mercredi des semaines 1 et 3).
6. *Idem*.

Dans la contemplation de cette Présence-Source, j'entends une Voix proclamant simultanément un « Je suis » qui me surplombe, et un « Je t'aime » plus intime à moi-même que moi-même[7]. Cette Voix n'est pas la Source car je peux l'en distinguer, mais elle s'y origine et en émane. C'est pourquoi je l'appelle la « Parole » ou encore le « Fils engendré du Père » : elle lui est unie par une proximité radicale et indicible. L'évangéliste Jean tente de rendre compte de la communion parfaite entre les deux : « Au commencement était le Verbe et le Verbe était tourné vers (avec) Dieu et le Verbe était Dieu. Il était au commencement tourné vers (avec) Dieu. Tout fut par lui et rien de ce qui fut ne fut sans lui » (Jean 1, 1)[8].

Cette Voix ne se révèle pas redoutable mais bienveillante. Elle m'appelle par mon nom, me murmure des mots d'homme. « Cette voix de fin silence » (1 Rois 19, 12) me dit tour à tour : « Je te pardonne, relève-toi » ou « Repose-toi, abandonne-toi entre mes mains » ou encore « N'aie pas peur, va vers tes frères ». Et je lui réponds spontanément : « Merci Seigneur, sois béni, bénis-moi ». Je peux même m'enhardir à une prière de demande ou lui confier mes états d'âme.

Enfin, je me sens comme enveloppé par un amour qui afflue abondamment de la Source et accompagne la Voix. Dans une fulgurance, je saisis l'Esprit qui les unit. Sans aucune contrepartie demandée, j'en reçois la certitude d'être aimé pour ce que je suis. C'est comme une lumière et une force qui inondent mon esprit et tout mon être. Ce don, cette grâce, stimule et renforce mes capacités. Mon accès à la Source s'en trouve facilitée, le dialogue avec la Voix plus aimant, la paix ressentie plus profonde. Des orientations pour ma vie, positives ou négatives, sont proposées à l'adhésion de ma conscience et de mon intelligence. Elles ne me sont pas imposées et je reste libre de douter, de tergiverser, de pinailler, de me rebeller. Mais si j'écoute et agis en conséquence, c'est comme une *promesse d'alliance* d'être guidé, conduit, aidé, protégé. Au buisson ardent, Moïse envoyé vers Pharaon s'était entendu dire : « Je suis avec toi » (Exode 3, 12) et dès lors toute la force de l'Esprit l'avait accompagné. De même si j'entre dans cette dynamique de l'Esprit, j'éprouve « amour, joie, paix, patience, bonté, bienveillance, foi, douceur, maîtrise de soi » (Galates 5, 22). C'est une Vie spirituelle qui m'est donnée, qui irrigue ma vie corporelle, affective et intellectuelle et lui donne sens : je deviens un « homme augmenté » !

---

7. Cf. St Augustin, *Confessions*, 3,6,11.
8. La traduction française traditionnelle (*Bible de Jérusalem* par ex.) dit *avec Dieu*. La *Traduction œcuménique de la Bible* préfère dire *tourné vers* pour mieux exprimer la communion que nous pressentons exister entre les deux.

Je ne peux pas ne pas remarquer la similitude du message de la Parole entendue quand je me tourne vers la Présence, avec celui de l'homme Jésus tel que nous le rapportent les évangiles. Toute sa vie Jésus a accueilli sans conditions, a pardonné et soulagé, relevé et envoyé à une vie renouvelée. Il a exhorté à faire de même. De plus, cet homme, tout tourné vers Celui qu'il appelle son Père et fort de l'Esprit qui l'a habité, a prétendu : « Ma nourriture est de faire la volonté de Celui qui m'a envoyé et d'accomplir son œuvre » (Jean 4, 34). De quelle autorité ses paroles étaient-elles revêtues sinon de celle du Père ? « Cette parole que vous entendez, elle n'est pas de moi, mais du Père qui m'a envoyé » (Jean 14, 24). Il a révélé à ses disciples son unité avec son Père : « Moi et le Père, nous sommes un » (Jean 10, 30), « qui m'a vu, a vu le Père » (Jean 14, 9). Ces paroles fortes et tant d'autres rapportées par les évangélistes me rendent évidente l'adéquation totale entre Jésus et la Voix du Fils, le Verbe, la Parole telle que je peux l'entendre au cœur de mon expérience spirituelle de la Présence. Sans être de l'ordre de la preuve rationnelle, cette coïncidence me pousse à croire qu'un jour de l'histoire humaine, la Parole a pris le visage de Jésus et que Jésus s'identifie totalement à la Parole divine. Il est le *Messie* attendu si longtemps par Israël, le *Christ sauveur*, le *médiateur* entre Dieu et les hommes (1 Timothée 2, 5), *l'envoyé* de Dieu pour être la lumière des hommes (Jean 1, 4), pour leur révéler par ses actes et par ses enseignements l'amour dont le Père les aime et dont il veut qu'ils vivent, lui qui est à la Source de leurs existences.

Cette identification de Jésus et de la Parole me rend crédibles aussi les deux faits « extraordinaires » qui encadrent la vie de Jésus par ailleurs bien humaine : sa *venue* et son *retour*, tels que les évangiles nous les rapportent. Il n'est pas facile pour notre esprit d'y adhérer mais ils sont dans la logique de l'identification de Jésus à la Parole. Je les prends comme des faits à croire, sans en chercher le *comment* rationnel. *D'une part*, pour se rendre reconnaissable des hommes, la Parole a pris forme humaine ... selon une conception certes humainement improbable mais qui en donne le sens : le Verbe est *entré* dans le monde, il est *descendu du ciel*, il s'est incarné, il a pris chair de notre chair. « Le Verbe s'est fait chair et il a habité parmi nous » (Jean 1, 14). *D'autre part*, sa *sortie* du monde ... tout aussi improbable humainement que son entrée, en traduit également la portée. Sa délivrance de la mort, son réveil, son surgissement, sa résurrection attestée par les témoins qui en ont été totalement bouleversés, non seulement authentifient la vérité de son enseignement et la validité de ses promesses, mais encore le rétablissent dans sa gloire de Verbe, de Parole, de Fils : il est désormais « le Seigneur à la gloire de

Dieu le Père » (Philippiens 2, 11), le Vivant à jamais, « présent avec ses disciples tous les jours jusqu'à la fin des temps » (Matthieu 28, 20). C'est pourquoi je crois qu'il me sauve.

Mais qu'entendre par « salut » ? Pour moi, le salut n'est certainement pas l'assurance d'un bonheur tranquille sur cette terre, ni la dispense des tribulations, des combats, de la souffrance et du mal : des sages, des justes, des amis de la Présence s'y heurtent toute leur vie et bien des disciples de Jésus meurent pour avoir voulu vivre selon leurs convictions. Jésus confessait lui-même « n'être pas venu apporter la paix sur la terre mais bien le glaive » (Matthieu 10, 34). Alors que puis-je dire du salut ?

En raison de son unité avec le Père dont il est l'icône parfaite, l'homme Jésus, frère des hommes dont il est totalement solidaire, a autorité pour pardonner leurs péchés au nom de la miséricorde de son Père (Matthieu 9, 1-8). Quel pardon ? Le péché consiste, d'une manière ou d'une autre, à oublier ou refuser le vrai Dieu, ou à le défigurer en en faisant une idole. Or, dès que les hommes lui font confiance, Jésus leur manifeste son amour pour eux et leur révèle le visage authentique d'un Dieu de miséricorde qui aime les siens jusqu'à l'extrême (Jean 13, 1). Par là même, il les réconcilie avec le vrai Dieu, le Dieu de l'amour et non le Dieu de la peur. Ce dernier est une idole et appelle la mise en place d'un système religieux défenseur d'un ordre du monde et organisé pour offrir des sacrifices afin de réparer les offenses supposées des pécheurs ... jamais en règle avec la loi et les coutumes tatillonnes des chefs religieux. Or ce système a été totalement subverti par les gestes de Jésus (les guérisons faites le jour même du sabbat en raison de l'urgence à soulager les personnes, par exemple) et par ses enseignements (« si vous aviez compris ce que signifie : c'est la miséricorde que je veux et non le sacrifice » Matthieu 12, 6). Le Dieu révélé par Jésus aime l'homme et demande simplement d'être aimé en retour ; le système religieux ne pouvait que se défendre contre un tel homme, un dangereux fauteur de trouble, et le condamner à mort ! Les évangiles illustrent bien cette montée progressive du conflit jusqu'au paroxysme de la Passion. Aussi je ne crois pas aux théologies du mérite, de la satisfaction ou de la substitution, bref d'un sacrifice du Fils voulu par un Père en colère contre l'humanité, car elles me paraissent totalement en contradiction avec l'enseignement de Jésus sur l'amour du Père pour tous les hommes : « Dieu a tant aimé le monde qu'il a donné son Fils pour que tout homme qui croit en lui ne périsse pas mais ait la vie éternelle » (Jean 3, 16). Par contre, la mort de Jésus nous montre jusqu'où doit aller l'amour de celui qui aime ce Dieu d'amour. Sa résurrection est la manifestation de l'amour de Dieu qui recrée et donne la vie. Un Dieu de la peur et du sacrifice n'aurait pas eu besoin de la résurrection du sacrifié car il aurait été amplement « satisfait » par la mort du Saint. Au contraire, un Dieu d'amour ne pouvait pas le laisser dans les griffes de la mort mais devait le délivrer et le ressusciter. C'est pourquoi la mort du Christ et sa délivrance de la mort nous font accéder au culte du vrai Dieu, « en esprit et vérité » (Jean 4, 23). Par notre foi, recréés par l'Amour et réconciliés avec la Source de notre existence, nous pouvons alors accéder à toute la singularité et la richesse d'une existence placée sous le signe de la Parole et de l'Esprit.

La foi en Jésus-Christ opère en effet un retournement, insuffle un dynamisme, un renouveau. Elle conduit logiquement à une mutation profonde de tout l'être : une nouvelle existence se met en place, un nouveau rapport à soi-même, aux autres, au monde. Si la foi n'avait aucun impact sur la vie, elle n'aurait aucune valeur salutaire, elle serait au mieux une conviction intellectuelle et non un dynamisme spirituel. Or il s'agit de « naître à nouveau »[9] dit Jésus à Nicodème (Jean 3, 3). La foi est à l'origine d'un germe de vie nouvelle qui va croître progressivement et transformer le croyant, non sans combat avec le païen qui subsiste en lui. En recevant cette grâce, le croyant acquiert un cœur nouveau, l'esprit nouveau prophétisé par Ézéchiel (36, 26) et déjà espéré par Moïse pour tous (Nombre 11, 29). Sa foi l'établit fils du Très-Haut (Luc 6, 35), enfant de Dieu (1 Jean 3, 1), frère de Jésus-Christ s'il écoute la Parole de Dieu et la met en pratique (Luc 8, 21), fils adoptif du Père (Galates 4, 5). « Tous, vous êtes par la foi, fils de Dieu en Jésus Christ ... Oui, vous tous qui avez été baptisés en Christ, vous avez revêtu Christ » (Galates 3, 26-27). Être croyant, c'est participer à la vie filiale du Christ. « Christ est mort pour tous afin que les vivants ne vivent plus pour eux-mêmes mais pour celui qui est mort et ressuscité » (2 Corinthiens 5, 15). Autrement dit, le croyant est identifié à Jésus-Christ, assimilé à lui, incorporé à lui. Il entre dans la dynamique pascale inaugurée par Jésus. Paul dira de lui-même : « Avec le Christ, je suis un crucifié ; je vis, mais ce n'est plus moi, c'est Christ qui vit en moi. Car ma vie présente dans la chair, je la vis dans la foi au Fils de Dieu qui m'a aimé et s'est livré pour moi » (Galates 2, 19-20). Ainsi la foi en Jésus confère au croyant une *identité nouvelle* qui opère une assimilation au Christ mort et ressuscité, en fait un autre Christ, *un fils dans le Fils*. « Ensevelis avec Christ dans le baptême, avec lui vous avez été

---

9. Le mot grec *anôthen* signifie *de nouveau* (traduction TOB) ou *d'en haut* (traduction plus classique). La suite du dialogue entre Jésus et Nicodème joue sur cette ambiguïté.

ressuscités puisque vous avez cru en la force de Dieu qui l'a ressuscité des morts ... Dieu vous a donné la vie avec lui » (Colossiens 2, 12-13).

Telle est aujourd'hui ma foi, un feu qui m'habite et anime mon existence, lui donne une identité filiale, une couleur et un style particulier.

***

La foi en Christ forge un style de vie

L'identité filiale et pascale au quotidien

Il y a de nombreux traités d'éthique chrétienne ... mais je veux présenter trois postures fondamentales qui me semblent forger peu à peu ce style de vie *filial*. Elles font « revêtir le Seigneur Jésus-Christ » (Romains 13, 14), lui qui est le « pédagogue » (Clément d'Alexandrie). Vivre l'Alliance avec Dieu au jour le jour est un combat, trop souvent perdu et à reprendre sans cesse, car « l'homme ancien » résiste dès qu'on cesse de se tourner vers le Seigneur pour recevoir son aide, sa grâce. Mais c'est « le beau combat de la foi » (1 Timothée 6, 12).

Il faut repartir de l'épître aux Galates : « Tous, vous êtes par la foi fils de Dieu en Jésus Christ. Oui, vous tous qui avez été baptisés en Christ, vous avez revêtu le Christ » (3, 26-27). Le verset 28 qui suit est essentiel : « Il n'y a plus ni Juif, ni Grec ; il n'y a plus ni esclave, ni homme libre ; il n'y a plus l'homme et la femme ; car tous vous n'êtes qu'un en Jésus-Christ ». Autrement dit, l'identité filiale réduit à néant les identités diverses et partielles que nous pouvons avoir (genre, statut juridique, économique et sociologique, etc.). Absolutisées, ces identités sont meurtrières[10] et fratricides. Elles se comparent, se jugent et se combattent pour défendre leurs intérêts catégoriels et leurs idéologies. Le jeune se heurte au vieux, le patriarche à la féministe, l'hétérosexuel à l'homosexuel, le blanc au noir, l'élite au frustre, le clerc au laïc, le riche au pauvre, le salarié au patron, etc. Au nom de ces identités, nous construisons des boucs émissaires et nous nous positionnons comme supérieurs ou inférieurs, aimés ou mal-aimés, justiciers ou victimes, mettant notre énergie à déployer des stratégies pour faire exister ces identités, quitte à tuer physiquement ou morale-

10. Amin Maalouf, *Les Identités meurtrières*, Livre de poche, Grasset et Fasquelle, Paris, 1998.

ment celui/celle qui relève d'une autre identité. Il y a moi *ou* lui, nous *ou* eux. C'est la répétition perpétuelle du drame de Caïn et Abel, l'agriculteur contre le berger, le rejeté contre le préféré.

Relativiser ces identités partielles n'est pas nier nos appartenances aux divers groupes sociaux dont nous pouvons nous sentir plus ou moins solidaires et qui contribuent à notre personnalité. Mais quand nous refusons de nous y enfermer et de nous comparer les uns aux autres, pour nous référer au seul Jésus-Christ, alors, nous nous reconnaissons tous à égalité comme les fils du même Père « qui fait lever son soleil sur les méchants et sur les bons, tomber la pluie sur les justes et les injustes » (Matthieu 5, 45). Le ressentiment tombe[11], la fraternité advient, le commandement de l'amour fraternel peut être entendu et mis en pratique, y compris celui d'aimer celui que nous jugions jusque-là comme ennemi. Jésus le Fils est précisément celui qui a accueilli chaque personne pour ce qu'elle est, dans une diversité surprenante : le chef de la synagogue, le pharisien, le scribe, le centurion, le collecteur d'impôt, l'étrangère syrophénicienne, le lépreux, l'aveugle, le sourd, la femme qui a ses pertes de sang, la femme aux cinq maris, la femme adultère, la prostituée, etc. Il s'est rendu disponible, mangeant avec tous, les enseignant ou les guérissant. Il les a aimés parce qu'il ne s'identifiait à aucun mais se posait comme Fils aimé du Père. « Comme le Père m'a aimé, moi aussi je vous ai aimés, demeurez dans mon amour » (Jean 15, 9). C'est pourquoi Jésus nous a recommandé de ne pas juger le prochain, de ne pas avoir d'autre chef, d'autre maître, d'autre père que le Père, ni de nous faire appeler maître ou père, parce que nous n'avons qu'un seul maître, un seul père, le Père céleste, et que nous sommes tous frères (Matthieu 23, 8-9).

Bien sûr, les sociétés sont presque toujours inégalitaires et distribuent les rôles et les responsabilités de chacun hiérarchiquement. Mais le mieux placé ne doit pas en tirer gloriole et au contraire considérer celui qui est dans un statut inférieur comme son égal, son frère. Bien sûr encore, nous avons des convictions idéologiques, politiques, intellectuelles et des intérêts économiques légitimes qui nous font agir, que nous promouvons. Et c'est heureux car les sociétés ainsi peuvent se transformer, les cultures évoluer. Le débat est le propre de l'homme mais chacun doit rester respectueux de l'autre qui est un frère, une sœur. L'esprit filial de Jésus donne à celui qui en fait sa règle de vie, la possibilité de refuser la logique du monde et de ses idéologies. De sortir du mensonge, de l'apparence, de la séduction ou de la violence. De résister à la convoitise de la richesse, au

11. James Alison, *La foi au-delà du ressentiment - fragments catholiques et gays*, traduit de l'anglais par Guy Perier, Cerf, Paris, 2021.

désir de pouvoir ou, à l'inverse, à la facilité de crier « haro » avec les plus forts pour défendre privilèges ou tranquillité. Celui qui vit de l'Esprit du Christ n'a plus à défendre ses intérêts identitaires, idoles et démons qui lui barrent le chemin du Royaume de Dieu. Être fils de Dieu, pour moi, c'est avancer dans la voie d'une fraternité universelle, d'une harmonie retrouvée entre les hommes et avec toute la création, d'une union spirituelle avec la Source-même de l'existence.

Un deuxième combat, tout aussi essentiel à mes yeux, c'est faire de Dieu le centre de notre vie, reconnaître et croire vraiment à sa bonté, à « l'amour qu'il manifeste au milieu de nous » (1 Jean 4, 16). Et donc renoncer à notre « volonté propre »[12] : ne plus nous appartenir, être pauvre de cœur (Matthieu 5, 3), nous laisser porter par la grâce. Ceci suppose que nous soyons unis dans un cœur à cœur avec Dieu par la prière de louange et d'action de grâce, par des temps de méditation des Écritures saintes (*Lectio divina*) ou de prière contemplative « dans notre chambre la plus retirée » (Matthieu 6, 6). Au long de la journée, les prières jaculatoires permettent de nous replacer sous le regard de Dieu : clins d'œil complices ou quémandeurs de l'enfant à son Père. Ces *exercices* nous replacent « coram Deo », en fils devant le Père.

Ce climat spirituel lui-même génère un sentiment de sécurité qui permet de nous *habituer* à recevoir notre vie du Père, à lâcher prise face aux événements, à faire confiance. Car si c'est Lui le maître, nous devons renoncer à être nos propres maîtres et à diriger nos vies. « Dieu est pour nous refuge et force » (Psaume 45). Il ne s'agit pas de nous résigner ou de démissionner, mais de discerner dans les personnes rencontrées et les événements vécus, heureux ou malheureux, les signes de la présence de Dieu. De reconnaître ses dons, de rester unis à Christ, d'écouter les motions de l'Esprit et ainsi de donner sens à nos vies. Alors nous pouvons agir en harmonie avec la prière apprise de Jésus : « Que ton nom soit sanctifié, que ton règne vienne, que ta volonté soit faite sur la terre comme au ciel » (Matthieu 6,9 sv).

Au quotidien, nous devons nous exercer à la même humilité que celle de Jésus obéissant à la volonté du Père. Jésus en effet a dû surmonter la tentation de disposer pour lui-même de la puissance de sa divinité, fuir ceux qui voulaient le faire roi, renoncer à agir ou parler de façon indépendante. L'évangéliste Jean rapporte à plusieurs reprises que Jésus ne fait rien et ne dit rien de lui-même. C'est en cela qu'il est Fils. À l'heure de la Passion, il a supplié encore le Père : « Abba, Père, à toi tout est possible,

12. Règle de saint Benoît, prologue et chapitre 5.

écarte de moi cette coupe ! Pourtant non pas ce que je veux, mais ce que tu veux ! » (Marc 14, 36).

Or le disciple n'est pas plus grand que son maître (Matthieu 10, 24). Être fils, c'est faire mourir en nous *l'homme ancien*, l'Adam qui veut juger par lui-même de ce qui est bon pour lui (Genèse 3). C'est accepter le manque, la limite, l'épreuve, en faisant confiance à l'amour de Dieu pour nous sortir de l'impasse. Supporter avec patience et espérer, même contre toute espérance, à l'instar d'Abraham (Romains 4, 18). L'identité filiale est donc pascale. « Si quelqu'un veut venir à ma suite, qu'il se renie lui-même et prenne sa croix, et qu'il me suive. En effet, qui veut sauver sa vie la perdra mais qui perdra sa vie à cause de moi et de l'Évangile, la sauvera » (Marc 8, 34-35). En renonçant à ce que nous voulons *à tout prix*, en acceptant de nous laisser décaler, en étant attentif aux signes que le Seigneur envoie, petit à petit un chemin s'ouvre qui est à la fois volonté de Dieu et fruit de notre coopération. C'est souvent dans ces moments que nous apprenons à pardonner du fond du cœur. La paix de Jésus-Christ et la joie de l'Esprit peuvent alors nous habiter : « Nous attendons notre vie du Seigneur, Il est pour nous un appui, un bouclier. La joie de notre cœur vient de Lui, notre confiance est dans son nom très saint. Que ton amour, Seigneur, soit sur nous, comme notre espoir est en Toi ! » (Psaume 32).

Enfin, une troisième originalité du croyant est sa liberté, son audace, qui découle des deux attitudes précédentes. Jésus a été un homme libre[13]. Il n'avait pas où poser sa tête (Luc 9, 58), il refusait la logique du monde et il conduisait son existence à la seule lumière de sa relation à son Père. Aussi, a-t-il pu se rendre disponible à tous et à toutes, affronter les autorités, accepter finalement de mourir.

De même, être fils dans le Fils, c'est rester hors des soucis et des convoitises qui étouffent la Parole (Marc 4, 19) : ne pas s'inquiéter ni du manger ni du vêtir, relativiser ses états d'âme, cultiver la sobriété, vivre libérés du jugement des autres et du souci de l'apparence, des modes, des *a priori* du monde, des commandements humains. Saint Paul invite ainsi les Colossiens juifs convertis à goûter cette liberté à propos des règles alimentaires : « Du moment que vous êtes morts avec Christ, et donc soustraits aux éléments du monde, pourquoi vous plier à des règles, comme si votre vie dépendait encore du monde : – ne prends pas, ne goûte pas, – ne touche pas ; tout cela pour des choses qui se décomposent à l'usage : voilà bien les commandements et les doctrines des hommes. Ils

13. Christian Duquoc, *Jésus, homme libre. Esquisse d'une christologie*, Cerf, Paris, 1973.

ont beau faire figure de sagesse : religion personnelle, dévotion, ascèse. Ils sont dénués de toute valeur et ne servent qu'à contenter la chair » (Colossiens 2, 20-23). Cette liberté précieuse ne met pas en marge du monde mais permet de ne pas être esclave de ses modes et de ses préjugés, d'échapper à la volonté de consommation et de rester sobre, d'être libre d'accueillir tout homme et toute femme inconditionnellement, de mener à bien des projets parfois inattendus ou déconcertants mais mûris à la lumière de l'Esprit. « Nous sommes dans le monde sans être du monde », selon l'antique lettre « À Diognète ». Cette liberté autorise, et m'a autorisé, à faire des choix de vie osés et à contre-courant des fausses évidences.

Cette liberté incite par ailleurs à s'engager fermement en faveur de l'évangélisation et de la justice du Royaume. Non pour imposer sa foi ou reformuler des revendications identitaires, mais pour mener un combat non violent afin que nos frères et sœurs trouvent dans le monde leur place de créatures voulues et aimées de Dieu : qu'ils soient respectés dans leur dignité, qu'ils aient leurs besoins fondamentaux satisfaits, qu'ils puissent réaliser un projet de vie en profond accord avec eux-mêmes, qu'ils connaissent Dieu et son Christ : qu'ils vivent eux aussi en fils, libres. Car « Amour et vérité se rencontrent, justice et paix s'embrassent » (Psaume 84). Il peut résulter de cet engagement que le *monde* nous haïsse (Jean 15, 18 sv), mais comme Jésus, il nous faut assumer les conséquences de nos choix, sans jamais répondre par la violence. Car « tous ceux qui prennent l'épée périront par l'épée » (Matthieu 26, 52).

Cette liberté doit être enfin liberté vis-à-vis de notre propre mort. Il est humain que notre sensibilité la craigne, car nous n'en connaissons pas les circonstances. Mais notre foi l'attend dans la paix car nous ne sommes pas sans espérance (1 Thessaloniciens 4, 13) : espérance de la rencontre définitive et éblouissante avec le Seigneur de la Vie pour participer au festin du Royaume (Luc 13, 29).

L'Église, communion des fils et des filles de Dieu baptisés

Je ne vis pas ma foi seul, je ne suis pas dans un face-à-face solitaire avec Dieu, je ne m'autoproclame pas fils de Dieu. Ma foi me configure au Christ mort et ressuscité mais c'est par le baptême célébré en Église que je suis marqué du sceau du Christ, que je reçois *ouvertement* l'identité filiale. Le sacrement du baptême, sauf à n'être qu'un rite magique, suppose la foi en Christ[14] : mais il la couronne en conférant au baptisé une grâce qui fortifie ce renouveau existentiel. Reconnu comme fils et frère de Jésus-Christ, je peux alors « faire corps » avec le Christ et devenir membre solidaire de tous ceux qui partagent l'identité filiale dans l'unité de l'Esprit : je vis en Église, communion des fils de Dieu baptisés.

À sa tête, Christ convoque ce corps qui est son Église (Colossiens 1, 18) pour louer Dieu et célébrer ses Hauts Faits (1 Pierre 2, 9). En communion avec tous mes frères, je partage la joie et la paix d'avoir été « arrachés par le Père au pouvoir des ténèbres et transférés dans le Royaume du Fils de son amour » (Colossiens 1, 13). L'Église est l'assemblée des fils de Dieu convoqués pour chanter la gloire de Dieu ... en particulier en célébrant l'eucharistie, l'action de grâce par excellence. « L'eucharistie fait l'Église et l'Église fait l'eucharistie » selon la formule du père de Lubac.

Lors de la liturgie de la Parole, la communauté fait mémoire des relations tourmentées du peuple juif avec son Dieu, de cette première alliance par laquelle Il s'est révélé progressivement aux hommes. Puis la communauté est invitée à réveiller sa foi et à raviver son goût de la filialité en entendant le récit de la vie de Jésus, ses gestes et ses paroles, ainsi que les réflexions de ses premiers disciples. Cette *table de la Parole* est partie intégrante de l'eucharistie car elle illustre la permanence des dons de Dieu dans le temps et les conditions pour vivre aujourd'hui l'Alliance en Christ. Vient ensuite la prière eucharistique, prière d'action de grâce pour l'amour éternel du Père à l'égard de tous les hommes et récit du dernier repas partagé par Jésus avec ses disciples. En faisant mémoire des paroles et des gestes par lesquels Jésus leur a offert, la veille de sa Passion, le pain et le vin auxquels il a *assimilé* son corps et son sang *livrés pour nous*, puis en mangeant ce pain du ciel et en buvant à la coupe de l'amour ultime, les croyants sont provoqués à régénérer leur confiance en Christ, leur commune filialité, l'amour qu'ils se doivent les uns aux autres. « Devenez ce que vous recevez »[15], c'est-à-dire soyez d'autres Christ, de vrais fils de Dieu. En recevant la vie même du Christ, l'Esprit vient demeurer dans leurs cœurs de fils, les fait entrer dans la paix du Christ, leur donne le courage d'être au service du Royaume. J'ai toujours vécu l'eucharistie comme nourriture essentielle de ma foi et de ma condition filiale : par elle je vis en Christ et pour lui. C'est pourquoi je soutiens qu'aucun baptisé dont la foi est vive ne devrait en être privé.

14. Du moins lorsqu'il est conféré à l'adulte. Dans l'hypothèse d'un baptême d'enfant, il appartiendra à celui-ci d'y satisfaire plus tard. Les parents, parrain et marraine, s'engagent à l'y aider.

15. Chant de communion de Jean-Louis Fradon, L'Emmanuel, Signes Musiques n° 93.

L'église n'est pas seulement cette communion appelée à célébrer, aussi importante que soit cette célébration. L'Église est « Jésus-Christ continué, répandu et communiqué » (Bossuet). Elle appelle et rassemble les énergies pour poursuivre la mission terrestre de Jésus, avec une double responsabilité : transmettre et servir. Les disciples du Christ sont ainsi appelés à témoigner et enseigner mais encore à accueillir, inclure, consoler, soulager, guérir, lutter contre l'esprit du monde pour faire advenir la fraternité, avoir le courage d'être ce qu'ils sont en prenant le cas échéant les risques que Jésus a pris. Ils sont aussi les témoins et gardiens du « bon dépôt de la foi » (2 Timothée 1, 14), veilleurs fidèles à la sauvegarde de leur unité, cette unité pour laquelle Christ a prié longuement à l'heure de sa Passion. « Il y a un seul corps et un seul Esprit, de même que votre vocation vous a appelés à une seule espérance ; un seul Seigneur, une seule foi, un seul baptême ; un seul Dieu et Père de tous qui règne sur tous, agit pour tous et demeure en tous » (Éphésiens 4, 4-6). En ce sens, compte tenu de leur antiquité et des conditions de leur genèse, je considère le symbole des Apôtres et celui de Nicée-Constantinople comme la règle de foi, le cadre doctrinal qui authentifie la foi au Christ et garantit l'unité du Corps. À l'intérieur de ce cadre, doit (devrait !) être sauve la liberté des interprétations théologiques qui permettent aux cultures et aux personnes individuelles de dire, comprendre et vivre concrètement leur foi au Christ : unité n'est pas uniformité.

Sur cette terre, pour se rendre visible et exercer plus librement ses activités dans le monde, l'Église de Jésus-Christ, communauté d'hommes et de femmes, a dû s'organiser en institution. Celle-ci est inséparable de l'Église-corps-du-Christ, sans jamais qu'on doive la confondre avec elle. De plus, l'Esprit souffle où il veut : l'Église institutionnelle sera toujours *débordée* par d'autres témoins, croyants baptisés exclus ou qui se sont exclus, ou même croyants sans référence à l'Église ni même à l'Évangile ou à la Bible. Tous ceux qui sont animés par une foi en la Présence ou qui mettent simplement en œuvre un esprit fraternel sont à leur manière enfants de Dieu. C'est pourquoi le Royaume est plus vaste que l'Église-institution, qui n'en est que le signe, le sacrement !

Comme toute institution humaine, l'institution ecclésiale a ses limites, ses défauts et souffre trop souvent de la tiédeur de ses membres (Apocalypse 3, 16). Elle peut avoir comme souci prioritaire ses intérêts propres et faire abondamment souffrir, voire scandaliser gravement : c'est alors le Christ qui est à nouveau crucifié ! Citons entre autres parmi ses erreurs ou ses crimes, les heures sombres de l'inquisition, la diffusion large d'une prédication axée sur le péché et la peur de l'enfer qui a bouleversé et trompé tant de croyants, sa complicité jusqu'à une date récente avec des pouvoirs politiques ou économiques injustes ou même meurtriers, le rejet au quotidien de tant d'hommes et de femmes au motif d'inculpations diverses. Encore aujourd'hui les contre-témoignages criminels de certains clercs sont découverts et l'ébranlent profondément. La tentation la plus constante de l'institution ecclésiale est sans doute de transformer la foi vivante de l'Église du Christ en une religion conservatrice et identitaire[16]. À mon sens, l'institution ecclésiale n'est plus fidèlement l'Église du Christ dès lors qu'elle édicte des règles ou des comportements obligatoires qui ne trouvent pas leur fondement dans l'amour de Dieu ; qu'elle prétend imposer son pouvoir au nom de la Vérité sans respecter les consciences ; qu'elle refuse d'écouter ce que l'Esprit lui souffle ... Ceci, le plus souvent par crainte de remettre en cause sa compréhension traditionnelle du monde ou ses pratiques ancestrales. Au cours de l'histoire, les ruptures confessionnelles et la division consécutive en multiples Églises en sont le fruit amer. S'y ajoutent les ruptures successives avec le monde intellectuel (les Lumières), le monde ouvrier, le monde scientifique, etc. Aujourd'hui encore, les conservatismes organisationnels, fonctionnels et doctrinaux conduisent au retrait de bien des croyants qui considèrent ne pas être entendus dans leurs aspirations légitimes.

Pour autant, ces Églises présentent à leur actif de belles réalisations et donnent effectivité à l'Église-Communion : elles assurent le culte dû à Dieu, la transmission fidèle des Écritures saintes et des fondamentaux de la foi, l'exercice de la charité dans le monde entier en dépit des vicissitudes de l'histoire. Elles ont suscité et suscitent encore des hommes et des femmes passionnés par le Christ, aux talents divers, témoins fidèles d'une vie de foi : martyrs, saints mis en lumière ou demeurés dans l'ombre, savants et théologiens, catéchistes et missionnaires, les « 144 000 marqués du sceau ... la foule immense que nul ne peut dénombrer, de toutes tribus, peuples et langues » (Apocalypse 7, 4-9). Elles créent et administrent encore aujourd'hui en certaines parties du monde des œuvres de charité, hôpitaux, hospices ou écoles, notamment quand il n'y a pas d'État-providence pour y pourvoir. Grâce à de nombreuses organisations non gouvernementales, elles soulagent l'étranger migrant et le pauvre sans ressources suffisantes, et dénoncent des politiques injustes et inhumaines. Elles remplissent leur office !

---

16. Cf. Dominique Collin, *Le christianisme n'existe pas encore*, Salvator, Paris, 2018.

Quels que soient les défauts des Églises, bien réels, il y a et il y aura toujours des témoins de Jésus-Christ. Demeure donc sans faille l'espérance d'un renouveau à venir. N'est-ce pas là ce qu'a vécu Israël avant la venue du Messie ? Voilà pourquoi, les yeux fixés sur le Christ et l'Église-Communion, je reste dans l'Église catholique qui m'a baptisé et dans laquelle ma foi a grandi. Les autres Églises n'ont-elles pas aussi leurs misères institutionnelles ? J'essaie de conjuguer loyalisme et esprit critique et de contribuer ainsi à sa mission essentielle : être témoin de la foi, inviter à célébrer, favoriser une Église plus inclusive, construire un monde meilleur.

***

Il est temps de conclure mon propos. Pour moi, la foi est un don de Dieu reçu lors d'une expérience spirituelle personnelle, vécue à un moment spécifique de mon histoire. Toujours fragile et en quête pour mieux saisir son objet, elle a besoin de témoins pour se développer et de mots pour se dire et se structurer. Les mots de la Bible et l'exemple de la vie de Jésus lui permettent de s'affiner et de trouver sa cohérence. Si elle est persévérante, elle est une force qui soutient dans la traversée des épreuves. Baptisé dans la foi au Christ mort et ressuscité, le croyant reçoit une identité nouvelle, celle de fils de Dieu et frère de Jésus-Christ, appelée à l'emporter sur toute autre identité et qui l'exhorte à vivre au quotidien sous le regard de Dieu en s'inspirant de la vie de Jésus. Non sans la résistance du païen qui subsiste en lui, le croyant devient peu à peu un homme libre, solidaire des autres hommes et de toute la Création, homme de justice, de paix et d'espérance, témoin qui, à son tour, peut éveiller chez d'autres le désir de croire. Cette foi et ce style de vie peuvent être partagés au sein d'une communauté croyante qui célèbre son Seigneur en faisant mémoire de ses faits et gestes et en lui rendant grâce, spécialement par la prière eucharistique. Malgré un visage trop humain qui peut parfois scandaliser, l'Église poursuit l'œuvre de Jésus-Christ avec la double responsabilité de transmettre et de servir.

Ainsi, la foi est lumière et vie, proposée à tous. Elle est aventure personnelle mais ouverte à l'universel.

2

Mon Credo aujourd'hui

José ARREGI*

Première partie
PRÉAMBULES DU CREDO

1. Le credo en chemin

« Mon Credo aujourd'hui ». Et demain ? Je ne sais pas, et je ne peux pas le savoir, car nous sommes en chemin, et quand nous cheminons le paysage et le regard changent, la vie et la compréhension des mots se renouvellent. Je chemine, et je sais seulement que l'horizon ne finit pas dans ce que je vois, ni ma foi à ce que je dis, ni le Credo aux dogmes ou les dogmes à leurs significations. Les évocations et les significations des mots (« homme », « femme », « épouse/mari », « paix », « religion », « foi », « croire », « infini », ...) changent lorsque notre place dans le monde ou notre vision du monde ou notre expérience de la vie changent.

---

* José Arregi, né à Azpeitia (Pays basque) en 1952, est docteur en théologie, diplômé de l'Institut catholique de Paris. Il a enseigné à l'Université de Deusto (Bilbao et Saint-Sébastien) et il est auteur de plusieurs livres en basque et en espagnol. Sont publiés en français *Jésus pour le monde d'aujourd'hui. Esquisses de Christologie* (L'Harmattan, 2014) et *Éclats d'humanité. Journal d'un chrétien en liberté* (Temps Présent, 2019).

Les textes classiques de la religion et de la littérature en général ne changent pas dans leur littéralité, mais leur interprétation se modifie au fur et à mesure que le monde personnel et culturel des lecteurs change. Les textes perdurent, les paroles qui les traduisent et les interprètent changent. Le Credo que je récite reste toujours littéralement le même, mais je ne « crois » (pense) pas la même chose que les chrétiens croyaient il y a 1 600 ans ou 500 ans ou il y a seulement 60 ans, lorsque j'ai fait ma première communion, ou même il y a 40 ans, quand, entre 1982 et 1986, mon esprit s'est ouvert à de nouveaux horizons de la pensée théologique à l'Institut catholique de Paris.

Ma foi a-t-elle changé ? Il n'est pas facile de dire que quelque chose reste immuable chez des êtres en transformation permanente que nous sommes, mais disons pour simplifier et faciliter la compréhension, bien que la formulation me semble plus que discutable : toutes les formes de la foi – émotions, idées, images, conscience – changent sans cesse, et seul le fond pur et sans forme de l'expérience de la foi reste le même au-delà de tous les mots, images et contenus de la conscience. La vie est toujours la même grâce aux formes qui sont en transformation permanente. Mais ne serait-il pas plus correct de dire que la vie est (en) changement permanent ?

Alors, est-ce que ma foi change ? Son expérience concrète se modifie indubitablement, et c'est ainsi qu'elle me modifie ou me fait être. Les mots et les significations avec lesquels nous balbutions l'indicible changent. Lorsque Dieu a voulu créer, dit la tradition juive, il a d'abord créé le changement, et c'est grâce au changement que tout étant est ce qu'il est. Ce qui ne change pas, c'est le changement. La foi – religieuse ou non – n'est-elle pas cette confiance profonde qui soutient la vie ou l'être dans son mouvement constant, dans ses joies et ses découragements, ses lumières et ses égarements ? La foi demeure en tant que mouvement d'abandon de notre être profond au référent ultime du Credo, au Mystère auquel renvoient tous nos mots, au-delà des mots.

Or, la foi au Credo n'est pas une question d'idées, de croyances et de mots. Le noyau et le critère de la foi, de la confiance ou de la donation de soi-même à la Source et à la Profondeur de toute réalité, c'est la sœur, le frère blessé sur la route. Regarder, ressentir de la compassion, se rendre prochain, descendre de son propre cheval, verser de l'huile sur les plaies, prendre soin des blessés et s'occuper d'eux personnellement et politiquement – car toutes les blessures sont également sociales, structurelles, politiques – est le seul Credo valable. Jésus nous dirait : « C'est la miséricorde que je veux et non les dogmes ».

2. Trois paradigmes dans une vie

Je m'étonne chaque jour de voir à quel point et à quelle vitesse le monde a changé depuis que je suis né, à quel point le monde d'aujourd'hui est différent de celui dans lequel j'ai appris le Credo. En une seule vie, j'ai connu trois époques civilisationnelles différentes, trois cadres d'interprétation de la réalité ou paradigmes : l'agraire pré-moderne, l'industriel moderne et le post-industriel post-moderne. Et un changement de paradigme culturel entraîne, tôt ou tard, qu'on le veuille ou non, un changement profond du langage théologique, car il transforme les présupposés mêmes de la pensée, le statut des croyances et le concept de Dieu.

Jusqu'à l'âge de 17-18 ans, ma foi était tout-à-fait pré-moderne : dualiste, théocentrique, géocentrique, jésucentrique, ecclésiocentrique, exclusiviste. La terre était le centre de l'univers présidé par Dieu, le Seigneur suprême ; la Bible et les dogmes avaient été directement révélés par Dieu ; le sacré était supérieur au profane, être prêtre était le plus grand, le péché mortel le plus terrible, le paradis de l'au-delà le plus désiré, et le pape avait toujours le dernier mot. Le Credo était intouchable. Il suffisait d'y croire.

Les premières années d'étude de la philosophie et de la théologie ont entraîné le doute, non sans angoisse : il fallait concilier – parfois en désespoir de cause – la philosophie avec la théologie, la foi avec la raison, le théocentrisme avec l'anthropocentrisme, la puissance de Dieu avec la liberté humaine, la grâce avec la responsabilité, le sacré avec le profane, la transformation politique du monde avec l'espérance de l'« au-delà », la vérité avec la tolérance, la religion avec la sécularité, l'incarnation unique de Dieu avec le respect des religions non chrétiennes. J'ai dû moderniser mon Credo.

Mais au moment où je pensais l'avoir plus ou moins réussi, un autre monde s'ouvrait à moi. L'un des déclencheurs décisifs a été le processus d'élaboration de ma thèse de doctorat sur les relations entre le christianisme et les autres religions, à partir du théologien suisse Hans Urs von Balthasar. Je suis parti de l'inclusivisme exclusiviste du théologien suisse, je suis passé par l'inclusivisme philosophiquement forcé de Karl Rahner et j'ai fini par le pluralisme théologiquement fondé de Raimon Panikkar, une théologie, quant à elle, résolument postmoderne : Dieu a de nombreux noms et s'incarne de multiples façons dans toutes les cultures et les religions.

Dans les années qui ont suivi, j'ai cherché à façonner un paradigme théologique radicalement pluraliste, écologique et libératoire : Dieu n'est pas un Étant, mais l'Âme de l'univers sans centre en expansion et en création permanente, l'Esprit de paix qui gémit dans l'humanité et dans toutes les créatures, jusqu'à la pleine libération, la pleine création. Notre espèce humaine *Homo sapiens*, apparue en Afrique il y a seulement 300 000 ans, n'est ni le centre ni le sommet de la création, pas même de cette planète, mais une manifestation merveilleuse, inachevée, instable et contradictoire de la création en cours, avec un triple cerveau – reptilien, mammifère et humain – pas très bien coordonné, qui ne lui permet qu'une conscience naissante et une paix instable ; un jour il disparaîtra, comme toutes les autres espèces, mais la vie continuera à se développer sur la Terre (et presque certainement sur d'autres planètes, bien que nous ne puissions encore rien en savoir).

Il s'agit d'un paradigme *herméneutique* (les sciences et les diverses formes de connaissance, y compris la philosophie et la théologie, ne « décrivent » pas la réalité telle qu'elle est objectivement, mais sont toujours des interprétations partielles et provisoires), *non dualiste* (la matière et l'esprit ne sont pas deux principes ou éléments distincts de la réalité, mais deux manifestations de la réalité parmi d'autres), *holistique* (toute la réalité est interdépendante), *post-métaphysique* (il n'existe pas d'entités réelles – Dieu, des esprits, le paradis, l'enfer – au-delà de l'univers ou du multivers que nous appelons « physique »), *dynamique* et *évolutive* (tout est en mouvement et en transformation constante, y compris l'*Homo sapiens*, dans un monde auto-créateur radicalement ouvert sur un futur insoupçonné), *cosmocentrique* (et donc trans-anthropique), *écologique*, *féministe* et *égalitaire*, et radicalement *pluraliste*. Dans ce cadre de pensée, nous devons prier le Credo d'une manière nouvelle.

À tout cela s'ajoute une caractéristique fondamentale et inquiétante de la culture d'aujourd'hui : le rythme des connaissances et des changements technologiques s'accélère. Au profit de qui ? Telle est la question. La culture des chasseurs-cueilleurs s'est prolongée pendant environ 290 000 ans. La culture agraire a duré environ 12 000 ans. La révolution industrielle a eu lieu il y a seulement 260 ans environ, mais elle a déjà connu quatre révolutions : celle de la machine à vapeur, celle de l'électricité, celle de la technologie de l'information et celle de l'Internet en toutes choses, la robotique, les usines intelligentes, l'Intelligence Artificielle... De nombreux analystes affirment que nous sommes déjà dans une autre ère, post-industrielle, celle de la société de l'information, de la connaissance et du changement accéléré. L'information est le facteur décisif plutôt que la fabrication. Pour le bénéfice de qui ? Nous le voyons maintenant : pour l'enrichissement de quelques-uns et l'étouffement général de la vie (de l'humanité et de l'ensemble du système de vie ou de la communauté entière des vivants).

Comment voulons-nous que les textes sacrés ou le Credo continuent à être compris « comme toujours » ?

3. **Vers la fin des religions traditionnelles ?**

L'avenir est imprévisible dans le détail. Mais, si l'on considère les grandes lignes de l'évolution culturelle des derniers millénaires, et des derniers siècles en particulier, il ne semble pas déraisonnable de dire que nous nous dirigeons vers la fin des religions traditionnelles dans leur forme actuelle, dans leurs croyances, leurs rites et leurs institutions en général.

Elles répondent à une autre vision du monde, à d'autres questions, à d'autres besoins. Elles appartiennent à un autre temps, à un autre paradigme, à une culture agraire pré-moderne. Elles sont construites sur une vision du monde et un imaginaire qui nous sont étrangers : des mythes compris comme des récits historiques, des êtres spirituels immatériels (dieux, anges, démons) actifs dans le monde, un Dieu Sujet personnel suprême, antérieur et extrinsèque au monde (qui se révèle et parle quand il veut, gouverne le monde comme il veut, punit et pardonne quand il veut), des écritures sacrées révélées intouchables, des codes moraux et des dogmes immuables, des rites sacrificiels pour maintenir la vie et expier la culpabilité, des institutions patriarcales hiérarchiques masculines... Rien de tout cela ne tient plus.

À vrai dire, ce n'est pas la première fois que tous les éléments religieux (croyances, rites, normes, dieux, institutions cléricales) entrent en crise. Depuis l'Antiquité, ils ont été critiqués et dépassés tant par la réflexion rationnelle que par l'expérience mystique, par la philosophie et par la théologie elle-même. Il faut se rappeler particulièrement de cette époque clé de la civilisation, depuis la Chine à l'Europe, entre 800 et 200 avant J.-C., que Karl Jaspers (psychiatre et philosophe, 1883-1969) a appelé le Temps Axial : Confucius et Laozi en Chine ; les auteurs de certaines *Upanishad*, Bouddha et Mahavira en Inde ; Zoroastre en Perse ; les grands prophètes en Israël ; Thalès, Héraclite, Parménide, Pythagore, Socrate, Platon, Aristote en Grèce.

Il est clair que chez tous ces auteurs la voix des femmes a été entravée ou réduite au silence, et dans les mouvements dont ils expriment les sentiments, un véritable dépassement de la religion vers l'éthique et la mystique de la justice et de la paix universelle a eu lieu. On peut dire qu'aujourd'hui l'humanité est en train de faire culminer, à une échelle massive et planétaire, la transformation culturelle et religieuse qui a commencé il y a plus de 2 500 ans. Et ce ne sont plus les anciennes caravanes de chameaux entre la Chine et la Grèce qui provoquent la transformation des idées et des institutions, mais les technologies de l'information.

La transmission mondiale instantanée de l'information produit une culture planétaire de la connaissance scientifique et du changement accéléré. Aucune conviction ou institution traditionnelle ne reste indemne, l'université jouant un rôle décisif dans cette transformation culturelle et par conséquent religieuse. N'oublions pas que seuls 7 % de la population mondiale – et seulement 50 % de la population « occidentale moderne » – possèdent un diplôme universitaire. Que se passera-t-il lorsque l'université deviendra universelle ? Tout porte à croire que la crise mondiale ou la fin des croyances, des religions et des institutions traditionnelles, des dieux et des religions théistes est irréversible.

La dernière étude socio-religieuse de l'Espagne révèle que, dans la tranche d'âge 18-34 ans, 60 % se déclarent non-religieux. Les non-croyants ont triplé en deux décennies. Quant à la France, récemment et pour la première fois, une majorité de citoyens (51 %) a répondu NON à une question directe : Croyez-vous en Dieu ? Certaines études annoncent drastiquement que les religions vont bientôt disparaître complètement dans neuf des pays les plus développés : l'Australie, l'Autriche, le Canada, la Finlande, l'Irlande, la Nouvelle-Zélande, les Pays-Bas, la République tchèque et la Suisse.

Il ne s'agit pas, comme on le dit parfois, d'une « exception européenne ». Regardons les États-Unis d'Amérique eux-mêmes : en 2009, 17 % se déclaraient athées, et en 2019, 26 % l'ont fait, ce qui représente pratiquement une augmentation d'un point de pourcentage par an. Dans le même temps, une enquête de l'American Enterprise Institute de décembre 2020 a révélé que l'identité religieuse la plus répandue (34 %) chez les Américains âgés de 18 à 29 ans était « aucune », tandis que plus de 40 % des étudiants de Harvard se déclaraient athées ou agnostiques la même année. Il n'est donc pas surprenant, mais il est aussi très révélateur qu'un rabbin athée ordonné, Greg Epstein, ait été élu aumônier en chef de l'université Harvard en 2021. Cela donne matière à réflexion.

En conclusion de ces préambules, je dirais : 1) Le Credo traditionnel ne tient pas. 2) Mais ceux qui réclament une nouvelle civilisation écologique, équitable, égalitaire, écologiste, féministe, fraternelle-sororale dans la communauté de tous les vivants sont plus en plus nombreux. 3) Il devient de plus évident que, pour être compatissant, solidaire, tolérant, bon et, en définitive, vraiment heureux, il n'est pas du tout nécessaire de croire aux dogmes religieux, aux divinités, aux cieux ou aux enfers de l'au-delà, ni de pratiquer des rites religieux ou d'appartenir à des institutions religieuses. 4) Néanmoins, non seulement les croyants, mais aussi beaucoup d'agnostiques sont convaincus que les textes fondateurs des traditions religieuses peuvent encore constituer des sources de sagesse profonde pour une vie bonne et heureuse. 5) Mais cela exige une lecture « spirituelle » – libre, créative, vitale. Il en va de même pour le Credo. C'est un défi radical et une tâche stimulante.

Deuxième partie
VARIATIONS SUR LE CREDO

4. « Je crois »

Le Credo commence par « Je crois ». Mais qu'est-ce que cela signifie de croire ? Il n'y a pas de réponse unique. Il faut choisir ou élire, ce qui en grec se dit *hairein*, d'où vient *hairesis*, « hérésie ». Pour dire ce que signifie « Je crois » ou « Credo », il faut donc choisir, « être hérétique ». Ou simplement relire, réinterpréter. Tout sauf répéter la même interprétation. Celui qui ne fait que répéter avec l'esprit et la bouche – le cœur ne répète jamais – ne dit pas le Credo dans sa profondeur personnelle, ecclésiale, historique.

Je ne comprends pas le terme *croire* dans le sens de « tenir quelque chose pour certain, plausible ou probable sans preuve scientifique », qu'il s'agisse de l'existence de Dieu, de la création du monde, de l'incarnation du Fils de Dieu ou de tout autre dogme. Croire vient du latin *credere*, mais celui-ci est à son tour composé d'une double racine indo-européenne : *kerd* (cœur, cordial, accord, courage) et *dheh* (rendre, laisser, donner, donner, livrer...). Quand je dis « croire », je veux dire avant tout rendre mon cœur, le centre ou le vrai fond de mon être.

Le « croire » du Credo ne signifie donc pas avoir des croyances, mais vivre dans la confiance. Celui qui vit dans une confiance lucide et profonde – en soi, en l'autre, en le Tout ou la Source profonde de la réalité –, qu'il ait ou non des croyances religieuses, permet au plus profond et au plus vrai, au meilleur de soi d'émerger et de s'épanouir : gratuité, tendresse, courage vital. La confiance nous rend libres, audacieux, bons. Les croyances, elles dépendent de la culture, de la vision du monde, de la langue. Et toutes les croyances, les credo et les dogmes ne sont, au mieux, que des formes et des supports de la foi, et elles peuvent et doivent changer en fonction des cultures. Dans le temps, on croyait que le ciel était au-dessus et que Dieu, le Seigneur d'en haut, y habitait, envoyant la pluie ou faisant des miracles s'il le voulait. Ceux qui « croient » en ce Dieu diminuent drastiquement ; il ne fait pas partie de leur « croyable disponible » (P. Ricœur). En effet, nous ne « croyons » pas ce que nous voulons, mais ce que nous pouvons « croire » (penser). En fait, ceux qui croient quelque chose le font toujours parce que cela leur semble raisonnable pour une raison ou une autre (que Dieu l'a révélé, que la tradition est fiable, que le pape est infaillible...). Celui qui dit « cela ne me semble pas raisonnable, mais je le crois » le dit parce qu'il pense avoir des raisons de le dire, à moins qu'il ne sache pas ce qu'il dit.

Nous ne pouvons donc croire que « ce qui est crédible » et seulement dans la mesure où cela nous aide à faire profondément confiance ou à nous donner, tandis que nous ne devons pas croire ce qui est incroyable ou nous empêche de faire confiance. Ainsi, je ne peux pas « croire » quelque chose qui contredit la science, c'est-à-dire ce qui est mesuré mathématiquement et prouvé empiriquement. Ce qui ne signifie nullement que la science – indispensable et constituant le plus petit dénominateur commun de notre langage et de notre éthique commune – soit la seule ou la suprême connaissance, ni que seul ce que la science peut mesurer et vérifier soit réel ou vrai. La connaissance a de nombreux logements et chemins, et la vie pour le Bien commun est son critère ultime.

Toutes les religions traditionnelles – aussi les nouveaux mouvements spirituels – comportent des croyances : « Dieu » en tant que personne ou Étant suprême, l'élection d'Israël, l'incarnation de Dieu en Jésus issu d'une mère vierge, la révélation du Coran à Mahomet par l'ange Gabriel, le *samsara* sans fin, la réincarnation selon le karma, l'accumulation de mérites par des mantras... ou la prévision de l'avenir dans le calendrier maya des treize lunes. Aucune de ces croyances n'est réellement essentielle aux religions respectives.

En outre, les croyances des différentes religions sont souvent contradictoires entre elles. Si je crois que Jésus est la seule révélation pleine et ultime de Dieu et que je rencontre à côté de moi un musulman pour qui le Coran révélé au Prophète est la révélation ultime et pleine d'Allah, je me trouve dans une situation difficile : l'un de nous a tort. Et si, dans nos croyances et nos affirmations exclusives, nous avions tous deux tort ?

La confiance tolérante et paisible au milieu de l'incertitude est la grâce de notre époque. Le fondamentalisme, en revanche, est la grande tentation d'aujourd'hui : l'avancée imparable de la recherche scientifique, la multiplication des informations, l'interrelation croissante des religions, l'incertitude grandissante... poussent le croyant à conjurer l'insécurité en s'accrochant à ses croyances, en les absolutisant, et en condamnant son voisin non croyant ou celui qui croit en d'autres choses, qui pense simplement différemment. Celui qui s'accroche à ses croyances et s'y enferme ne peut vivre en paix, il ne permet pas à l'Esprit de liberté, de consolation et de fraternité universelle – le seul essentiel de toutes les religions et non-religions – de respirer en lui, en elle. L'essentiel et le critère de validité des « croyances » religieuses est qu'elles aident à regarder chaque être, à ressentir la réalité et à vivre la vie à partir d'une profonde gratitude, de la confiance et de la compassion universelle.

Nous vivons dans un âge post-religieux, mais nous vivons aussi dans un âge post-séculier. Et non pas parce que les religions traditionnelles survivent encore et gagnent même en importance politique dans de nombreux pays comme les États-Unis d'Amérique, la Russie ou le Brésil (il s'agit en grande partie de manifestations réactives, fondamentalistes et politiques qui trahissent l'Esprit prophétique et mystique qui a encouragé l'origine la plus authentique des traditions religieuses). Nous vivons à une époque post-séculière parce que les *Homo sapiens* que nous sommes (encore), de par notre développement cérébral et culturel, sont toujours des êtres symboliques – comme l'étaient d'autres espèces humaines disparues et comme le sont d'autres primates hominoïdes, chaque espèce à sa manière – et parce que notre époque post-moderne est devenue plus sensible que l'époque moderne au sens et à la nécessité de cette dimension symbolique, esthétique, poétique, « spirituelle », plus sensible à l'indicible.

Le Credo, dès son origine connue (IVe siècle), a été justement appelé « Symbole », terme qui désignait à l'époque la conjonction de deux éléments permettant aux deux parties d'un contrat de se reconnaître. Le Credo ne nous unit qu'à condition que nous comprenions ses expressions de manière symbolique, c'est-à-dire, comme de simples indicateurs du référent ineffable. Le Credo ne devient un lieu de rencontre qu'à condition qu'il nous lance et nous oriente au-delà de toutes nos croyances et de nos interprétations, qui sont toujours inévitablement « hérétiques », choisies.

5. « En Dieu, le Père tout-puissant, Créateur du ciel et de la terre »

5.1. ***Dieu.*** Je crois en Dieu, la Profondeur, le Cœur, le Mystère, la Présence qui palpite, la Vie qui respire dans tout ce qui est. Mais je ne crois à aucune image de Dieu, ni, par conséquent, à ce que je crois comprendre de Lui : Il/Elle. « Si tu comprends, ce n'est pas Dieu. Ce n'est pas ce que tu comprends », a écrit saint Augustin. En réalité, toutes les images et tous les mots concernant Dieu sont des constructions humaines. Néanmoins, je parle. Je parle parce que c'est inévitable et afin de mieux prendre conscience de ce que Dieu n'est pas et qu'il n'est rien de ce que je connais, et afin de mieux croire, « donner mon cœur » de façon créative et compatissante au Cœur de la réalité, au-delà de toutes les images et de tous les mots, au-delà aussi de toutes les images et de tous les mots de Jésus sur Dieu, qui étaient des images et des mots culturels, particuliers, contingents.

L'image ou l'idée même de Dieu – en tant qu'Entité surnaturelle, souveraine, céleste, anthropomorphe et personnalisée... – est née à Sumer il y a quelque 7 000 ans. C'est là, parmi les ruines de Nippur, que sont conservés les vestiges du plus ancien temple que nous connaissions. Là, une société urbaine complexe et moralisée a conçu l'existence de divinités spécialisées ou d'une divinité suprême, garante de l'ordre et de la morale, du bien et de la vérité. Cela a été une œuvre grandiose – pleine d'ombres et de menaces – de la capacité symbolique de notre espèce humaine. Certainement, l'image de Dieu, de même que les religions, les mythes et les institutions sociales, sont nés et se sont imposés parce qu'ils répondaient à des besoins humains profonds de survie collective, bien qu'ils aient servi en même temps à légitimer le pire de ce dont notre espèce est capable (la peur, l'abus de pouvoir, la domination, la subordination, l'inégalité la plus cruelle).

Cette image de Dieu – que les philosophies les plus élaborées, les mystiques les plus dépouillées et les voix prophétiques les plus subversives ont toujours critiquée et dépassée – survit encore au fond de nombreuses consciences et religions, mais un Dieu Étant suprême qui gouverne le monde et y intervient quand il le veut, qui parle et se tait, révèle et cache, récompense et punit, pardonne et condamne..., cesse d'être crédible pour des gens de plus en plus nombreux. C'est un processus sans retour en arrière. Si on identifie Dieu (*Théos*) avec cette image, nous devrions dire que notre époque est post-théiste ou non-théiste ou a-théiste. Peut-être mieux transthéiste, ou « anathéiste », selon le terme « anathéisme » – au-delà du théisme et de l'athéisme – proposé par R. Kearney.

Mais le terme Dieu utilisé, je serais enclin à affirmer qu'il peut encore être employé pour se référer à la Réalité première ou ultime qui ne s'identifie en rien à l'ancienne image théiste signalée. Il ne s'agit pas d'un Étant, même suprême, séparée du monde, mais de l'Être pur de tout étant. Ce n'est pas quelque chose face à quelque chose, ni quelqu'un face à quelqu'un, mais le Tout en tout. Il n'est ni un ni multiple, il ne peut être compté dans aucune série, ni situé dans l'espace et le temps. Il ne se révèle pas seulement dans quelque chose ou quelqu'un et de temps en temps, mais en tout et toujours. C'est la Profondeur, le Fond sans forme de la réalité, visible sous toutes les formes, dans la paix des champs et du ciel au milieu de toutes les guerres absurdes. Il est la Beauté en toute beauté, l'Amour en tout *eros* et *agape*. C'est le plein « Vide » Source, la relation ou la communion de tout avec tout (dont la Trinité chrétienne est une image belle et irreprésentable). C'est la Conscience, mais pas la « conscience de soi » ou la « conscience de quelque chose d'extérieur à soi », mais la Conscience pure au cœur de tout ce qui est.

Il ne s'agit pas d'une « Personne » comprise comme un centre de conscience par opposition à un autre centre de conscience. Il n'est pas non plus ce que nous entendons par « impersonnel ». Par conséquent, la relation avec Dieu ne peut pas être à l'image de la relation avec une « autre » personne, avec un « autre » centre de conscience. Dieu est le Cœur palpitant de l'univers dans lequel toutes nos pauvres formes se rencontrent, au-delà d'elles-mêmes, dans le Souffle vital. Il n'est pas moins que personne, mais plus que personnel, ou transpersonnel (H. Küng). Dieu est l'Autre de tout et le Non-Autre de tout, « Non-Autre de rien » (Nicolas de Cuse, cardinal théologien du XVe siècle). Est-Il un Je ? Est-Il un Tu ? Aussi, mais pas un Je devant un Tu, ni un Tu devant un Je, mais le Je profond de tout je et le Tu profond de tout tu. Le je/tu/nous en tout je et en tout tu. C'est Lui/Elle/Il, le Mystère au-delà de tout nombre et de tout genre. C'est ce qu'ont vécu et dit les mystiques de toutes les traditions sapientielles profondes, religieuses et non religieuses, théistes et non théistes.

Il est le Silence sonore et le Verbe silencieux en toutes choses. Nous pouvons Lui parler, mais c'est une façon de nous laisser parler par son Mystère du fond de tous les êtres et de toutes les paroles, de toutes les supplications et lamentations, de toutes les louanges et actions de grâces.

Nous ne pouvons pas nous passer d'images et de mots, mais ils ne sont valables que dans la mesure où ils nous ouvrent au-delà, vers l'Absolu sans image et le Mystère sans mot, en transition permanente. Il ne reste que des métaphores et des mythes ou des histoires métaphoriques qui nous apprennent à passer du sens connu au Mystère toujours nouveau et indicible. Et, au bout du compte, seul celui qui traite le prochain blessé avec une miséricorde heureuse et efficace le manifeste, l'incarne et le réalise.

5.2. ***Père.*** Depuis l'Antiquité, de nombreuses religions ont appelé Dieu « Père » et l'ont invoqué sous ce nom. Le judaïsme aussi. C'est ce que Jésus a fait, lui surtout : lorsqu'il priait Dieu, il l'appelait presque toujours « Père » sous la forme pas insolite mais frappante d'« abba », terme utilisé par les petits enfants pour s'adresser à leur père, et par les adultes pour s'adresser à une personne plus âgée ou plus digne. Une expression, donc, de tendre confiance et de profond respect.

Mais il s'agit toujours d'un nom et d'une image divine qui reflète une culture patriarcale et qui a servi pendant des millénaires, et sert encore, à la légitimer, à canoniser la supériorité du père sur la mère, de l'homme sur la femme. Pour réparer ce préjugé, source de tant d'injustices, d'humiliations et de souffrances jusqu'à aujourd'hui, la moindre des choses serait que ceux qui veulent continuer à appeler Dieu « Père » l'appellent aussi « Mère », mais cela n'éliminerait pas les distorsions. Il faudrait revenir au sens le plus originaire de l'image maternelle et paternelle : le don de la vie, la tendresse du soin, la responsabilité et le bonheur de se donner. C'est cela le divin qui habite tout ce qui est, en qui habite tout ce qui est.

5.3. ***Tout-puissant.*** Ce n'est pas par hasard que l'image paternelle de Dieu a été associée au pouvoir suprême. « Dieu » masculin et tout-puissant. « Dieu » arbitraire et despotique. « Dieu » source de maux infinis, même s'il n'existe pas. La toute-puissance est un concept contradictoire, car le pouvoir s'exerce toujours sur quelque chose qui s'y oppose ou le menace. C'est pourquoi la toute-puissance ne peut exister, car elle ne peut s'exercer sur rien. La chose la plus humaine et la plus logique à faire, la plus « divine » si vous voulez – par décence éthique et par logique rigoureuse – avec un « Dieu tout-puissant », est simplement de le nier.

Si l'on voulait garder ce concept dans le Credo, il faudrait le comprendre comme une affirmation de confiance dans le pouvoir de la Vie, le pouvoir de la fraternité-sororité, de l'égalité, de l'humilité, de la simplicité. Professer la toute-puissance de Dieu ne peut avoir d'autre sens que de confesser – mentalement, cordialement et pratiquement – que la bonté est plus forte que l'arrogance autosuffisante, que le pardon est plus fort que la vengeance, que « la paix est la mère de toutes choses ». Ou, pour reprendre les mots d'Etty Hillesum, que lorsque nous aidons celui qui est blessé et qui n'en peut plus, alors nous libérons en nous-mêmes et en toute chose le divin qui nous anime, et c'est là la manière dont « Dieu nous aide ».

5.4. ***Créateur du ciel et de la terre.*** « Au commencement, Dieu créa le ciel et la terre » (Gn 1, 1). Je ne crois pas en un « Dieu » souverain et solitaire qui aurait existé « avant » la création. Comment Dieu peut-il être « avant » quoi que ce soit, si ce concept temporel ne s'applique même pas à l'univers subatomique ?

La création n'est pas un événement du passé lointain. Il n'a pas eu lieu à « l'origine du temps », comme le Big Bang. Chaque instant est le commencement. Chaque jour est le premier jour de la création. La création a lieu sans cesse dans l'univers ou le multivers, s'il existe. Tous les êtres – de la plus petite particule atomique aux galaxies qui se forment et s'étendent sans cesse – sont sans cesse à la fois créés et créateurs, créés par l'univers et créateurs de l'univers. Tout est dynamisme et relation, tout est chargé de la possibilité d'être et de relation. Tout est en train de se créer, s'inventer, se recevoir, de se faire et de faire être. Et cette énergie mystérieuse, dans son origine et son ultime profondeur, est « divine » : Esprit, Verbe, Sagesse créatrice. Dieu n'est pas un acteur, une force ou une énergie extérieure au cosmos. Il n'est ni à l'intérieur ni à l'extérieur des étants, mais il est la transcendance absolue dans l'immanence absolue. Il n'est pas un Créateur antérieur au monde, mais il est la Créativité permanente, le Mystère Source, le Fond sans forme dans toute forme.

Il me semble donc déraisonnable de postuler et de comprendre « Dieu » comme la première cause ou le premier moteur et l'explication nécessaire de l'existence du monde. Dieu deviendrait ainsi un postulat humain, une construction ou une ressource arbitraire créée par l'esprit humain dans son besoin d'explication. Mais « Dieu » en tant que « ressource » est superflu pour les sciences cosmologiques et je crois qu'il l'est aussi pour la réflexion théologique sur la réalité dans son ensemble. Elle se prêterait à la vieille et pertinente question des enfants : « Si Dieu a créé le monde, qui a créé Dieu ? ». La réponse sage est simple : « C'est l'être humain qui a créé le créateur nécessaire "Dieu" ». Il l'a fait afin de fournir un fondement au monde et à l'ordre, à la moralité, à la cité et à l'empire. Le « Dieu nécessaire » dépend de la nécessité humaine, il est mort-né, et le prophète (et même mystique) Nietzsche a pris note de sa mort dans la pensée.

Cela implique-t-il de tomber dans ce qu'on appelle le « matérialisme scientiste » ? Comment l'affirmer si personne ne sait encore ce qu'est la matière ? Pour autant que nous le sachions, cela n'a rien à voir avec cette chose statique et inerte que l'on a imaginée, par opposition à l'« esprit ». La « matière » est dynamique, inter reliée, créative, auto-créatrice. C'est énergie, relation, possibilité. Nous ne savons pas ce qu'elle est, mais nous pouvons dire qu'il s'agit d'une matrice inépuisable et auto-créatrice de formes émergentes. Elle possède la surprenante vertu de faire que du « moins » émerge sans cesse du « plus » : la vie, l'intelligence, la conscience, les formes « spirituelles », l'« esprit »..., une nouvelle réalité aux formes inépuisables. Sainte matière matricielle. La profondeur sans forme de ce que nous appelons matière pourrait aussi bien, en dernière analyse, être appelée esprit. Ou même Dieu.

Est-ce du panthéisme ? Le panthéisme serait proprement d'affirmer que le monde est Dieu, et je ne sais pas comment une telle chose peut être affirmée, ou si quelqu'un l'a vraiment affirmée. Le monde est constitué de formes, et Dieu est le plein « Vide », source de toutes les formes. Dieu est le Cœur battant de l'univers dans lequel toutes nos pauvres formes se retrouvent dans le Souffle vital, dans la flamme compatissante et transformatrice de l'Être. On ne peut pas non plus raisonnablement penser – autre forme grossière de panthéisme, que je doute que quiconque défende – que les êtres du monde font partie de Dieu, car Dieu n'est pas un tout fait de parties, mais en tout cas le Tout qui est plus que la somme des parties, et le Tout en tout.

Mais qu'il y ait tant de beauté et de communion, d'harmonie et de bonté dans le monde, que le monde soit et qu'il soit tel qu'il est, et que tout cela provienne d'une étincelle de lumière produite – en raison d'une obscure loi des probabilités – dans la fluctuation quantique du vide..., tout cela me semble merveilleux, sublime, « divin », c'est-à-dire manifestation de la Flamme qui anime, unit et recrée tout. Les guerres, la haine, l'ambition et la cruauté humaine ne sont pas « divines », mais au contraire la négation et l'occultation de notre être « divin », l'œuvre et la manifestation de notre petit ego perdu dans ses vaines illusions, inachevé qu'il est et en route vers son véritable être.

Ce n'est que par pure ignorance que nous avons pu croire que cet être humain merveilleux et contradictoire est le centre et le sommet de la création. Or, les trois grands monothéismes (judaïsme, christianisme, islam) sont fondés sur une vision radicalement anthropocentrique du monde : la Terre comme centre de l'univers et l'être humain comme seigneur et maître de la Terre. Et le christianisme est la plus anthropocentrique de toutes les religions, puisqu'il affirme que Dieu s'incarne dans un individu particulier, juif et masculin, de l'espèce humaine *Sapiens*. Tout l'édifice théologique chrétien est construit à l'image et à la mesure de l'être humain *Sapiens*, apparu en Afrique il y a 300 000 ans.

Mais aujourd'hui... quand l'être humain n'est plus le centre et le sommet du monde ; quand nous savons que nous sommes poussière d'anciennes étoiles éteintes dans un univers ou multivers sans centre ou avec le centre partout ; quand l'existence d'une vie intelligente sur d'autres planètes dans cette galaxie de centaines de milliards d'étoiles ou de billions d'autres galaxies devient de plus en plus plausible ; quand on sait qu'il y a plus de différence entre un escargot et un chiot qu'entre un chiot et nous, les humains, une espèce mammifère inachevée ; quand on sait qu'avant il y avait d'autres espèces humaines et que dans le futur – dans quelques centaines ou milliers ou milliards d'années – il y en aura d'autres (humaines, transhumaines ou post-humaines) sur cette planète ou sur d'autres ; quand il est devenu évident que les émotions, la conscience, la transcendance symbolique, tous les phénomènes « spirituels » en somme, sont des formes émergées à partir du substrat chimique-biologique-cérébral et psycho-socio-culturel à la fois ; quand les différentes philosophies, sciences et sagesses mystiques se donnent la main pour réfuter les catégories millénaires dualistes de matière-esprit, cerveau-esprit, temps-éternité, extériorité-intériorité, haut-bas, intérieur-extérieur, immanence-transcendance, naturel-surnaturel..., il faut que nous lisions, priions et croyions de manière différente le Credo avec toute sa théologie et sa christologie, son ecclésiologie et son eschatologie.

6. « En Jésus-Christ, son Fils unique, notre Seigneur, qui a été conçu du Saint Esprit, est né de la Vierge Marie, a souffert sous Ponce Pilate, a été crucifié, est mort, a été enseveli, est descendu aux enfers ; le troisième jour, est ressuscité des morts ; est monté au ciel, est assis à la droite de Dieu, le Père tout-puissant ; d'où il viendra juger les vivants et les morts ».

6.1. ***Je crois en Jésus.*** Avant « Jésus-Christ » fut Jésus, un homme de notre histoire, un juif de Galilée à un moment critique de ce pays, une époque de profonds troubles politiques, sociaux, culturels et spirituels-religieux : la terre « promise » soumise au pouvoir impérial, la population de paysans et de pêcheurs plongée dans la misère par les dettes et la faim, et le « Dieu des pères » absent et silencieux.

Jésus l'a vu. Il a vu la situation de la basse Galilée, dont l'économie tournait autour de l'agriculture et de la pêche sur le lac de Galilée. Il a vu le pouvoir apparemment absolu de l'Empire qui s'était approprié la terre et la mer : la terre promise des pères devenue la « province romaine de Judée » ; le lac de Galilée, riche en poissons, devenu le « lac de Tibériade », une ville romaine sur la rive en l'honneur de l'empereur Tibère. Il a vu comment Hérode Antipas, roi vassal de Rome, doublait les impôts pour financer de grandes constructions et s'attirer ainsi les faveurs de son maître. Il a vu comment les petits propriétaires, incapables de payer les impôts, vendaient leurs terres aux riches et devenaient des métayers, et comment le territoire galiléen, distribué depuis des siècles en petites propriétés familiales, avait subi un processus de latifundisation intense et était devenu la propriété de la famille hérodienne, des principales familles sacerdotales et de l'aristocratie politico-religieuse. Il a vu comment les locataires, incapables de payer le loyer, étaient devenus de simples salariés, et comment les salariés, noyés sous les dettes, perdaient leur pain quotidien, leur joie de vivre, leur estime de soi et leur santé. Et, lors de ses visites annuelles au temple, il a vu aussi les demeures de la partie supérieure de Jérusalem, où vivait l'aristocratie sacerdotale dans des bâtiments luxueux. Il a vu le temple devenu le centre du pouvoir économique, politique et religieux juif, et l'allié de la déesse Rome et du dieu Auguste, « le couple divin au centre du nouvel ordre mondial » (J.D. Crossan).

Jésus a vu et s'est ému. Il s'est ému et indigné. Mais il ne s'est pas résigné. Et il a tout risqué, comme les grands prophètes. Il a dénoncé l'injustice et annoncé le Royaume ou la libération comme imminente, plus, comme déjà présente : « Le royaume de Dieu est en train d'arriver » (Mc 1, 14-15). Il était convaincu que le Royaume se rendait déjà présent, comme la moisson dans la graine qui germe, qu'il était déjà présent sous forme de guérison et de libération de la « possession diabolique », une manière d'exprimer les forces obscures qui nous empêchent d'être libres et solidaires, fraternels et humains, bons et bienheureux. « Relevez la tête, votre délivrance est proche » (Lc 21, 28).

C'était un homme digne de foi. Un groupe de femmes et d'hommes ont cru qu'il serait le libérateur attendu de la fin des temps. Ils ont cru en lui, en sa proclamation, en l'Esprit qui l'animait et qui émanait de lui comme une force libératrice et guérisseuse. Et ils l'ont suivi.

Face aux ravages mondiaux du néolibéralisme régnant, je crois moi aussi en Jésus. Son regard, ses critères, sa compassion subversive sont une alternative crédible. Beaucoup de femmes et d'hommes encore – je me compte parmi eux – reviennent chaque jour à Jésus, parce qu'ils désirent et ont besoin de marcher vers une humanité post-capitaliste et post-patriarcale, une humanité libre, juste et fraternelle, en communion avec toute la communauté des vivants. Je reviens à Jésus non pas parce qu'il serait parfait ou unique, mais parce qu'il est le terreau dans lequel j'ai grandi en tant que personne et en tant que croyant, la source à laquelle j'ai bu, pour continuer à recevoir de lui eau et inspiration, profonde respiration vitale.

6.2. ***Le Christ, Fils unique, notre Seigneur.*** Lorsque, moins de trois ans plus tard, Jésus a été accusé par le Sanhédrin juif et crucifié par le pouvoir romain, la foi des disciples a été profondément ébranlée, mais elle ne s'est pas effondrée. « Ceux qui l'ont aimé n'ont pas cessé de l'aimer » (Flavius Josèphe). Et ils ont confessé qu'il était le prophète comme Moïse ou Élie que « Dieu enverrait » à la fin des temps. Et ils lui ont appliqué de nombreux titres, tels que *Juste*, *Prophète*, *Maître*, *Serviteur*... et, surtout, trois titres qui l'emportaient sur tous les autres : *Messie*, *Fils*, *Seigneur*.

C'est à partir de cette foi qu'ils se sont souvenus librement, de manière créative, de ses enseignements et de ses actes. Le Jésus de l'histoire est devenu le Jésus de la foi. Ils n'ont pas hésité à transformer et réinventer ses paroles et ses actes, voire à les « inventer ». Rien dans les évangiles (si différents et contradictoires entre eux) n'est une chronique littérale, mais un témoignage libre, une mémoire créative et inspirée. Ils ne se souciaient pas de raconter fidèlement le passé, mais d'imaginer et de créer un nouvel avenir. C'est ce qui devrait également nous importer, au-delà du littéralisme historiciste et du positivisme dogmatique. Il n'est pas non plus décisif de savoir si nous avons affaire à des textes canoniques ou apocryphes (le canon reste une décision historique contingente, adoptée ou imposée très tôt par l'église majoritaire – pétrinienne-paulinienne – et close à la fin du IVe siècle). La chose décisive est d'être ouvert dans la lecture à l'esprit de la lettre. Au fond – et en poussant cette logique jusqu'au bout – il ne devrait pas nous importer que Jésus de Nazareth n'ait même pas existé – quoique, d'un point de vue strictement historiographique, cette hypothèse ne soit pas tenable –, mais que son extraordinaire figure fût été imaginée par un groupe d'hommes et de femmes certainement inspirés (Umberto Eco) ; il ne devrait pas nous importer non plus que les évangiles fussent des *midrashim* de l'Ancien Testament et que Jésus fût une « sublime figure de papier » (Naninne Charbonnel).

Je crois en Jésus « Christ » (Messie), non parce que toutes les espérances se sont déjà réalisées en lui, mais parce que sa figure, historique ou « seulement » racontée, continue à éveiller l'espérance et à nous encourager à l'incarner, à être des Christs comme lui malgré les « échecs » récurrents. Jésus ne sera pleinement Christ ou Messie ou libérateur, en communion avec tous les prophètes et libérateurs du passé et de l'avenir, que lorsque tous les rêves qu'il a appelés le « royaume de Dieu » seront pleinement réalisés. En attendant, la vie sur Terre continuera ; elle a encore des milliards d'années devant elle, et beaucoup plus dans d'autres galaxies et planètes ; et j'aime à penser qu'ici ou ailleurs apparaîtront des espèces qui pourront et réussiront à vivre mieux que nous, dans une paix plus stable et une plus grande harmonie avec elles-mêmes et avec tous les êtres, à la gloire de la Vie ou de Dieu.

Je crois en Jésus « Fils unique », mais pas au sens littéral que les conciles de Nicée (325) et de Chalcédoine (451) ont donné à cette expression : Jésus comme un être humain doté d'une filiation divine, d'une « divinité » ou « essence divine », métaphysique, dualiste, différente de l'essence mondaine-humaine. Ce sens était étranger à la mentalité juive de l'Ancien Testament, à Jésus et à l'ensemble du Nouveau Testament, et il est étranger à notre philosophie et à notre vision du monde actuelles, ainsi qu'à une théologie compatible avec elle. « Fils de Dieu » – nom appliqué dans l'Ancien Testament aux anges, aux justes, au peuple, au roi juste, au Messie... – signifiait une identification vitale profonde avec la volonté divine, et la fidélité à la mission de l'incarner dans l'histoire. Je ne conçois pas le « Fils de Dieu » comme une entité métaphysique à côté du Père et du Saint-Esprit qui se serait incarnée une seule fois dans l'histoire de l'univers, il y a 2 000 ans, dans un juif de sexe masculin, pour expier nos péchés ou nous diviniser par sa mort. Tous les êtres, nous sommes tous appelés à être des « fils et filles uniques de Dieu » ou de la Créativité de l'univers (S.A. Kauffman), patiemment engendrés et portés par la Vie dans l'universelle communion fraternelle. Mais il me semble légitime que la vie de Jésus, telle que racontée par les différents évangiles, canoniques ou non, reste pour ceux qui le désirent ainsi le symbole particulier de l'incarnation universelle de Dieu dans toute la réalité. Je crois en Jésus comme « Fils unique », non pas dans un sens exclusiviste ou inclusiviste, non pas parce que je pense que lui seul soit « Fils » dans un sens plein, mais parce que dans l'homme Jésus (historique et/ou narré) je reconnais la profondeur de mon être et de ma vocation, l'inspiration profonde de la tradition qui me nourrit, distincte et en même temps en communion avec toutes les traditions spirituelles.

Je crois en Jésus comme « Seigneur », non pas au sens des « seigneurs de ce monde » qui assujettissent leurs sujets, mais au sens du « royaume de Dieu » annoncé par Jésus : la protection de « l'orphelin, de l'étranger et de la veuve », la défense de ceux qui n'ont pas de défenseur, la libération des opprimés et des exclus. Et cela ne se fait pas par le pouvoir, mais par l'égalité et l'entraide.

6.3. ***Conçu par l'Esprit Saint, né de la Vierge Marie.*** Je le crois, mais dans un sens très différent de celui qui lui a été donné dans la tradition et aujourd'hui encore dans la doctrine officielle de l'Église catholique. Il est compréhensible de dire que celui qui a vécu mû par l'Esprit a été conçu par l'Esprit. Mais la conception dont nous parlons ici, comme on l'a dit plus haut à propos de la création, n'est pas un événement ponctuel qui s'est produit à l'origine biologique de la vie de Jésus, mais l'impulsion permanente qui l'a maintenu réellement en vie, c'est-à-dire en se recevant et en se donnant constamment.

Cela n'a rien à voir avec le fait qu'il ait été conçu sans l'intervention d'un homme, à partir d'un ovule sans spermatozoïde. Cela, je ne peux tout simplement pas le croire et n'a rien à voir avec la foi telle que je la conçois. Je crois que Jésus, comme tous les êtres vivants, a été conçu par l'Esprit de vie. Mais de deux choses l'une : soit il était le fils de Marie et de Joseph, soit il était le fils de Marie et d'un autre homme. Et si Jésus avait été un *manzer*, un fils « illégitime », selon la rumeur publique (D. Marguerat), soit par viol, soit par rapport consensuel ? Cela diminuerait-il de quelque manière que ce soit la dignité et la signification de Jésus ? Je ne le pense pas du tout. Cela ferait de lui encore plus le représentant des exclus de tous les temps. Et cela ferait d'elle, Marie, une figure encore plus féministe de la liberté face à l'homme ou de la dénonciation de la violence masculine. Un enfant libre et une mère libre.

6.4. ***Il a souffert sous Ponce Pilate, a été crucifié, est mort et a été enseveli, est descendu aux enfers.*** Dans le Credo, il y a une énorme lacune : l'absence de toute référence à l'histoire et à la vie concrète de Jésus, à l'exception de la naissance et de la mort. Serait-ce que les dogmes (ou « l'humanité et la divinité » qu'ils confessent) ne s'intéressent pas à la vie et à l'histoire ? Or, c'est la vie et l'histoire (littérale ou racontée) qui expriment et incarnent la Présence de l'Infini. D'autre part, sa passion et sa mort n'ont pas été une volonté divine ou un sacrifice pour l'expiation de nos péchés, mais une conséquence de sa vie. C'est sa vie – sa liberté vis-à-vis de l'Empire et du Temple, sa commensalité ouverte, ses paraboles provocantes, sa prochaineté guérisseuse... – qui a entraîné son accusation par le Sanhédrin et sa condamnation à la croix par le préfet romain Ponce Pilate, sa « descente aux enfers ». Ce ne sont pas ses souffrances et sa croix qui nous « sauvent », nous guérissent ou nous libèrent, mais sa vie bonne, sacrement et anticipation d'un autre monde dans ce monde.

6.5. ***Le troisième jour, il est ressuscité..., il est monté au ciel... Il viendra juger.*** « La résurrection », comme « l'ascension au ciel » ou « le troisième jour », « la seconde venue » et « le jugement » sont des images de l'apocalyptique juive, elle-même dérivée de l'apocalyptique iranienne. Ce sont des images qui expriment la foi ultime en la vie, en sa profondeur illimitée et son horizon infini malgré ou à travers sa forme radicalement limitée et finie (le manque, l'impuissance, la douleur et la mort). « Résurrection » signifie que la mort n'est pas la fin, que la vie s'éveille, se renouvelle, renaît. « Ascension » ou « exaltation à la droite de Dieu » signifie que l'humiliation, la condamnation et l'enfer le plus terrible n'ont pas le dernier mot ni le pouvoir ultime, que la bonté et la vérité sont plus puissantes, que la vie se transfigure et se transcende, est inviolable et invincible.

Je ne crois donc pas en Jésus ressuscité à cause d'un quelconque événement miraculeux (disparition physique de son cadavre ou apparitions physiques), mais à cause de la qualité humaine de sa vie, à cause de l'esprit qui l'animait. Je ne crois pas non plus que Jésus soit ressuscité après sa mort, « le troisième jour ». Je crois en Jésus ressuscité parce que la vie ne naît ni ne meurt, mais se transforme, parce que la vie bonne est une résurrection permanente. Je crois que la résurrection avait lieu lorsqu'il annonçait la libération, racontait des paraboles, dénonçait le pouvoir oppressif, pratiquait la commensalité. Et pendant qu'il rendait son dernier souffle avec des mots de pardon.

Ses disciples et ses adeptes (Marie de Magdala la première) ont reconnu sa présence, l'ont confessé comme un prophète martyr exalté par Dieu, et l'ont invoqué comme le « Fils de l'homme » qui devait venir ou revenir du « ciel » pour « la restauration (*apocatastasis*) de toutes choses » (Ac 3, 21). Ces images leur étaient familières. Je n'attends pas de « seconde venue », de « parousie » ou de « retour » de Jésus. Je crois que la messianité de Jésus ou sa « divinité » est inachevée, « en chemin » ou « en devenir » (J. Moltmann), et qu'elle est en même temps, pour les chrétiens, l'image de l'horizon ou de la pleine réalisation de la libération universelle. Chacun de nous est appelé à être un Christ comme Jésus, non pas en faisant siennes ses croyances, mais en incarnant son espérance active, sa bonté créatrice, sa profonde mystique samaritaine, inspirée, libre et libératrice, sa plénitude humaine bonne et heureuse, ce en quoi consistent sa divinité et la nôtre.

7. Je crois au Saint-Esprit

Le Concile de Constantinople (381) a défini comme dogme que le Saint-Esprit, « qui procède du Père et du Fils », est la troisième personne divine de la Trinité. Ces termes sont incompréhensibles dans notre langage. Essayons d'autres métaphores et d'autres mots pour désigner l'Esprit, qui est l'un des noms de Dieu les plus insaisissables et les plus suggestifs.

Je crois en « l'Esprit de Dieu qui planait ou vibrait à la surface des eaux » (Gn 1, 2). Il est comme la vibration électromagnétique ou comme le plein vide quantique d'où jaillissent des étincelles ou des formes d'être, au-delà de la distinction matière-esprit. Il est comme le feu qui habite tous les atomes, les planètes, les étoiles, les galaxies. La flamme qui anime la vie sous toutes ses formes.

Je crois en l'Esprit qui se décline dans tous les genres : féminin en hébreu (*ruah*), neutre en grec (*pneuma*), masculin en latin (*spiritus*). Il est le dynamisme, la relation, la communion créative.

Je crois en l'Esprit de vérité, de consolation ou de solidarité, de fidélité et de persévérance. Âme du monde, âme de tous les êtres, âme de l'âme, âme de toutes les communautés. Âme de toute spiritualité au-delà de toute croyance et de tout culte, église et confession, religion et temple. Souffle, vent, eau. Onguent, consolation, compagnie. « Sans l'Esprit Saint, Dieu est loin, le Christ reste dans le passé, l'évangile est une lettre morte, l'Église est une pure organisation, l'autorité est une tyrannie, la mission est une propagande, la liturgie est un simple souvenir, et la vie chrétienne est une morale d'esclave » (Patriarche Ignace d'Antioche).

8. La sainte Église catholique, la communion des saints, le pardon des péchés, la résurrection de la chair et la vie éternelle. AMEN

8.1. ***L'Église catholique. La communion des saints.*** Jésus, prophète du royaume de Dieu, du Jubilé de la Terre, de la libération de tout esclavage, n'a fondé aucune église ni religion. Mais il a déclenché un mouvement de renouveau spirituel, social et politique, et c'est à partir de ce mouvement que l'Église, ou plutôt les Églises, ont dérivé à travers les vicissitudes et les contingences de l'histoire. Et parmi elles toutes, par des mécanismes de pouvoir politique et culturel, a fini par s'imposer ce qu'on appelle l'église paulinienne-pétrine, qui a rapidement pris le nom exclusif de catholique ou universelle, ce qui est une contradiction dans les termes. Et elle a fini par s'ériger en institution cléricale, masculine et dogmatique, alliée des pouvoirs en place. Cependant, elle n'a jamais pu et ne pourra jamais étouffer l'esprit libre et universel de Jésus. L'esprit de Jésus n'est soumis à aucune institution, doctrine ou pouvoir.

Je doute fort que l'Église catholique romaine, mais aussi les diverses Églises chrétiennes et l'ensemble du christianisme dans sa forme religieuse traditionnelle, survivent à la profonde mutation culturelle que nous vivons ; que, pour pouvoir survivre, ils soient capables de se transformer radicalement, de se démocratiser, de se dé-cléricaliser, de se dé-dogmatiser et de se dépatriarcaliser entièrement, de renoncer à tout monopole de la vérité et du bien, d'assumer à tous les effets le paradigme pluraliste et éco-féministe. Mais je crois en l'esprit de Jésus, libre et universel, religion ou pas religion, église ou pas église.

Je crois à la sainteté, à la bonté, à la santé qui ont toujours été et sont encore vivantes au sein de l'Église, de toutes les Églises, malgré toutes les croisades, les inquisitions et les horreurs commises en elle, par elle. Mais je crois également en la sainteté, la bonté, la santé présentes en dehors des canons et des frontières de toutes les Églises.

Je crois en l'esprit de Jésus qui continue à inspirer et à dire : « Pour vous, ne vous faites pas appeler *Maître*, *Père* ou *Docteur*, car vous êtes tous frères et sœurs » (Mt 23, 8-10). « Allez par le monde entier, proclamez la bonne nouvelle à toutes les créatures » (Mc 16, 15). « Guérissez les malades, ressuscitez les morts, purifiez les lépreux, chassez les démons. Vous avez reçu gratuitement, donnez gratuitement. Ne vous procurez pas d'or, ni argent, ni monnaie dans vos poches » (Mt 10, 8-9). « Lorsque vous entrez dans une maison, dites d'abord : “Paix à cette maison” » (Lc 10, 5).

Église signifie « communauté » et je crois en la communauté, avec ou sans institution ecclésiale, avec ou sans credo et culte religieux. Je crois en la « communion des saints » à l'intérieur ou à l'extérieur de toute organisation ecclésiale : communion des cœurs, communion des biens, communion des communautés. Je crois au pain rompu et partagé en mémoire de Jésus.

8.2. ***Le pardon des péchés***. Je ne crois pas que les êtres humains soient coupables, c'est-à-dire qu'ils fassent le mal sciemment et librement, mais je ne crois pas non plus à l'illusion ou à la « tentation de l'innocence » (Pascal Bruckner). Mais il est évident que – par finitude, erreur, ignorance – nous faisons du mal et que nous nous faisons du mal.

Je ne crois pas à la liberté comprise comme libre arbitre, parce que je pense que tous nos choix sont non seulement conditionnés, mais même déterminés par une infinité de facteurs et de circonstances physiques, psychologiques, culturelles, politiques... Mais je crois à la responsabilité collective et personnelle, responsabilité comprise non pas dans le sens juridico-pénal, mais dans le sens de capacité et de nécessité de nous reconnaître comme sujets du mal que nous faisons et de prendre les bonnes décisions pour l'éviter, pour orienter notre vie vers le bien.

Pour cette raison, je ne crois pas au concept traditionnel de « péché » compris comme une infraction ou une offense contre Dieu, ni au pardon compris comme une « absolution divine » de la culpabilité et de la punition, ni à tout le système pénitentiel légal-canonique (et clérical) encore en vigueur autour du « péché » et du « pardon ».

Mais je crois au pardon compris comme accueil cordial et confiance inébranlable dans la personne qui, pour quelque raison que ce soit, a fait du mal. Même irréparable (viol, meurtre...). Je crois que nous pouvons et devons tous nous mettre d'abord à la place de la victime, mais aussi à la place de l'agresseur. Je crois qu'il n'y a pas d'autre moyen de s'humaniser. Et je crois que nous avons tous besoin d'écouter la voix qui nous vient des profondeurs de l'être humain et de l'âme ou du cœur de toute la réalité : « Je ne te condamne pas. Vis en paix, ne fais pas de mal. Tu le peux. Lève-toi et marche ». Ainsi parlait Jésus, qui ne s'occupait pas en premier lieu du « péché » mais de la souffrance.

8.3. ***La résurrection de la chair et la vie éternelle.*** Je ne crois pas à une résurrection physique des « corps », qui rejoindraient leurs « âmes » respectives « à la fin des temps ». Je ne crois pas non plus aux récompenses et aux punitions divines, ni aux purifications réparatrices ou aux purgations après la mort.

Mais je crois à la résurrection ou la régénération permanente de la vie sur cette terre et dans tout l'univers. Je crois en la mémoire (Cœur) cosmique qui est aussi un beau nom de Dieu. Je crois en la vie. Je crois en un avenir de vie meilleure pour tous les êtres, espérance et tâche de tous les vivants.

8.4. ***Amen.*** C'est un terme hébreu qui a la même racine que le terme « croire », et qui signifie « en vérité », « c'est ainsi », « ainsi soit-il ». Le terme exprime une profonde assurance, confiance, foi. Dans un monde où tout est plus incertain et sans assurance que jamais, peut-on dire « Amen » à quoi que ce soit ? Non, sans partager la profonde incertitude qui nous entoure et nous habite.

Mais la profondeur de nous-mêmes et de tout ce qui est dit « Amen ». Et, malgré tout, nous pouvons nous aussi nous associer à cette confession universelle, la faire nôtre, nous engager pour qu'elle devienne chair, vie, monde nouveau : AMEN.

3

Les aventures du ciel et de la terre

Paul BLANQUART*

Écrites à l'heure où la planète se meurt
et l'humanité avec elle.
Avec la question : la foi peut-elle aider
à les sauver toutes les deux,
contribuant ainsi à la raison écologique ?

Ce que l'on se raconte est inséparable de la façon dont on se comporte. L'imaginaire et le réel renvoient l'un à l'autre dans une histoire. *Factum* (le fait) est un doublet de *fictum* (la fiction) et leur combinaison constitue le sens, orientation et signification. À des œuvres de fiction différentes voire opposées correspondent donc des manières d'être et d'agir distinctes voire contradictoires.

---

* Né en 1934, Paul Blanquart est entré à vingt-deux ans chez les dominicains de Paris en pensant y trouver, non sans raisons à l'époque, une institution prophétique. Après une brève période de flamboiement, il y fut marginalisé. Il se mit alors, par ses activités d'enseignement, de recherche et de journalisme, au service de mouvements récemment apparus et qui, en leur convergence, œuvrent à une alternative à la logique aujourd'hui dominante et destructrice.

Or la Bible est une œuvre composite, où se mêlent en conflits et tiraillements multiples deux fictions-réalités antagonistes, que l'on a cependant qualifiées d'un même nom : « Dieu ». Contre cet amalgame, je distingue pour ma part D1 et D2.

Commençons par D2. 2 parce qu'il est historiquement et culturellement dominé par l'autre qui est donc 1, beaucoup plus ancien et répandu que lui. Mais il mérite d'être considéré en premier, car il est singulier, l'à part, le proprement biblique qui échappe à D1, lequel va s'introduire dans le Livre pour le contaminer. Beaucoup plus tard, dans un contexte mental plus proche du nôtre et dont il sera question plus loin, Pascal fera clairement la distinction : « Dieu d'Abraham, d'Isaac et de Jacob, non des philosophes et des savants ».

*

* *

Abraham, donc. Dans le récit, D2 lui dit : quitte (ton pays, ta parenté), sors. Je pense à « L'homme qui marche » de Giacometti. Quand on marche, on se met en mouvement, on n'est plus à une place assignée, clos dans une identité fixe. On décroche, on déroche y compris de soi-même, on a son centre de gravité hors de soi. Bref, on « ek-siste », dans un vide.

À Moïse, D2 dit la même chose : va. Mais il ajoute : je serai avec toi. C'est quoi, « je », c'est qui ? Réponse : je n'ai pas de nom, on ne peut pas me définir. Avec toi, je ne suis pas comme toi. À vrai dire, je ne suis pas comme quoi que ce soit, je ne suis rien de ce qui est : je suis l'Autre. D'une altérité irréductible, toujours à découvrir dans cette marche : je serai qui je serai. Telle est ma transcendance. Non celle d'un ailleurs, d'un au-dessus, d'un plus tard, d'un ciel. Mais celle de l'Autre ici, maintenant, à ta hauteur, sur terre. En toi. Car cette marche que nous faisons ensemble t'altère. En t'ouvrant sans passivité (tu marches), tu te creuses une intériorité, une subjectivité qui te fait être toi comme on ne l'a jamais été. Le vide s'en remplit d'un entre autres qui différencie, singularise chacun tout en le liant à d'autres. L'existence, c'est du relationnel, fait de rencontres et non d'états, d'événements et non de permanences. En fin de compte, ce dont nous parle cette histoire de marche et de compagnonnage, c'est tout simplement de la vie en tant qu'elle est vivante. Elle est animée de confiance en l'Autre, en tout autre. L'homme qui marche devient homme de foi.

Mais cet imaginaire et la façon correspondante de se penser et de se comporter n'ont cours que chez un petit peuple, dans un petit coin, dans une bordure toujours menacée d'invasion. Car tout autour, en Mésopotamie et en Égypte, s'étalent de vastes empires, prétentieux et puissants, qui ne cherchent qu'à s'étendre. Et là, le ciel commande à la terre.

Ce ne sont en effet que tours, pyramides, ziggourats à étages, forme monumentale d'une même hiérarchie structurant chaque domaine. Escalier cosmique, du minéral au céleste, en passant par le végétal, l'animal et l'humain (hommes au-dessus, femmes en-dessous). Échelle sociale : le paysan est tout en bas qui gratte la terre, l'intellectuel est en haut qui a la connaissance du ciel (l'astronome notamment). En religion aussi les divinités s'empilent selon les degrés du cosmos et de la société, doublant les réalités naturelles ou les diverses activités humaines. Il y a un sommet à tout cela, un en-Haut, combinaison des astres, de l'empereur, du dieu des dieux (qu'on l'appelle Amon, Mardouk ou Zeus). Tel est l'imaginaire indo-européen : c'est D1. Par sa constante pression latérale, et en déportant chez lui l'élite du petit peuple qui en reviendra fortement influencée, il tente d'absorber D2 pour le neutraliser. En fabriquant le Livre, les scribes réaliseront cet amalgame. Mais dans les textes qu'ils compilent dans ce but continuent de se lire deux traditions antagonistes : celle des prophètes et celle des prêtres. Et elles s'affrontent.

Côté prêtres, nous sommes au Temple. C'est là que se tient l'au-dessus, le Très-Haut, à quoi tout se soumet de façon stable et ordonnée, à des places et par des règles minutieusement fixées. Tous les pouvoirs s'y retrouvent : le culturel bien sûr, le politique (le palais n'est pas loin), le financier (le trésor y est stocké). Ce Temple est également un abattoir, le lieu des sacrifices, notamment animaux, spécialité des prêtres. En signe d'inscription dans l'imaginaire D1, à titre de demande ou de remerciement, en culte, les membres de ce peuple y font l'offrande d'une part de tout ce qui compte dans leur vie, ainsi prise par l'intouchable du haut (sacrifier = faire du sacré).

Or les prophètes proclament avec force que D2 ne veut pas de sacrifices, mais la justice. Avec eux, nous ne sommes pas à Jérusalem où résident les dominants, mais plutôt dans le nord, dans des communautés rurales qui préfèrent s'organiser elles-mêmes. Qu'entendre par justice ? En termes actuels, je dirai plutôt l'égalité que l'équité. Équité : à chacun ce qui lui revient selon sa position dans l'ordre, le droit n'est pas le même suivant l'étage que l'on occupe, c'est la société de D1. Mais quelle égalité alors, tous pareils et la même chose à chacun ? Non. Car dans cette marche qu'est la vie, nous sommes avec D2 dans de l'entre autres. Contrairement au Très-Haut, l'Autre n'est pas au-dessus, mais à côté et en nous qu'il altère. Dans l'ensemble humain qu'il suscite, il n'y a donc ni supérieur ni inférieur, il n'y a pas non plus de conformités immobiles, mais une diversité de singularités actives. On y est donc égaux et différents. On peut supposer que, dans ces communautés où la relation n'opprime ni ne formate, ce que l'on fait et pense soit objet de discussion. Et donc qu'y est favorisé ce qu'on appellera plus tard liberté et raison.

Le Très-Haut ou le Vivant. Les vieux mythes sont les plus intéressants. Car s'ils circulent encore, c'est qu'ils sont les porteurs de significations variées, voire contradictoires, mais toujours actuelles. Ainsi Babel, dans la reprise qu'en fait la Bible. Quelque part en Mésopotamie, plusieurs tribus se rassemblent pour s'unir, en se donnant un même nom dans une langue commune. Dans ce but, et pour l'exprimer, ils construisent une tour, comme on le fait en ces lieux. Problème : est-ce la tour que coiffe D1 ou, de façon déjà moderne, une tour qui concurrence celle-ci jusqu'à un autre Ciel ? Auquel cas D1 n'a plus qu'à l'abattre. À moins qu'elle ne soit détruite par D2, qui disperse ainsi les humains sur toute l'étendue de la terre pour qu'ils s'y unissent en un grouillement de vie.

L'histoire racontée nous parle d'un prophète qui refuse l'amalgame et expose ce qu'est pour lui ce qu'on appelle « royaume ». Jésus de Nazareth est son nom. Il entre en scène en refusant de se mettre au service de ce qui tente habituellement les humains : la richesse, le pouvoir et la gloire. C'est bien là ce qui règne, des forces en dehors de nous qui oppriment et aliènent, et que l'on célèbre aux carrefours et sur les places publiques. L'homme de Galilée ne participe pas à ce culte. La prière, pour lui, c'est se mettre à l'écart pour retrouver en son intérieur un souffle, la respiration qui l'altère, celle de l'Autre. Et le royaume qu'il propose est fait de tout ce qui est animé de ce souffle. Ce royaume n'est pas ce monde-ci, ni un autre monde ailleurs, plus tard. Il est, ici et maintenant, l'autre du monde, dans celui-ci et l'altérant. Il se tient dans la relation nouée avec tout ce que le système D1 infériorise et exclut : catégories d'humains, conduites hors de ses codes et rites. Jésus parle sans la moindre distance et à égalité avec les femmes, les enfants, les étrangers, les gens de peu, les déviants. Provocateur, il ne craint pas pour lui-même l'exclusion, l'impureté, en transgressant les règles, le sabbat par exemple. Ouvrez-vous, répète-t-il sur tous les tons, altérez-vous, aimez tous ceux qui vous entourent, aidez particulièrement ceux qui ne vont pas bien, quelle qu'en soit la raison (dénuement, maladie, emprisonnement). Partagez avec eux, soyez fraternels !

C'en est trop pour le Temple. Le Nazaréen tape trop fort, trop systématiquement, sur l'ordre établi dont D1 est la clé de voûte. Et il attire trop de gens. On peut bien sûr le condamner doctrinalement, notamment sur cette étrange question de royauté concurrentielle. Mais ça ne suffit pas, il faut l'éliminer. Avec le concours d'un autre pouvoir de dessus, le bras armé romain, les prêtres sans se salir tuent le prophète.

*

* *

En ce point de l'histoire (celle qu'on se raconte, imaginée, comme celle qu'on réalise par ses comportements), nous avons un problème : sa suite peut-elle encore s'inscrire dans le récit qui précède, alors que le prophète est mort ? Il y a trois hypothèses.

Dans la première, ceux qui accompagnaient Jésus n'y croient plus et rentrent chez eux amers. Elle était pourtant belle cette promesse qu'il nous faisait (au fait, en quoi consistait-elle ?), mais c'est fini. On ne pourra jamais rien contre ces tours, ces pyramides, ces puissances en érection qui nous soumettent.

Dans la deuxième, certains de ces compagnons, au bout d'un certain temps de rumination, se disent : mais si, ça continue, car ce mort est vivant. Intoxiqués par D1, nous n'avions simplement pas bien compris ce qu'il ne cessait de nous dire à propos de la vie. Nous attendions qu'il renverse ces dominations et qu'il les domine à son tour. Qu'il exerce un commandement, qu'il devienne chef lui aussi. Mais, à la réflexion, c'était là remplacer des hauteurs par une autre, la subversion (le dessous dessus) ne changeait pas la forme des positions, le modèle d'organisation. Nous l'avons compris grâce à deux d'entre nous. Ils nous ont raconté que, désespérés, ils faisaient route quand un troisième homme se met à marcher avec eux. Ils lui expliquent la cause de leur tristesse, et ils reprennent à trois tout le récit qui concerne D2. Lorsqu'ils s'arrêtent le soir pour manger, celui qui s'était joint à eux dans leur marche partage le pain (nous sommes vraiment en climat prophétique) et, simultanément, disparaît. Ils le reconnaissent alors : c'est bien lui, le mort est vivant, il vit dans le partage. Cette vision nous ouvre un nouvel horizon. Il est mort, donc en terre, là où il n'y a plus que partage, altération, jusqu'à la décomposition. Mais c'est également là que se compose, grâce au partage, tout ce qui naît. Le prophète parle encore et nous dit : la vie ne vient pas du Ciel, elle est une production de la Terre, c'est vers celle-ci qu'il vous faut vous tourner. Soyez des Terriens qui partagent.

Troisième hypothèse : la tradition sacerdotale prend en charge la suite du récit. Avec un double souci : tenir compte du nouveau contexte historique et des changements intervenus dans la façon de penser, et de telle sorte que le pouvoir des prêtres ne soit pas affecté. On passe ainsi d'un ancien testament à un nouveau, de Jérusalem à Rome, d'une cosmologie à une ontologie, d'Israël à l'Église, d'un peuple particulier à l'humanité entière. L'objectif est maintenu : il s'agit toujours de sauvegarder l'ordre établi et son Sommet, mais en y récupérant le prophète en raison de sa popularité chez ceux du bas, tout en neutralisant son discours d'opposant.

Tout s'organise alors autour de quelques affirmations enchaînées. La première : Jésus n'est pas mort, voilà pour satisfaire ses partisans. C'était un sacrifice commandé par D1, et voici pour les prêtres ainsi exonérés d'un meurtre, ils ne faisaient que leur travail. Qui est le sacrifié ? Le propre fils du Très-Haut, qui en devient un père. Un père est bon, forcément. C'est donc par pure bonté à l'égard de ceux qui, en bas, par leurs manquements multiples et variés (on dit péchés), par leur non-reconnaissance et respect de sa grandeur, étaient en dette à son endroit, qu'il leur envoie Fils, forcément bon lui aussi. Sa mission : réaliser une conciliation en effaçant la dette qu'il paie lui-même de sa vie. Mais c'est la forme humaine qu'il avait revêtue pour rencontrer les endettés qui meurt ainsi. Lui-même, mission accomplie, n'a plus qu'à remonter là-haut, dans sa vraie demeure avec Père. Devra-t-il redescendre si rupture se produit à nouveau ? Il a l'intelligence de laisser à sa place une institution qu'il inspire et qui fera médiation entre Ciel et terre : l'Église.

Dans le texte finalement proposé en histoire par cette Église qui rassemble des groupes variés, et donc des compréhensions diverses de ce qu'il s'agit de vivre, cette version sacerdotale domine, mais elle ne peut tout contrôler. Ça tangue dans l'amalgame. Par exemple en deux points particulièrement structurants et très liés : la kénose et l'emploi du mot fils. Pour les uns, à la demande de D1, Jésus descend toutes les marches du cosmos, y compris en lui-même, pour les réorienter vers le haut par sa remontée, et rétablir ainsi l'unité du monde entier sous le dôme céleste. D'autres sont d'accord avec Paul quand il s'adresse aux Corinthiens : c'est très bien d'être en bas, faible, sans noblesse, fou, non reconnu. Car « Dieu » a choisi ce qui n'est pas pour réduire à rien ce qui est. Il ne s'agit donc pas de monter vers ce haut où se joignent toutes ces dominations qui se prennent pour quelque chose, mais de le renverser ! Dans la kénose, D1 est ainsi anéanti et remplacé par l'Autre. Et celui-ci, nous l'avons vu, ne cesse de s'altérer lui-même, telle est sa vie. Pas étonnant, par conséquent, qu'il s'ouvre en fils, lequel est également en logique d'altération. Ce Jésus-là s'ouvre donc à tous ceux qu'il rencontre, pour les ouvrir à leur tour, et c'est de cela qu'il meurt. Fi donc de cette horrible histoire dans laquelle un père s'offre à lui-même un fils en sacrifice : D2, celui d'Abraham, interdit cette abomination. Et fi d'un fils ainsi compris. Le frère qui aime est bien plus attachant.

Et puisque le nouveau récit invente l'Église, il faut bien constater que cela tangue aussi à propos de celle-ci. Rien là de surprenant puisqu'elle est habitée de deux « Dieu » opposés. En ouverture de la nouvelle histoire, le texte retenu pour raconter Pentecôte correspond à celui de Babel pour les temps anciens. Abattus par sa mort, les disciples de Jésus sont enfermés, craintifs, serrés les uns contre les autres, assis par terre dans une même pièce : tout est fini et noir. Mais voici que du feu surgit. Ce pourrait être sous la forme d'une grosse boule qui, à la manière d'un haut-fourneau, fondrait en un bloc massif le multiple dont elle s'empare, et fabriquerait ainsi une unité puissante, quelque chose de compact qui s'imposerait uniformément à tout : D1 aime les coups de tonnerre, les ouragans. Non, c'est sous la forme de petites langues qui se dispersent pour se poser avec légèreté, une sur chacun. Éclairés de cette lumière, si personnelle, les effondrés se lèvent, se dispersent eux aussi, et dehors se mettent à parler du prophète et de D2 dans la diversité des langues. La vie, cet enchevêtrement créatif de différences, ne supporte pas les clôtures et les totalités. En prenant le pouvoir dans l'Église comme ils l'avaient dans le Temple, les prêtres ne respecteront pas ce texte dans leur comportement et ils bâtiront quelque chose de ressemblant à la grosse boule. Tant pis pour une universalité vivante.

L'histoire qu'écrivent ces prêtres ne peut s'inscrire dans la deuxième des hypothèses ci-dessus évoquées. Pour eux, c'est même leur raison d'être, la vie doit forcément venir du ciel. Il n'est donc pas question d'aller en Galilée rejoindre cet éveillé des morts, ou ce mort éveillé, pour partager le pain et le poisson avec ces petites gens qui vivent de la terre. Rester à Jérusalem ? Ce n'est plus là qu'on peut être puissant, un nouvel Empire y triomphe. Pour faire encore partie du haut, il faut se déplacer en son cœur, à Rome. Et là participer à la construction d'un système équivalent à ce que fut celui du Temple, dans lequel se conjuguent en sommet les différentes souverainetés. Cela requiert d'être accepté par cet empire, en son immense territoire. On ne peut l'être qu'en sortant du judaïsme qui, cultuellement, n'intéresse pas les Gentils. Pour autant, cet empire ne veut pas être sans religion, alors que les dieux de l'Olympe sont en train de mourir. Nous disposons donc d'un créneau où déposer les propositions que nous venons d'émettre en troisième hypothèse. Le christianisme présenté peut convenir. Il se veut universel, et il a retiré de Jésus tout ce que le prophétisme comportait de subversion sociale. Et, pour bien le faire sortir culturellement du vieux Livre, nous le faisons parler et penser dans la langue de l'empire : le grec. *Novus Israël et vera religio*, la religion catholique romaine est née.

*
* *

Sa réussite sera fulgurante. Elle en viendra même à se substituer à l'Empire, auquel succédera ainsi la Chrétienté. Ce qu'on appelle foi y devient affaire d'institution et de dogme. Penser grec, c'est penser à la façon de Platon. Ce philosophe ne remet pas en cause la hiérarchie, mais la déplace de l'ordre du cosmique, de la force, à celui de l'être qu'il intellectualise, de la vérité : ontologie métaphysique. S'étagent des essences, des natures, suivant ce qui, de l'intellect ou de la matérialité, domine dans leur composition. Au sommet l'être le plus idéel, objet de science contemplative, celle de l'âme distincte du corps trop attaché au sensible.

Les prêtres-clercs de l'Église romaine inscrivent leur récit (la troisième hypothèse) dans cette façon de penser et définissent ainsi des vérités indiscutables, des dogmes. Au sommet, « Dieu » est un pur Esprit, de nature parfaite en toutes qualités, éternité, bonté, infinité, etc. (on lui donne des noms, et au superlatif, contrairement au Sans nom qui parlait à Moïse). Cette nature est commune aux trois personnes que sont le Père, le Fils et l'Esprit. Ce Fils est composé de deux natures, la divine et l'humaine, inséparables en lui mais qu'on ne peut confondre (elles ne sont pas égales). Par la première, il n'est pas mort, mais au Ciel. Notre âme est elle aussi immortelle, nous irons donc au Ciel si elle ne se laisse pas pervertir par les désirs du corps. On doit croire aussi à l'Église, et donc lui obéir, puisque, étant d'en-Haut, elle est en mesure de définir ces vérités. Pas seulement d'ailleurs en matière de dogme, mais aussi de morale. En grec, la façon de se comporter doit respecter la hiérarchie de l'être. En société aussi, il y a du supérieur et de l'inférieur. La morale de l'Église ne s'oppose donc pas à l'ordre social établi, mais au contraire le justifie. Pauvre Paul ! Dans la même lettre dans laquelle il exhortait les Corinthiens à abattre toutes les dominations, il demande aux femmes de se soumettre à leurs époux, comme ceux-ci obéissent au Christ et celui-ci à Dieu. De qui parle-t-il alors, de l'Autre, de l'altérité-altérante, ou du sommet d'une tour ? Quelle contradiction !

Une fois à Rome, cette Église s'y fera reconnaître dans le club d'en haut par un coup de génie : en devenant riche. En cette ville ont en effet pouvoir et renommée ceux qui distribuent aux citoyens démunis de quoi vivre sans trop de manques. Par exemple le blé qui vient de leurs immenses propriétés d'Afrique du Nord, l'huile et le vin issus de leurs domaines plus proches du Latium. Ou une part de l'argent qu'ils retirent du commerce de ces produits. Ou encore des spectacles et des distractions qu'ils offrent en des lieux adaptés (cirques, théâtres, stades), ou tout simplement dans la rue qu'ils embellissent de places et de statues d'eux-mêmes, qu'en retour ceux du bas vénèrent. On appelait cela l'évergétisme, on dirait aujourd'hui philanthropie. À ces gens élevés, l'Église dit : j'ai davantage à vous offrir que le pouvoir et la renommée que vous tenez de vos richesses. Si c'est à moi que vous donnez celles-ci directement, pour que je les redistribue moi-même aux pauvres, je vous ouvrirai le ciel. Et je serai moi-même puissante aux yeux de toute la société, qui s'inclinera devant mon institution et mon dogme. Il en ira encore ainsi, plus tard, avec les indulgences : donnez-moi des espèces sonnantes et trébuchantes, des âmes monteront au ciel, et nous construirons Saint-Pierre de Rome. Nous sommes loin du prophète qui disait que les riches ne pouvaient pas entrer dans son royaume. Il n'y a pas d'amour dans tout cela, seulement de la gloire.

De quoi sera faite l'histoire sous cette nouvelle version de D1 ? De chamailleries entre hauteurs associées, le pape et l'empereur, l'abbé et le châtelain : qui est au-dessus de l'autre ? dans quels domaines et dans quelles circonstances ? Les figures sont multiples et changeantes, mais la combinaison demeure et c'est d'elle qu'on parle (le théologico-politique). On n'y mentionne pas ceux d'en bas, puisqu'ils n'ont rien qui valorise. Sauf quand ils se révoltent et entrent en dissidence, à la fois contre les puissances qui les exploitent et humilient et une Église qui, par ses liens avec elles, ne correspond pas à ce qui vit en eux de l'homme de Nazareth. La réaction de l'alliance du haut sera le plus souvent terrible : accusés d'hérésie, ces mouvements et leurs membres seront physiquement anéantis.

C'est le cas, par exemple, de ces très nombreuses femmes qui s'opposaient à la désintégration de leurs communautés rurales, donc au pouvoir politique et au capitalisme naissant, alliés pour privatiser les communs (terres, pacages, bois, étangs). Solidaire de ses compagnons de sommet, l'Église traite ces femmes de sorcières et elles seront brûlées vives. Il arrive que les dissidents adhèrent au dogme et à l'institution ecclésiastique (on ne peut donc les traiter d'hérétiques), mais refusent d'être dominés par les marchands et leurs complices gouvernementaux : ils s'organisent entre eux, à l'écart. C'est le cas des « réductions » d'Indiens guaranis, formées à l'initiative de jésuites. Les États concernés et la finance demandent alors à l'Église de ne plus couvrir ces sociétés communisantes qui leur échappent. Ce qu'elle fait, les livrant à la destruction.

Par ce genre de comportements, l'Église catholique romaine se déconsidère et fait chanceler sa glorieuse et unie Chrétienté. Celle-ci, à vrai dire, ne se portait pas aussi bien qu'on le prétend. Côté peuple d'en bas, on n'a jamais trop aimé l'institution : elle vit financièrement à son crochet, et elle se mêle trop de son intime, notamment de sa sexualité (police des mœurs pour la santé de l'âme). On ne comprend pas grand-chose au dogme qu'il faut apprendre par cœur et réciter. Ce qui intéresse et attire, ce sont les fêtes, les cérémonies, occasions de faire corps ensemble avec chaleur. Et ces histoires qu'on y raconte et met en scène, qui enchantent la dure et morne vie quotidienne. Comme elle est émouvante et proche la vie de cet enfant et de sa mère, à la fois joyeuse, grave et si triste. Et ces angelots qui volètent heureux ! Il s'agit d'une culture populaire qui certes imprègne, mais qui, sans prétention, ne donne de pouvoir à personne.

Quant à l'élite, son rapport à l'Église relève aussi de la culture, mais de la grande. Elle est sensible aux magnifiques œuvres musicales, picturales et architecturales que l'institution et le dogme lui offrent à la manière des anciens évergètes. Mais elle n'est pas très convaincue par ce mixte de cosmique archaïque et d'intellect athénien qui lui est proposé. Elle est trop bien placée – elle est du haut – pour ne pas soupçonner qu'il s'agit d'un montage que les prêtres ont élaboré pour eux-mêmes, pour le maintien au pouvoir de leur caste. Il suffira, pour que leur construction s'effondre, qu'on aille au ciel et qu'on y trouve autre chose que ce qu'ils y avaient mis.

*

* *

C'est ce qui arriva avec Galileo Galilei, Galilée en français. S'ouvre alors un nouvel épisode des aventures du ciel et de la terre. Le ciel descend et s'empare de la terre, la détruit et détruit la vie avec elle. Ou, si l'on préfère, la terre monte au ciel pour s'y dissoudre avec la vie.

Quitte à être Grecs, soyons-le vraiment. Pour leurs savants, tout en haut de l'échelle de l'être, le ciel (le divin) est fait de pures idéalités mathématiques et de leurs relations. Aristote parlait bien des vivants, mais il cantonnait les corps animés, capables de se mouvoir, dans les degrés inférieurs de l'être, dans le monde sublunaire. Pour l'au-dessus, il se ralliait à Platon. Or, voici qu'avec sa lunette améliorée, l'astronome toscan constate qu'il va haut et loin, en un parcours continu, sans avoir à franchir de cercles étagés. Il en déduit que l'univers est un, infini et homogène, sans qualités différenciantes, et donc d'essence mathématique. Et qu'on n'en peut traiter que mathématiquement. Telle est la science moderne que Descartes met en œuvre en distinguant la pensée et l'étendue. Son *ego* est un *cogito*, une substance pensante qui pose en face d'elle des corps étendus, objets inanimés qui ne peuvent se mouvoir par eux-mêmes, mais par une pensée qui leur est extérieure. Donc en étant machines.

La suite de l'histoire est donc celle d'une mise en machine de tout, d'une artificialisation générale. Successivement mécanique, énergétique, puis numérique, le plus récent reprenant l'ancien en le recomposant, ce machinisme invente une nouvelle façon de faire société, de faire économie et de penser qui détruit la nature et l'humain. Il érige de nouvelles divinités : l'État moderne, le Capital et, ces temps derniers, l'Intelligence Artificielle. Composée d'ingénieurs-administrateurs, la puissance politique homogénéise les territoires, normalise les esprits et les comportements, leur enlevant ainsi leurs qualités particulières. Elle livre ces espaces et ces gens aplatis, corps sans intériorité, à la machine industrielle qu'elle crée en alliance avec la finance : les matières vivantes en sont transformées en artefacts, sols et sous-sols ravagés, atmosphère polluée, l'humain réduit à n'être qu'un travailleur-producteur puis un consommateur de ce qui est ainsi fabriqué, tout cela dans le but de faire de l'argent. Pour contribuer au développement d'un tel projet, l'intelligence change aussi : le management s'équipe de cybernétique et procède par algorithmisation de tout. À quoi aboutit-on ? Quelque chose fonctionne, et nous sommes dedans, simples données informatiques. Quelle est, et où, la « substance pensante » ? Elle n'est en tout cas pas de la Terre, ni de nous. Ainsi la planète s'éteint et l'humain disparaît. C'est aujourd'hui.

Que faire alors pour enrayer cette course à la mort ? Et ce qu'on appelle christianisme peut-il contribuer à cette résistance ? Ce ne peut être le cas de l'Église romaine (celle des prêtres), de son institution et de son dogme. Trop étrangère à la modernité, elle ne peut y agir pour la rectifier de l'intérieur. Elle la rejette purement et simplement, et veut en tous domaines revenir en arrière (traditionalisme). Notamment en matière de sexe, une obsession. Il ne peut s'exercer, dit-elle, que conformément à la nature. Or celle-ci n'est pas pour elle une nature vivante, mais quelque chose de fixe, d'intangible dans la hiérarchie de l'être (elle est comme ça). Ses lois sont par conséquent immuables, on ne peut que s'y conformer. Penser ainsi rend incapable d'imaginer que science et technique pourraient être mises au service de la vie, c'est-à-dire d'un entre autres de rencontres et de découvertes, au lieu de la mettre en machine. Une autre partie de l'Église et de son sommet s'accommode de la situation, à la condition qu'on lui reconnaisse une place irremplaçable dans des activités, domaines et populations qu'ignorent les nouveaux maîtres, ou qui résultent des dégâts qu'ils provoquent : tout un champ d'aide, en particulier à ceux d'en bas, en matière de santé (hôpitaux), d'éducation (écoles), de loisirs (patronages), tout simplement de nourriture et de logement. Elle y trouve justification, autorité et honorabilité sociales en se réclamant de la charité. Mais elle y sera progressivement remplacée par l'État et le Capital, agissant en raison de leurs soucis propres, celui de la paix sociale dans l'ordre pour l'un, celui d'y trouver une rentabilité pour l'autre. Ainsi sort de l'histoire la Chrétienté.

Qui peut alors porter le nom de chrétien dans ce nouveau monde aux nouvelles divinités ? Un nouveau christianisme est apparu, qui remplace l'ancien à grande vitesse et se répand partout, jusqu'aux régions les plus écartées de la planète. Ses adeptes se nomment « pentecôtistes » ou « évangéliques ». Notre nouvelle réalité est faite de flux de toutes sortes, techniques (les NTIC), financiers, d'images et de sons (le médiatique) par lesquels les nouvelles puissances s'emparent de notre cerveau pour le remplir de leurs valeurs. Décervelage et manipulation, nous voici zombifiés, en transe. Mais ce transport peut être plus ou moins triste ou gai, froid ou chaud, aplatissant ou euphorisant. Pour y introduire davantage d'enthousiasme, d'émotion, on peut faire appel à Jésus. Mais un Jésus dansant et chantant, flottant lui aussi dans les flux, hors organisation et pensée structurées. Qui aide à vivre par conséquent, et sans rien subvertir. Les Baruya sont une tribu qui vit dans les hautes montagnes et les forêts de l'intérieur de la Nouvelle-Guinée, et qui n'a été découverte par les Blancs qu'en 1951. Certains d'entre eux ont récemment souhaité et reçu le baptême. À un anthropologue français qui les fréquente depuis longtemps et qui leur demandait pourquoi, ils répondirent qu'ils voulaient être des hommes nouveaux, d'aujourd'hui. Et qu'être homme nouveau, c'était suivre Jésus et faire du business. Trump et Bolsonaro.

*
* *

C'est en mai 1968 que se manifesta l'opposition, radicale et frontale, au processus mortel. Ce ne fut pas quelque chose d'attendu, mais un événement. Il n'y avait plus de machines dans les rues et dans les lieux intimes, mais des corps, de la parole, de l'imagination qui se désemmuraient de la société programmée et de consommation. Les sorcières alors se mirent à danser, contre Phallus-État et Phallus-Capital. L'entreprise de déconstruction des nouveaux dieux, en leur ensemble, commença. Des chrétiens, jeunes et vieux, ont pris leur part à ce qui se passait, heureux et créatifs. Ils ne sortaient pas du néant mais s'inscrivaient dans la filiation de mouvements antérieurs, tel le socialisme chrétien de 1848, ou les associations de jeunes ouvriers et paysans, regroupées sous le nom d'Action Catholique au XXe siècle. Ces mouvements qui se réclamaient du prophète de Nazareth avaient bien sûr eu maille à partir avec la hiérarchie ecclésiastique qui ne les trouvait pas assez à son service, trop occupés à changer la société en se joignant à d'autres qui s'affirmaient publiquement contre l'Église, contre la foi chrétienne. Mais mai 68 débordait ce phylum historique, allait plus large et plus profond. Comme il débordait tout ce qui, jusque-là, s'opposait, ou pensait le faire aux puissances néfastes. Il obligeait donc ces chrétiens à aller également plus large et plus profond dans leur foi. Où ?

Dans la cour de la Sorbonne que dominait alors le structuralisme, Sartre réapparut sur scène, pas pour longtemps : son sujet était encore trop cartésien et, pour lui, les autres étaient l'enfer. L'existentialisme, qui prit ou reprit place, était plutôt de type kierkegaardien : il n'y a d'existence qu'en relation, et l'on est d'autant plus soi-même que l'on est altéré par de l'autre. Les jeunes en mouvement voulaient que la société et eux-mêmes échappent à la machine. Je veux pouvoir aimer sans me faire avaler par quelque chose qui me fasse oublier que j'existe. Je veux faire des études, mais qui ne fassent pas de moi un serviteur du management techno-capitaliste. Je veux travailler, mais dans un collectif où l'on dialogue, favorisant ainsi la créativité, pas dans une atmosphère productiviste, à la hiérarchie contraignante, qui tue en moi et en chacun l'artiste et le poète. Je veux faire de la science mais pas d'une façon scientiste et techniciste qui prétend tout soumettre à un progrès qu'elle seule définit. Une autre intelligence prenait forme et se répandait, qui affirmait que solidarité et différences vont ensemble, et opposait ainsi la démocratie dialoguante aux flux machiniques. Elle reprenait la vieille opposition de l'essence et de l'existence sous les traits de l'identité (une mêmeté close et fixe) et de l'ipséité (être soi-même, un en-dedans ouvert en aventure). Ou sous ceux de l'objet inerte qu'un extérieur produit, utilise et détruit, et d'un mouvement à partir de son intérieur même : la vie.

La vie. Elle est aujourd'hui la grande préoccupation, le principal motif d'inquiétude. La vie ne se trouve que dans une mince couche de sol, d'air et d'eau qui cercle notre planète. C'est un milieu qu'elle a elle-même composé, étendu et élargi au cours des temps. La vie est donc de la Terre, elle ne vient pas du ciel. Et c'est précisément en la pensant et en la commandant depuis le ciel (mathématique et machinisme au service d'une abstraction financière), qu'on détruit aujourd'hui son milieu dont nous faisons partie : pollution du sol, de l'air et de l'eau, dérèglement climatique, extinction de la biodiversité. Pour l'écologie, la vie n'est pas vécue, elle se vit. Elle n'est pas quelque chose d'objectif à traiter du dehors, mais une sorte de subjectivité en acte qui engendre continûment du nouveau par des mises en relation, des agencements, des alliances variées et variables entre éléments, formes et façons d'être. Par exemple, entre humains et non-humains, végétaux et animaux, entre espèces. Elle est un entrelacement générateur de différences : entrelacement de différences, qui en génère d'autres. Il n'est pas étonnant que tous les mouvements qui s'opposent aux dégâts produits dans leurs domaines respectifs d'intérêt et d'action par la modernité occidentale, et qui cherchent à les réparer, se joignent au mouvement écologique et s'équipent de sa pensée. Ainsi parle-t-on maintenant d'éco-féminisme, d'éco-socialisme, d'éco-anarchisme, etc. D'éco-christianisme ?

En quoi ce qu'on appelle christianisme peut-il contribuer à la vie et à sa défense ? Par des hommes et des femmes de foi. S'ouvrir en ek-sistence, altérée-assoiffée, c'est être habité d'une force intérieure qui ne capitule pas, ne cède pas au désespoir : une confiance en soi et dans l'avenir. Courage, debout, et marche ! Cette foi-confiance irradie : quand elle regarde ceux qui stagnent aux alentours, ceux-ci, se sentant reconnus, se redressent à leur tour et rejoignent ceux qui sont déjà en route. Et les voici ensemble, confiants dans l'advenue d'un monde autre, de partage, où l'on serait vivant parce qu'entre autres. Comment y parvenir, par quels moyens ? C'est affaire de raison critique et constructive, de discussion libre et argumentée. La foi-confiance lance en aventure, elle ne propose pas de programme. Mais ne stimule-t-elle pas la raison à travailler dans ce sens ?

Parmi les « Dieu », lesquels sont compatibles avec cette foi-là ? Bien sûr, pour moi, celui de Kierkegaard dont l'Autre est tellement absolu, délié, que sa rencontre altère radicalement, au plus profond de soi : il était présent dans le paragraphe précédent. Aux différentes histoires que l'on raconte sur « Dieu » (le *fictum*) correspondent des réalités historiques (le factum) différentes. Pascal énumérait trois de ces récits : le biblique d'Abraham, le philosophique des Grecs, le scientiste des savants modernes. Il aurait pu ajouter, entre les deux premiers, celui des prêtres indo-européens. Le « Dieu » des philosophes et des savants exige la soumission, comme celui des prêtres. Non la confiance, mais la croyance, degré inférieur de la connaissance soumis à celui, supérieur, de ceux qui savent (on croit que, on croit à). Il ne s'agit donc pas de relation vivante, mais d'adhésion à des vérités indiscutables qui vous tombent d'en haut. Il n'en va pas de même avec le « Dieu » d'Abraham, qui marche à vos côtés, en rencontres et découvertes. Si l'on veut actualiser la foi, la rendre aujourd'hui active, c'est donc très simple. Il ne s'agit pas de changer de vocabulaire pour parler de la même chose, de ripoliner les amalgames, mixtes et embrouilles des théologiens, mais de débarrasser D2 de D1 et de ses avatars.

Septembre 2021

4

Traduire pour transmettre la foi et habiter le monde

Bernard BOURDIN*

Introduction

Évitant le récit biographique brut, je vais m'efforcer de restituer comment s'est produite une conversion, la mienne, à l'âge de 19 ans. Il y eut un déclencheur pour franchir le pas. Ce fut l'écoute puis la lecture de *L'évangile au risque de la psychanalyse* de Françoise Dolto. L'idée centrale de la célèbre psychanalyste d'enfants est que Jésus éveille au désir et donc à la vie. C'est dans ce langage psychanalytique que j'ai appris la foi dans le Christ vainqueur de la mort. Je découvre en écrivant ces lignes qu'il me marque encore plus que je ne le pensais. Mais parallèlement à ma dette fondatrice envers Françoise Dolto, ce qui a nourri ma conversion est le rapport entre la foi et la politique. C'est ce rapport qui demeure le plus explicitement d'actualité. Je n'ai jamais renoncé à cette idée : la foi ne peut être dissociée de la vie collective. Ce n'est donc pas selon un schéma doctrinal que ma conversion à la foi chrétienne s'est

* Bernard Bourdin est professeur de philosophie politique et d'histoire des idées à la Faculté des sciences sociales et économiques de l'Institut catholique de Paris, directeur du 3e cycle et spécialiste sur le rapport société, politique, christianisme. Il est l'auteur de plusieurs ouvrages sur le problème théologico-politique en christianisme, notamment *Le Christianisme et la question du théologico-politique* (2015), *Le chrétien peut-il être citoyen ?* (2022).

exprimée. Pour autant, elle ne s'est jamais non plus réduite à un récit auto-référentiel, un *vécu* subjectif incapable de la moindre conceptualisation. Je suis désormais assez convaincu que c'est le passage du moment fondateur psychanalytique (ma personne) à la signification *politique* (la collectivité) de la foi qui m'a permis d'éviter ce double écueil : la foi réduite à une relation entre Dieu et *moi*, la foi réduite à une doctrine, aussi orthodoxe soit-elle. Je vais tenter d'en rendre compte en partant de l'idée que si le disciple du Christ a besoin des langues et du langage pour exprimer sa foi, cela signifie que la transmission de la foi est fondamentalement un acte de traduction. Mais transmettre la foi est aussi transmettre une modalité très singulière d'habitation du monde. C'est donc avec ces mots : traduction, transmission et pour conclure habiter le monde, que je voudrais élaborer ma réflexion en me demandant s'ils ne permettent pas finalement de redécouvrir que le *Dieu* du Christ, jamais réductible au Dieu des philosophes, est celui d'une *rupture instauratrice* (pour paraphraser Michel de Certeau) avec le langage du fondement. Pour commencer, que faut-il entendre par traduire pour transmettre ?

La foi dans le Christ, un acte de traduction-transmission qui ne la réduit ni à une *doctrine* ni à un *vécu*

Un acte de traduction est tout le contraire d'une foi qui se réfugierait dans une *doctrine* figée ou qui, n'ayant plus les mots que proposent toutes les langues et les langages, ne pourrait se dire autrement que dans un *vécu*, par définition intransmissible. En d'autres termes, si selon l'expression bien connue traduire c'est trahir, c'est aussi communiquer au moyen d'une langue et d'un langage la foi dont le disciple du Christ veut rendre compte. C'est objectiver rationnellement une expérience vécue en sorte qu'elle puisse être partagée par d'autres. Les doctrines chrétiennes (les dogmes !) pourraient-elles d'ailleurs avoir la moindre légitimité si elles n'étaient pas l'expression, par la traduction dans une langue et un langage, de l'expérience de la foi dans le Christ ? Comme je l'ai déjà évoqué, Français, c'est dans la langue de Molière que mon adhésion à la foi dans le Christ a été possible, mais c'est aussi dans un langage, celui du vocabulaire psychanalytique du désir, que j'ai pu accéder au corpus doctrinal chrétien, à commencer par la manière de rendre intelligible le *mystère* si peu accessible de la Résurrection du Christ puis de son Incarnation, etc. Cette expérience séculière de l'accès à la foi m'a définitivement marqué :

le désir qui éveille à la vie (pour paraphraser Dolto) pour rendre compte du sens évangélique de la résurrection du Christ vainqueur de la mort. Je dois ma conversion à ce détour psychanalytique. Il désigne la même expérience du passage de la mort à la vie, mais par un changement de langage infra-théologique. C'est le propre même de l'acte de traduction qui a permis de restituer la signification de l'expérience nodale de la foi chrétienne, pour le jeune homme que j'étais à la fin des années 1970. Cette restitution de signification par la traduction en un langage infra-théologique pose aussi une autre question, celle de la *sécularisation*, qu'il serait plus clair d'exprimer en termes d'*humanisation* du vocabulaire théologique. Par cette *humanisation* se joue non seulement la possibilité de la conversion à la foi, mais aussi de l'accès à son intelligence. Autrement dit, le paradoxe du changement de langage (et donc de rationalité) est qu'il permet de frayer un chemin nouveau à l'expression de la foi, tout en se situant dans le droit fil de l'expérience fondatrice de la Révélation chrétienne, à savoir que Dieu ne se donne à entendre que dans la transmission-traduction de sa Parole. L'Écriture est là pour nous l'attester. La Parole de Dieu s'exprime en araméen avec Jésus, mais elle se transmet *par écrit* pour annoncer le Christ, en grec puis en latin et enfin dans les langues vernaculaires avec la naissance de l'imprimerie, l'avènement des Réformes et de l'humanisme au XVIe siècle. Ce que la théologie chrétienne appelle la Tradition apostolique n'est possible, intelligible, accessible, que par la transmission-traduction de la foi dans *des* langues, et avec *ces* langues dans des langages : quoi de commun entre Paul et Jean ? Pourtant sans eux l'unité de la Révélation chrétienne dans le *Nouveau Testament* de Dieu serait presque réduite à néant.

Traduire n'est pas remplacer un langage par un autre pour transmettre la foi

Depuis l'événement de la Pentecôte, la pluralité des langues est la condition indispensable pour transmettre (Tradition) la *même* foi. En vertu de cette transmission depuis les apôtres, les disciples du Christ sont des héritiers et des transmetteurs de la foi selon des modalités linguistiques multiples et selon des langages qui ne peuvent ni être compartimentés ni confondus. S'agissant de ma propre expérience de conversion et d'accès intellectuel à la foi dans le Christ, le vocabulaire psychanalytique aurait pu m'enfermer dans un langage exclusif, totalement hermétique au langage théologique *officiel*. Mais il n'en a rien été et pour la conviction suivante : si les sciences humaines et sociales peuvent servir de canal de traduction au discours théologique devenu étranger à l'*éthos* culturel occidental contemporain, elles ne peuvent en aucun cas remplacer la théologie. Traduire n'est pas remplacer, mais distinguer la visée recherchée, à savoir la transmission de la foi, de sa modalité de langue et/ou de langage[1]. Ainsi, convoquer le concept psychanalytique de désir comme éveil de l'homme à lui-même, afin de donner sens au langage biblique et théologique de la résurrection, ne revient pas à *remplacer* la foi dans la résurrection du Christ par ce qui ne pourrait être qu'un anthropocentrisme spirituel[2]. Anthropocentrisme en vertu duquel le remplacement d'un langage par un autre, en l'occurrence celui de la théologie par la psychanalyse, la foi ne serait plus que l'adhésion à l'idée que Jésus est l'homme qui éveille au désir et fait donc surgir de la mort. Pour vraie que soit cette proposition, pour opératoire soit-elle pour susciter une conversion et accéder à l'intelligence de la foi, elle n'en est pas moins que la traduction de la foi en langage psychanalytique. Autrement dit, le travail de traduction ne peut jamais recouvrir (remplacer) le langage théologique de la foi[3]. Le travail de traduction n'en serait plus un, mais plutôt un travail de substitution ou de maquillage, voire une pure stratégie rhétorique pour *faire passer* le vieux message sur un mode nouveau. Si la traduction congédie tout compartimentage du langage rationnel, elle n'autorise en rien la confusion des langages. De même qu'il n'appartient pas à la psychanalyse d'élaborer une christologie, de même il n'appartient pas à la théologie d'élaborer une théorie de l'inconscient. C'est en évitant ces deux écueils qu'il y a traduction et ce faisant possible transmission de la foi ! Je dis bien - possible. Pour ma part, le passage de l'un à l'autre langage a été possible, parce que

1. Walter Benjamin, *Œuvres 1, La tâche du traducteur*, traduit par Martine Broda, Paris, *NRF* Gallimard, 2000, p. 151-158 (p. 153) : « ...les langues se complètent dans leurs intentions mêmes. Pour saisir cette loi, une des lois fondamentales de la philosophie du langage, il faut, dans l'intention, distinguer ce qui est visé du mode de la visée. Dans "Brot" et "pain", le visé est à coup sûr le même, mais non le mode de le viser ».
2. Dans son dialogue avec Gérard Sévérin, Françoise Dolto en a, me semble-t-il, conscience. Elle ne joue pas à la théologienne, tout en ne cherchant pas à transformer le langage psychanalytique en langage pan-explicatif de la foi. Voir Françoise Dolto et Gérard Sévérin, *L'Évangile au risque de la psychanalyse*, Paris, Jean-Pierre Delarge, 2 tomes, 1978 : voir en particulier dans le dernier dialogue du tome 2 intitulé « L'éveil de Jésus », p. 149-180 (p. 163-165-166-167-169-170-173).
3. « ...de même ici on peut démontrer qu'aucune traduction ne serait possible si elle aspirait à la ressemblance avec l'original avec les dernières ressources de son être », Walter Benjamin, *Œuvres 1, La tâche du traducteur*, *op. cit.*, p. 152.

j'ai pu effectuer la traduction dans le sens inverse du langage psychanalytique du désir à celui, théologique, de la foi. Autrement dit, la traduction doit être réciproquement opératoire : du langage théologique vers celui, en l'occurrence psychanalytique, pour mieux accéder à la traduction de la traduction, celle du langage psychanalytique du désir qui éveille à la vie en langage théologique sur le Christ ressuscité vainqueur de la mort. On l'aura compris, dès lors que l'on admet que le travail de traduction de la foi ne vise pas à remplacer sa structure théologique fondatrice, il doit se produire inévitablement un retour à celle-ci, mais retour ne signifiant pas non plus le *statu quo ante* ! Le langage théologique, pour qu'il reste ce qu'il est, c'est-à-dire celui de la foi, ne saurait être submergé par celui des sciences humaines et sociales. Mais il ne peut plus être ce qu'il était avant le premier moment de la traduction. Si le langage théologique de la foi dans le Christ ressuscité ne saurait se réduire au langage psychanalytique du désir, il n'en demeure pas moins que le premier ne peut ignorer le deuxième... et réciproquement. C'est dire combien la traduction est au cœur du dialogue des rationalités. S'agissant du langage théologique, cela signifie qu'il ne peut donner à entendre la foi *directement*. Dieu ne peut parler aux hommes que dans la langue et le langage que les hommes peuvent comprendre. Traduire pour transmettre que Christ est vainqueur de la mort revient par conséquent à reconnaître l'Alliance entre Dieu et la condition humaine. Les multiples traductions de la foi sont la marque de l'histoire de l'Alliance qui relie l'homme et Dieu et de l'écart qui les distingue. Mais le mot *Dieu* n'est-il pas lui-même lié à une langue ?

L'enjeu linguistique de la preuve de l'existence de Dieu : mais lequel ?

L'origine hellénistique du mot – théologie –, indissociable de la philosophie platonicienne et aristotélicienne, apporte le témoignage fondateur que la *théologie chrétienne* est, dès son origine, le fruit d'une traduction d'une langue parlée (araméen) à une langue écrite (le grec)[4]. Issue du discours philosophique grec, la théologie chrétienne s'en est affranchie en théologisant de nombreux concepts qui étaient le bien propre de la philosophie. Le plus important d'entre eux est *Dieu* lui-même sans lequel elle

4. Maurice Sachot, *L'Invention du Christ. Genèse d'une religion*, Paris, Odile Jacob, coll. « Le champ médiologique », 1998.

n'existerait pas. Ce qui complique et enrichit en même temps notre thèse selon laquelle la foi appelle sa transmission et sa transmission sa traduction. En effet, la transmission par traduction d'une langue à une autre a une conséquence au plan du langage. Alors qu'il est intrinsèquement lié au grec et au latin, en hébreu le mot *Dieu* n'existe pas[5]. Le mot *Dieu* est un excellent exemple de ce que les langues révèlent comme structure de pensée et aussi de manière concrète d'habiter le monde. Avec l'hébreu, l'inexistence linguistique de Dieu a une conséquence métaphysique considérable[6] : sans théisme, point de justification de l'athéisme ! L'hébreu ne connaît que l'Imprononçable YHWH qui se conjugue toujours au futur : « Je suis en tant que Celui qui sera montré »[7]. Il ne devient prononçable qu'avec la Révélation chrétienne qui reconnaît dans le Christ le Verbe qui s'est fait chair. Mais prononcer Celui qui était, jusqu'alors l'Imprononçable, par le Christ[8], est nommer sa filiation unique avec le Père. Ce n'est donc pas le nommer *Dieu* en tant que tel. Le Christ n'est prononçable sous le nom (ou le mot !) de Dieu qu'une fois passé au grec... dès le Nouveau Testament. Il faut toutefois préciser de quelle manière le Nouveau Testament nomme *Dieu*. Le Prologue de saint Jean constitue l'exemple le plus significatif par l'identification de Dieu au Verbe : « Au commencement était le Verbe et le Verbe était avec Dieu et le Verbe était Dieu », (Jean 1, 1-2). L'hymne aux Philippiens 2, 6, en est un autre par le déplacement qu'il effectue entre le Dieu *cause première* d'Aristote et celui du Christ : « Lui, de condition divine, ne retint pas jalousement le rang qui l'égalait à Dieu ». Dans l'un et l'autre cas, le *Dieu* du christianisme ne reste pas juché sur sa propre hauteur, mais rejoint les hommes en se faisant homme lui-même : « Et le Verbe s'est fait chair et il a habité parmi nous » (Jean 1, 14) ; « Mais il s'anéantit lui-même, prenant condition d'esclave, et devenant semblable aux hommes » (Philippiens 2, 7). Si le mot grec *Theos* a rendu prononçable la transcendance divine, l'usage grec (et latin) préchrétien en est aussi radicalement transformé par *l'incarnation de Dieu*. La traduction de la foi chrétienne en grec était indéniablement la condition de sa transmission... et de son universalisation. La langue grecque a permis ainsi l'introduction de la théo-logie pour transmettre la foi, mais une théologie désormais acquise au mode de pensée

5. C'est aussi vrai en chinois et dans bien d'autres langues.
6. François Rachline, *Un monothéisme sans Dieu*, Paris, Hermann, 2018, II.
7. Voir André LaCoque, Paul Ricœur, *Penser la Bible*, Paris, Éditions du Seuil, 1998. Voir en particulier d'André LaCoque, *La révélation des révélations*, p. 314-342 (p. 320).
8. Bernard Sichère, *L'Être et le divin*, Paris, *NRF* Gallimard, coll. « L'Infini », 2008, VII.

biblique. Il n'y a pas meilleure preuve que la traduction est le *médium* à la fois indispensable et subversif de la transmission de la foi. Pour annoncer le Christ, il faut désormais, avec le grec (et le latin), croire en *Dieu*, mais le Dieu incarné par *Christos*, transposition grecque de *Messie*. C'est toute l'ambiguïté du langage théologique qui procède d'abord de la spéculation philosophique sur l'origine ultime des causes (Aristote) pour ensuite transmettre *par le grec* l'expérience biblique du salut (la Pâque). Au XIIIe siècle, Thomas d'Aquin ira beaucoup plus loin par sa puissante élaboration de la synthèse de la rationalité métaphysique grecque avec la foi biblique. Mais synthèse qui se délitera bien vite par l'essor progressif mais assuré de ce qui est qualifié par le vocable de *Modernité* depuis quelques décennies. Pourtant d'Aristote à Hobbes, aussi divergents soient-ils, le langage théologico-métaphysique du fondement est demeuré intact et son écart avec celui de la Bible plus réel que jamais. Les fondements philosophico-politiques de la Modernité au XVIIe siècle sont au cœur de ce double mouvement de continuité et de rupture que je voudrais illustrer par deux philosophes : Hobbes et Spinoza. De nombreuses années après ma conversion, ils se situent dans le prolongement de la relation étroite qui s'est nouée entre ma foi dans le Christ et le questionnement politique.

La distinction entre le Dieu de la philosophie et le Dieu de la Bible : la version moderne du langage du fondement

Au chapitre XII du *Léviathan*, Hobbes exprime très bien cette continuité et cette rupture avec la tradition de pensée aristotélicienne :

> « *En effet celui qui, de quelque effet qu'il voit se produire, passerait par le raisonnement à la cause prochaine et immédiate de celui-ci, et de là à la cause de cette cause, et se plongerait ensuite à fond dans la poursuite des causes, celui-là arriverait enfin à ceci : qu'il doit y avoir (ainsi que les philosophes païens l'ont admis) un premier moteur unique, c'est-à-dire une cause première et éternelle de toutes choses, qui est ce que l'on entend par le mot Dieu* »[9].

9. Thomas Hobbes, *Léviathan, Traité de la matière, de la forme et du pouvoir de la république ecclésiastique et civile*, Introduction, traduction et notes de François Tricaud, Paris, Éditions Sirey, 1971, XII, p. 105-106.

La conclusion de ce paragraphe en constitue le point d'orgue. Tout en s'opposant radicalement à la philosophie première aristotélicienne, Hobbes n'en admet pas moins comme Le Stagirite que la raison humaine a besoin du fondement ultime d'« une cause première et éternelle ». Mais le *retour* hobbesien à Aristote n'est qu'apparent, comme l'indique « ce que l'on entend par le mot *Dieu* ». Chez Hobbes, la raison est une convention de langage, un artificialisme cohérent avec sa théorie de l'état de nature, des lois naturelles, du fondement contractualiste et par convention de l'état politique par la formation du souverain Léviathan. Souverain dont Hobbes affirme au chapitre XVII qu'il est « *ce dieu mortel*, auquel nous devons, sous le *Dieu immortel*, notre paix et notre protection »[10]. Hobbes a rompu avec la métaphysique d'Aristote ; ce faisant il a rompu avec le postulat selon lequel la politique est inhérente à la nature de l'homme animal rationnel. Mais il a fondé la sienne propre. Si l'homme n'est pas naturellement politique, si sa raison ne l'y dispose pas, il est *dans sa nature* de le devenir, c'est-à-dire de contredire ce que l'homme *est* à l'état premier par le recours à sa raison calculatrice qui le conduit à reconnaître sa cause première qu'est *Dieu*. Comme Aristote, Hobbes articule la raison à la condition politique, et par voie de conséquence à *Dieu* cause première, mais une fois encore selon une logique artificialiste. Pas plus que la politique, Dieu n'est donné à l'homme, c'est au contraire l'homme qui *le produit*. Alors que pour Aristote, le *cosmos* est une réalité naturelle et divine qu'il faut rendre intelligible en se laissant étonner par son ordre propre, pour Hobbes, le monde, la politique et la religion sont ce que les hommes veulent bien en faire pour la conservation de leur vie et leur salut. Tout est production, artifice, convention de langage par lesquels politique et religion doivent s'unir pour la préservation de la vie de l'homme (d'où la fusion du temporel et du spirituel)[11]. Par ce détour philosophico-politique, je pourrais donner l'impression de m'éloigner de mon sujet. Bien au contraire, j'y reviens. Par sa décision métaphysique[12], Hobbes se révèle être peut-être bien le premier philosophe-traducteur (ne serait-ce que parce qu'il en appelle à l'affranchissement du latin au profit des langues nationales). Il est bien en cela le premier fondateur de la Modernité politique et religieuse. Défiée de répondre aux exigences pratiques des conventions de langage de la rationalité politique, la religion ne saurait avoir la moindre signification spéculative métapolitique. Elle

10. *Ibid.*, XVII, p. 178.
11. *Ibid.*, p. 115.
12. Voir Yves-Charles Zarka, *La décision métaphysique de Hobbes*, Conditions de la politique, Paris, Vrin, 1987.

n'est métapolitique que par la voie pratique : obéissance, charité, respect des lois. C'est pourquoi pour Hobbes, le pouvoir souverain est le moyen par lequel les hommes sont conduits à la félicité spirituelle.

Spinoza ne fera que radicaliser cette rupture en séparant la foi (la théologie) de la philosophie (la raison) dans le *Traité théologico-politique* :

> « *Il reste enfin à montrer qu'entre la foi – c'est-à-dire la théologie – et la philosophie il n'y a aucune affinité ; ce que nul ne peut ignorer s'il connaît le but et le fondement de ces deux disciplines, lesquels diffèrent vraiment de l'étendue du ciel. Car le seul but de la philosophie est la vérité, alors que celui de la foi, nous l'avons montré amplement, n'est que l'obéissance et la piété. Ensuite la philosophie a pour fondements les notions communes et doit se tirer de la nature seule ; ceux de la foi, au contraire, sont les récits historiques et la langue, et elle doit s'appuyer sur la révélation et l'Écriture seules, comme nous l'avons montré au chapitre VII. La foi reconnaît donc à chacun la plus grande liberté de philosopher de façon que chacun puisse sans crime penser ce qu'il veut de toutes choses, et elle ne condamne comme hérétiques et schismatiques que ceux qui enseignent des opinions susceptibles d'inciter à l'insoumission, à la haine, aux rivalités et à la colère. Au contraire, elle ne tient pour fidèles que ceux qui incitent à la justice et à la charité autant que le leur permettent leurs dispositions et les forces de leur raison* »[13].

Prolongeant le raisonnement développé au chapitre XIII[14], ce long paragraphe du chapitre XIV prépare aussi tout l'enjeu du chapitre XV, à savoir la séparation entre la théologie et la philosophie, entre la foi et la raison[15]. N'est-ce pas cette double séparation entre la vérité pratique de la Bible et la vérité spéculative de la philosophie, entre la foi « qui incite à la justice et à la charité (la piété) » et la *philosophie* qui est recherche de « la vérité », qui constitue une véritable opération de traduction pour transmettre *autrement* la foi (« ceux de la foi, au contraire, sont les récits historiques et la langue ») ? Mais avec Spinoza, bien plus qu'une question de langue, c'est de langage dont il s'agit. À la suite de Hobbes, les défis de la rationalité politique lancés à la foi obligent celle-ci à penser autrement le statut de la vérité dont elle est porteuse. La foi n'est pas affaire de spécu-

13. Spinoza, *Œuvres III Traité théologico-politique*, Paris, Presses universitaires de France, 1999, XIV, par. 13, p. 481.
14. Dieu n'a pas exigé des hommes d'autre connaissance que celle de la justice et de sa charité divines, et cette connaissance est nécessaire non pour les sciences, mais seulement pour l'obéissance : *Ibid.*, XIII, p. 461-463.
15. *Ibid.*, XV, p. 483.

lation dogmatique, mais de prise au sérieux de la vie pratique[16]. Les vrais noms de Dieu sont « justice et charité » et non de savoir si Dieu est Trinité et Incarnation. Procédant de la pratique en vue de conjoindre l'obéissance à Dieu et au souverain, la foi en Dieu ne s'impose plus d'en haut (autorité dogmatique des théologiens), mais s'atteste par en bas (pratique éthique et spéculation philosophique). Le changement de statut de la vérité religieuse signifie bien qu'il n'a été possible que par une traduction du langage de la raison. Par cette traduction, *Dieu* n'est plus le concept architectonique porteur d'un ordre théologico-politique (hétéronomie religieuse), mais le concept architectonique porteur d'un ordre éthico-politique[17] voulu par les hommes (autonomie séculière). Mais si *Dieu* est le concept porteur d'un ordre éthico-politique voulu par les hommes, ceux-ci peuvent aussi vouloir s'en affranchir car jugé encore trop lié à un reliquat de l'ordre de l'hétéronomie religieuse. Tel est bien le monde dans lequel nous vivons, à la fois héritier et à la fois très éloigné des fondements de la politique moderne du XVIIe siècle. Le « mot *Dieu* », pour paraphraser Hobbes, sera toujours marqué par une ambiguïté de sens car il appartient à deux langues (le grec et le latin), beaucoup trop étrangères au mode de pensée biblique. C'est pourquoi la lecture du Nouveau Testament est toujours biaisée. C'est aussi dire combien la distinction entre le Dieu de la philosophie et le Dieu de la Bible est la version moderne du langage du fondement. Le concept éthique de Dieu selon Spinoza, enraciné dans la prophétie biblique, apparaît pauvre en ce premier tiers du XXIe siècle. Il laisse entièrement ouverte ce qui est plus que jamais la première des questions, celle de la transcendance. Ce concept ne correspond pas au fondement métaphysique et théologico-politique des siècles passés du christianisme, ni au fondement de l'éthique dans le Dieu pratique de la justice et de la charité, mais à celui de la *rupture instauratrice* de la foi par rapport à la manière d'habiter ce monde. Celle-ci trouve son efficacité spirituelle dans l'espérance et la charité. Foi, espérance et charité *transcendent* toute réalité immanente à la condition historique. Par cette manière très spécifique d'habiter le monde, ces trois vertus théologales qui sont la raison d'être pratique de la Révélation chrétienne posent une autre question que la seule traduction pour la transmission de la foi. Quelle que soit la langue, quel que soit le

16. « Ainsi donc, si quelqu'un qui croit des choses vraies devient rebelle, sa foi est véritablement impie ; si, à l'inverse, croyant des choses fausses, il est obéissant, alors sa foi est pieuse... » : *Ibid.*, XIII, p. 463.

17. Ce qui a fait dire à Stanislas Breton : « L'essence éthique du théologique implique le politique, le politique comme pouvoir implique la détermination du théologique comme éthique », Stanislas Breton, *Politique Religion Écriture chez Spinoza*, Lyon, Profac, 1973.

langage utilisé pour traduire afin de transmettre la foi, l'acte de traduction n'évitera pas, pour qu'il ait une signification (et du sens), la mise en œuvre de la foi par une disposition d'esprit dans le monde qu'est l'espérance, et la mise en œuvre de la foi par une pratique dans le monde qu'est l'amour (c'est-à-dire du Dieu du Christ). Traduire la foi pour mieux la transmettre est alors habiter le monde sans être du monde par ces deux autres vertus théologales qui l'incarnent. Avec la Révélation chrétienne, le langage de la transcendance est finalement très concret. Il n'a aucun rapport avec celui du fondement, mais avec celui de la rupture instauratrice qui tient en ces trois vertus que sont la foi, l'espérance et la charité, trois vertus sans lesquels le Christ ne saurait transmettre la signification de son Royaume au sein des *affaires* du monde.

Conclusion

Au terme de cet essai de problématisation de ma manière de *dire* la foi, il me semble qu'il faut démêler le langage du fondement de celui de la rupture instauratrice de la Parole de Dieu. Dans l'histoire de l'Occident, le premier appartient à la philosophie et à la métaphysique, que ce soit celle de Platon et d'Aristote, que ce soit celle de Hobbes et de Spinoza pour nous en tenir à ces deux philosophes politiques majeurs du XVIIe siècle. Le langage du fondement, même quand il se tourne du côté du Dieu de la Bible (Hobbes et Spinoza), ne peut que s'intéresser à un Dieu muet. Il est là pour fonder, c'est tout. Tout le problème est que le théisme, quel qu'il soit, a envahi le langage de la foi. Or, celui-ci poursuit une toute autre finalité que celle du fondement. Allons même plus loin : le langage de la foi s'oppose à toute recherche du fondement car il est celui de Dieu comme Parole de rupture instauratrice adressée à l'homme. Non que la Parole de Dieu, celle du Christ pour ce qui concerne mon propos, échapperait à tout discours (*logos*) rationnel. Elle en a besoin pour sa propre transmission, d'où l'importance de la traduction, qui est inévitablement un acte de la raison humaine. Mais la *Parole* de Dieu *excède* en même temps tout discours parce qu'Elle ne vise pas à fonder quoi que soit, mais à créer (séparation entre Dieu et l'homme), révéler (communication de Dieu à l'homme) et sauver (donation de Dieu à l'homme). Création, Révélation, Rédemption, sont ces trois moments du Dieu qui ne fondent rien, mais qui parlent à l'homme, et ce faisant nécessitent l'acte de traduction. Avec le langage du fondement, il n'y a rien à transmettre et par conséquent rien à traduire. Une fois encore, ce Dieu-là est muet ! Sur cette distinction essentielle, on ne peut que donner raison à Spinoza lorsqu'il entreprend de séparer la théologie (la foi) de la philosophie (la raison). Mais cette séparation a un coût élevé pour le Dieu de la Bible censé parler. Il n'est plus que le nom d'une éthique de la justice et de la charité à laquelle il faut obéir par piété. Ce qui est encore une autre manière de penser *Dieu* dans le langage du fondement, celui du pacte politique. Mais par la séparation spinoziste entre la foi et la raison, la voie est ouverte pour redécouvrir le langage de la foi dans le Dieu qui instaure une rupture par rapport à tous les fondements. C'est tout l'enjeu du langage de la foi messianique qui ne fonde rien car il dé-coïncide[18] avec tous les ordres du monde. C'est pourquoi il est *rupture instauratrice* par les seules armes que représente la foi sans laquelle il n'y aurait pas d'envie d'espérer et de sens à pratiquer la charité. Par la pratique de ces trois vertus, c'est la vie qui est insufflée et par conséquent la mort qui est détruite. Certes, le langage des vertus théologales n'est pas très novateur tant il appartient de plain-pied à la tradition théologique, mais il ne sature en rien le renouvellement de l'expression de la foi. En témoigne la réflexion psychanalytique de Dolto. Comme je l'ai fait valoir, traduire le langage théologique en langage des sciences humaines n'est pas remplacer l'une par l'autre, mais redécouvrir ce que le langage original[19], premier, ne parvient plus à transmettre *de lui-même*. C'est donc avec son vocabulaire de psychanalyste que Dolto rejoint l'expression biblique de la foi : « Ce qui nous permet d'aller de l'avant, c'est que Jésus est présent-absent. Ce qui nous fait chercher, c'est qu'il n'est pas là pour nous donner une réponse. Ce qui nous fait inventer, c'est qu'il n'y a point de chemin tracé pour personne »[20]. Autrement dit, à lire Dolto, il n'y a pas de fondement, mais *rupture instauratrice* par la présence-absence de Jésus et par un chemin « tracé pour personne ». Ce n'est certainement pas suffisant pour renouveler profondément l'expression de la foi. Mais démêler le langage du fondement de celui de la rupture instauratrice de la Parole de Dieu permet de dégager la voie à ce renouvellement : l'acte de traduction pour transmettre la foi et habiter le monde par l'espérance et la charité en est la conséquence.

---

18. François Jullien, *Ressources du christianisme. Mais sans y entrer par la foi*, Paris, L'Herne, coll. « Cave Canem », 2018, V.
19. Walter Benjamin, *Œuvres 1, La tâche du traducteur* : « La vraie traduction est transparente, elle ne cache pas l'original, n'offusque pas sa lumière, mais c'est la pure langue, comme renforcée par son propre médium, qu'elle fait tomber d'autant plus pleinement sur l'original » : *op. cit.*, p. 156.
20. Françoise Dolto et Gérard Sévérin, *L'Évangile au risque de la psychanalyse*, *op. cit.*, p. 169-170.

5

Parcours de vie, de foi et de raison d'un « croyant en exil »

Serge COUDERC*

C'est, je crois, une chance pour une femme ou pour un homme, même si cela n'est pas un exercice facile, d'avoir l'opportunité, au cours de sa vie, de revisiter les chemins qui l'ont fait naître à lui-même, les étapes de ses maturations humaine et spirituelle et de ses questionnements sur le sens de sa vie. Les initiateurs de cet ouvrage m'invitent à le faire aujourd'hui. Merci à eux ! Alors je me lance !

Il y a quelques années, près de Dijon, à Corcelotte-en-Montagne, j'ai assisté à un week-end animé par Bernard Feillet. Le premier jour, au cours d'une pause, Bernard – que je ne connaissais pas – m'a interpellé et m'a demandé d'intervenir le dimanche matin avec ces deux questions : *Qu'est-ce qui dans mon parcours me paraît essentiel pour découvrir l'homme et le croyant que je suis aujourd'hui ? Quel être suis-je devenu dans cette aventure ?* Je reprends donc ici ces deux questions.

---

* Après avoir été prêtre diocésain, Serge Couderc s'est marié et il a travaillé trente années dans le champ de la lutte contre l'illettrisme. Il est retraité depuis février 2019. Il est membre actif de l'*Association culturelle Marcel Légaut* (ACML) et de l'équipe éditoriale *Pour un christianisme d'avenir* qui publie des ouvrages dans la collection *Sens et Conscience* aux éditions Karthala. Il anime le groupe Marcel Légaut de Dijon et il a coordonné l'ouvrage *Marcel Légaut, éveilleur de l'essentiel* paru en 2020.

Pour bien faire comprendre le chemin parcouru, il me semble important, en quelques lignes, de vous dire, chère lectrice ou cher lecteur, d'où je viens ou quelles sont mes racines, mes conditionnements, les événements marquants des débuts de ma vie d'homme.

Quelques éléments de mon parcours de vie...

Je suis né en 1957 dans le Cantal et j'ai vécu mon enfance et mon adolescence dans l'Allier. Mes parents, croyants non pratiquants, originaires du monde rural, sont devenus ouvriers. J'ai donc vécu dans un environnement d'ouvriers, d'autant plus que mes parents étaient concierges d'une boulonnerie et que nous habitions dans l'usine. Aîné de quatre garçons, je suis le seul à avoir fait des études – mathématiques et techniques – grâce à une bourse d'État, avant de me diriger vers la philosophie et la théologie à l'âge de 19 ans, en vue de devenir prêtre ! J'ai été un enfant et un adolescent très pratiquant et très engagé dans l'Église catholique, un chrétien d'Église et de croyances. J'étais enfant de chœur et, en prenant du grade, je suis devenu responsable d'une équipe d'une trentaine d'enfants de chœur. Deux événements douloureux et décisifs allaient marquer mon adolescence et allaient s'inscrire à jamais dans mon parcours de vie : la mort accidentelle de l'un de mes frères, le benjamin, qui avait 8 ans – j'en avais 11 – et que j'ai découvert écrasé sous une pièce de métal de 120 kilos et dans une mare de sang ; trois ans après, mon meilleur ami qui revenait chez lui avec sa copine en mobylette a été fauché sur une petite route de campagne par un chauffard ivre. Ces deux événements ont été le point de départ d'un questionnement sur la vie, sur le pourquoi de la mort et sur le sens que je pouvais et pourrais donner à ma propre vie : j'avais à l'époque – je passe les détails de mon cheminement – un désir fort de rendre compte de l'espérance qui était en moi ; la manière qui me semblait la plus évidente pour le faire était de devenir prêtre. J'aurais dû rentrer au petit séminaire à 12 ans mais les événements en ont voulu autrement et mon désir resurgira sept années plus tard quand je pris la décision de rentrer – en septembre 1976 – au grand séminaire de Chamalières. Il est des événements qui font grandir et mûrir plus vite et qui vous empêchent de vivre une vraie adolescence.

J'ajoute qu'être originaire du monde ouvrier et formé dans l'enseignement public n'a pas toujours été pour moi un parcours facile pour vivre dans un grand séminaire, que ce soit à Chamalières ou au Séminaire des

Carmes à Paris quelques années plus tard ! Ma culture et mes racines n'étaient pas celles de la plupart de mes collègues séminaristes. J'y ai donc parfois vécu une certaine *solitude fondamentale*, cette solitude dont a souvent parlé Marcel Légaut[1].

Néanmoins, ces deux premières années de séminaire à Chamalières furent pour moi deux années de découvertes, de recherches, de lectures et de respiration... Je passai de 45 heures de cours par semaine en *Maths Sup* à 15 heures de cours ; j'avais du temps pour penser, prier, lire, me promener, réfléchir, jardiner. C'est là que j'ai appris à lire (des livres) ! Je découvris la philosophie autrement qu'au lycée avec René V, spécialiste de Maurice Blondel. Je découvris aussi la recherche biblique. Ma première retraite de rentrée était animée par Jacques Gaillot, alors prêtre à Langres et qui deviendra évêque d'Évreux : depuis ce temps-là, nous sommes des amis même si nous ne nous voyons pas très souvent. Jacques a toujours été là dans les moments heureux et difficiles de ma vie. J'étais en stage pastoral à Clermont-Ferrand, au Sacré-Cœur, pendant l'année scolaire : j'y animais deux clubs ACE (Action catholique des enfants), *Les tigresses*, quatre adolescentes et *Les castors juniors*, cinq jeunes garçons. Venant d'une paroisse plutôt classique, je découvrais l'originalité, les richesses et les limites de l'Action catholique. Pas facile avec mon histoire de réaliser ce « *retournement copernicien* » qui consistait à partir de la vie des enfants et des jeunes afin de les aider à naître à eux-mêmes humainement et peut-être spirituellement, « chrétiennement », s'ils en faisaient le choix ! C'était une autre manière – moins descendante – d'envisager la pastorale et la foi que ce que j'avais connu. Cela me questionnait et cela me plaisait parce que la Bonne Nouvelle partait de l'humanité et non plus de la « divinité ». Cette approche m'interpellera et me marquera tout au long de ma vie. Elle sera très présente dans mon mémoire de maîtrise de théologie, dans ma manière de préparer et de vivre des liturgies et de faire de la catéchèse. Elle était en cohérence avec ma formation scientifique et avec « la modernité ».

Cette formation scientifique a également rencontré ma foi lors d'une retraite à l'abbaye de Sept-Fons où l'intervenant – moine trappiste – nous informa des dernières recherches bibliques. Il était l'un de ceux qui traduisaient les manuscrits de Qumran. Tout d'un coup, à 19 ans, je sortais d'une certaine naïveté dans ma lecture de la Bible et ses propos me

1. Marcel Légaut (1900-1990), normalien, agrégé et docteur en mathématiques. En 1940, il s'installe dans la Drôme comme agriculteur et berger. Auteur spirituel, il a écrit, entre 1933 et 1988, une quinzaine d'ouvrages, fruits de ses réflexions, de ses recherches et de ses méditations.

permettaient de relire la Bible autrement et de comprendre quelles expériences d'hommes et de femmes s'étaient inscrites dans cette collection d'ouvrages aussi divers que variés. Il me permettait aussi de lire la Bible sans mettre de côté ma raison ! Quel émerveillement, que je perdis peu à peu dans ma formation au séminaire mais que je retrouverai plus tard dans mes lectures buissonnières.

Après ces préliminaires, je vous propose de relire mon parcours de foi à travers quatre grandes étapes de mon histoire de vie, quatre étapes importantes pour le croyant que je suis aujourd'hui : une vie en équipe paroissiale, un séjour en Centrafrique, deux années de formation à l'ISPC et un court passage dans le ministère presbytéral. Il s'agira moins de décrire ces étapes que de repérer en quoi elles ont été pour moi chemin de pensée, d'expérience et de vie pour rendre compte de mes adhésions et de mes résistances à la foi chrétienne.

Une communauté de vie et de foi comme lieu d'émancipation et d'humanisation

La première grande étape dans ma vie de croyant a été celle de mon insertion comme adolescent dans une vie paroissiale et communautaire, à la fois dans la préparation de la liturgie du dimanche et dans la participation à une équipe de jeunes proches du jeune vicaire de la paroisse. Le presbytère était notre lieu de rencontres et de fraternité et j'y venais très souvent en vélo en soirée. Je crois pouvoir dire qu'en ce temps-là, cette communauté de vie que nous formions – même si nous n'étions que des garçons ! – a été pour moi un lieu d'émancipation et d'humanisation. Ce fut également un lieu qui nourrissait, questionnait et interpelait ma vie et ma foi : nous avions souvent des échanges très riches sur en quoi ou en qui nous croyions, sur nos projets de vie. C'est à cette époque que j'ai acheté ma première Bible de poche en économisant mois après mois le peu d'argent de poche que j'avais. Quelle joie de tenir en main et de lire des extraits de cette Bible, même si j'étais loin de comprendre de quoi il s'agissait. J'ai toujours cette Bible dans ma bibliothèque. Aujourd'hui, j'utilise d'autres traductions plus pertinentes, d'autres formats plus pratiques ou je consulte le texte en hébreu ou en grec.

Cette « communauté de vie » ou cette « fraternité de foi » fut pour moi un lieu important d'épanouissement, de prises de responsabilités, de découverte du monde et du vivre-ensemble. Plus tard, je serai plus critique et plus lucide sur son fonctionnement, en particulier, sur son manque de mixité et, parfois, aussi son manque d'ouverture à d'autres manières d'être et de faire Église.

Deux années comme coopérant-laïc missionnaire en Centrafrique

Au séminaire de Chamalières, plusieurs prêtres-enseignants avaient vécu en Afrique noire et ils en parlaient souvent comme d'une expérience riche et épanouissante. Je devais réaliser mon service national et « un stage » avant de poursuivre mes études de théologie : je décidai donc de partir en coopération. Cette décision ne plut ni à ma famille ni à mes amis mais je sentais qu'il me fallait partir loin de chez moi pour découvrir d'autres horizons et pour mûrir autrement. Avec le recul, je pense que c'était une bonne décision. J'avais envie de sortir de « ma zone de confort » – comme on dit aujourd'hui –, de découvrir une Église autre, une culture différente et de vivre une expérience personnelle loin de ma famille. Je fus affecté en septembre 1978 et pour deux années scolaires au Petit Séminaire Saint Jean de Bossangoa, en Empire centrafricain, comme professeur de mathématiques et de technologie au sein d'une communauté de capucins, disciples de saint François d'Assise. L'expérience de ces deux années fut à la fois riche et éprouvante.

Une expérience riche par la découverte d'une culture qui avait ses propres manières d'être, de penser, de vivre et de croire, par les échanges interculturels avec nos élèves et avec des grands séminaristes centrafricains qui se posaient beaucoup de questions sur la manière dont nous leur avions amené – et parfois imposé – la foi chrétienne. C'était l'époque où circulait l'ouvrage de Meinrad Pierre Hebga *Émancipations d'Églises sous tutelle. Essai sur l'ère post-missionnaire* paru en 1979. Cela, bien-sûr interpelait, bousculait ma propre foi et ma manière d'en *dire* l'expérience (je n'écris pas d'en *transmettre* car cela est un autre sujet souvent délicat !). Concrètement, dès mon arrivée, j'ai été sollicité pour faire de « l'instruction religieuse » en classe de quatrième, instruction que j'ai très vite transformée en groupe d'échanges sur la vie humaine et spirituelle. Après l'expérience de l'Action catholique, je ne pouvais plus revenir en arrière et je ne pouvais pas « instruire la foi » : pour moi, la foi ne se possède pas, elle se dit, s'écrit, se partage et se pense comme expérience... J'ai aussi beaucoup investi dans les célébrations et, la deuxième année, ayant sans doute compris la richesse de mon approche, le directeur du petit séminaire me confia l'animation pour tous les élèves des retraites des temps d'Avent et de Carême. Ce séjour fut aussi un temps d'échanges autour du monde des guérisseurs à partir de deux « déclencheurs » : j'ai attrapé un typhus tout au début de mon séjour et, pour ne pas être rapatrié sanitaire, je décidai sur proposition d'un missionnaire de passer par la médecine traditionnelle qui me guérit en 24 heures ; l'autre raison est que je suis d'une lignée de « charmeurs de feu » qui sont nombreux dans le Cantal et que mes élèves s'en sont rendus compte très vite. Tout cela n'est pas sans rapport avec ma foi et ma manière de comprendre qui était Jésus. Je crois, en particulier, que certains, comme lui, savent mobiliser ou canaliser des énergies que nous avons perdues dans un monde trop rationnel. C'est un domaine sur lequel je travaille encore aujourd'hui et je suis souvent sollicité pour aider des personnes qui se sont brulées.

Une expérience éprouvante aussi car c'était le moment où le pays est passé du régime d'Empire centrafricain à celui de République centrafricaine avec tous les troubles et toutes les violences que cela a occasionnés. M'est revenu alors mon questionnement sur le sens de la vie et sur la mort car, à certains moments, nos vies ont été menacées et nos fois ont été interpelées, questionnées, éprouvées. Je suis rentré en France très fatigué et je sais depuis le premier confinement de 2020 – car mon corps me l'a rappelé – que je suis revenu avec ce que l'on n'appelait pas encore à l'époque « un syndrome post-traumatique ». Il m'a fallu des mois pour retrouver une vie normale.

Ce séjour en Centrafrique me marquera toute ma vie de par l'expérience de l'altérité, de par l'évidence de la présence de Dieu : en Sango, la pluie se dit *ngou Nzapa* ce qui veut dire *l'eau de Dieu*. Ce séjour a été aussi important – pour reprendre des éléments de la voie spirituelle de Marcel Légaut – pour m'approprier mon existence, prendre ma vie au sérieux, être présent à moi-même et pour réaliser un « travail intérieur » : il m'a donc marqué à la fois dans mon corps et dans ma vie intérieure. Il m'a donné aussi une vision de l'essentiel et une certaine liberté d'être, de penser et de savoir dire « non » à ce qui n'était pas pour moi chemin de vie. Il m'a permis de relativiser notre culture et son univers mental. Il m'a fait toucher du doigt les questions d'évangélisation, d'acculturation et d'annonce de l'Évangile dans une culture différente et aussi riche que la mienne. Je crois avoir aidé nos élèves à prendre conscience de l'importance de prendre leurs responsabilités dans le développement de leur pays – et l'avenir m'a donné raison – et j'ai tenté de leur présenter un christianisme crédible, attirant, accueillant et attrayant. Ce séjour en Centrafrique a été ainsi une étape importante dans la construction de ma foi d'adulte.

De retour en France en juin 1980, j'entrai en septembre de cette même année, dans un monde tout autre : le séminaire des Carmes à l'Institut catholique de Paris où j'ai vécu pendant trois années au cours desquelles j'ai reçu une base de réflexions et d'analyses intéressante et utile, une formation humaine, pastorale, biblique, théologique, pédagogique et spirituelle solide mais qui était encore pour moi trop théorique et trop abstraite. En plus, je trouve avec le recul que nous étions dans des certitudes de foi, des leçons à apprendre : on m'a enseigné ce qu'il fallait croire loin d'une certaine audace et d'une fidélité créatrice. J'ai donc refusé de poursuivre mes études en maîtrise et en théologie classique.

Le reproche principal que je fais aujourd'hui à la plupart de mes formateurs aux séminaires de Chamalières et de Paris, qui a eu des conséquences importantes dans ma vie d'homme et de croyant, c'est de ne pas m'avoir ouvert à d'autres manières de dire, d'expérimenter et de vivre la foi chrétienne que celles qu'ils enseignaient. Par exemple, quand je suis entré au séminaire en 1978, Marcel Légaut avait publié sa première trilogie, en particulier, *L'homme à la recherche de son humanité*, mais il m'a fallu attendre 2005 pour découvrir et lire cet ouvrage essentiel et nourrissant. En même temps, je comprends qu'ouvrir à d'autres voies spirituelles donne une certaine liberté d'être qui risque de compromettre un cheminement vers le sacerdoce mais c'est de cette liberté dont j'avais besoin et que je trouverai plus tard à l'occasion d'événements, de rencontres, de lectures et de recherches... Pour reprendre le vocabulaire de Marcel Légaut, j'aurais eu besoin que l'on m'aide à être *un vivant* et non *un vécu.*

Deux années de formation à l'Institut supérieur de Pastorale catéchétique, l'ISPC

À ma sortie du séminaire des Carmes, j'ai eu la chance d'être invité par René Marlé, jésuite, à entrer à l'ISPC pour y faire une maîtrise de théologie pratique. Deux années hors des certitudes et des sentiers battus avec Maurice Bellet, Jean Joncheray, Abel Pasquier, Bernard Favrel, Alice Gombauld, Jean-Pierre Leconte et d'autres qui m'ont éveillé à un esprit et à une foi critiques, à un questionnement permanent et à un autre regard sur ma foi, à une autre vision de l'Église. Nous avions des formateurs qui étaient pour nous des témoins et des accompagnateurs avec une grande liberté d'esprit. Entendre Maurice Bellet dire et témoigner de sa foi pendant un séminaire de six mois a été pour moi une expérience forte et émouvante qui ouvrait des horizons qui m'étaient inconnus. C'était, en particulier, l'époque où j'ai découvert et lu son livre *Le Dieu pervers* : tout un programme ! J'ai appris à l'ISPC à oser travailler sur mes représentations de « Dieu », de Jésus et à sortir un peu des certitudes reçues depuis l'enfance mais le chemin sera encore long pour quitter un certain formatage. J'y ai confirmé le passage par l'humain pour aller vers Jésus et vers Dieu. Et j'ai obtenu brillamment une maîtrise de théologie pratique ou d'andragogie religieuse ! Je mesure régulièrement combien cette formation à l'ISPC m'a été utile pour ma reconversion et ma vie professionnelle et combien elle m'est toujours utile aujourd'hui pour mes recherches et pour mes différentes activités pour faire advenir un christianisme d'avenir. Ces deux années de formation assez atypiques et exceptionnelles m'ont également permis de comprendre et de ne jamais oublier que la foi se pense et se travaille tout au long d'une vie.

C'était aussi le moment de « *l'affaire Pierres vivantes* »[2] qui a été pour moi la première fissure avec mon Église, la suivante étant, quelques années après, la destitution de mon ami Jacques Gaillot, la troisième étant le refus par les franciscains, à cause de ma situation canonique[3], de mon engage-

---

2. « Dans les années 1980, la France connaît une période de renouvellement catéchétique importante qui voit l'introduction de nouvelles méthodes pédagogiques en catéchèse. Le débat se cristallise rapidement autour d'un ouvrage destiné à l'ensemble des enfants de 9 à 10 ans : *Pierres Vivantes*. Les choix bibliques, pédagogiques et théologiques impliqués dans sa conception posent problème. La question récurrente en catéchèse du rapport entre méthodes et contenu refait surface. La crise s'enlise dans une polémique violente et des soupçons pénibles qui ne permettent pas un débat serein et apaisé. Celui-ci est interrompu du jour au lendemain avec l'annonce fin 1985 de la parution à venir d'un Catéchisme universel. » (Quatrième de couverture du livre d'Isabelle MOREL, *Les années Pierres Vivantes, Retour sur un débat interrompu*, Desclée de Brouwer, 2015).

3. Je n'avais pas demandé à l'époque mon « *retour à l'état laïc* ». J'ai fait cette demande en avril 2014 en écrivant à l'évêque de Moulins que je pensais que le modèle d'Église que nous vivons aujourd'hui était appelé à disparaître, doucement mais sûrement ; en particulier que j'étais convaincu que la séparation/distinction laïcs-clercs était plus un obstacle qu'un atout pour vivre et annoncer l'Évangile et pour être disciple de Jésus. Après quelques mois d'enquête et d'entretiens, c'est le pape François qui m'accorda, le 11 novembre 2015, la dispense du célibat et des autres obligations liées à l'ordination presbytérale. Je suis redevenu « *un simple laïc* » ce qui n'est pas tout à fait vrai, car mon histoire dans l'Église catholique m'impose des limites canoniques qui font que je dis parfois que je suis « *moins qu'un laïc* ».

ment dans la vie franciscaine. Cette « *affaire Pierres Vivantes* » touchait bien sûr la question de la pédagogie « ascendante » ou « descendante » et la mise au pas du Cardinal Ratzinger au cours de deux conférences à Paris et à Lyon a été pour moi un point de non-retour face aux dégâts humains que cela a provoqué et au non-respect par la Congrégation pour la Doctrine de la Foi de la conférence des évêques de France. Ma confiance en l'Église en a pris un gros coup ! L'indépendance et l'audace des évêques de France aussi !

Un court passage dans le ministère presbytéral

Je continuai néanmoins mes études et je fus nommé prêtre en paroisse et aumônier de lycées à Montluçon. J'ai accompagné plusieurs groupes de lecture de la Bible, plusieurs équipes de laïcs en aumônerie, des étudiants et des adolescents. Le hasard a fait – mais est-ce vraiment le hasard ou un « clin Dieu » ? – qu'un carton de livres venus du Québec s'était égaré et avait atterri à librairie religieuse proche de l'aumônerie. Dans ce carton, il y avait un parcours catéchétique pour adolescents intitulé *Oser plonger au plus profond de ce que nous sommes*, parcours qui était tout à fait dans le sens d'une pédagogie « ascendante », une pédagogie catéchétique qui partait de l'humain. Je m'en suis saisi et je l'ai mise en œuvre auprès d'adolescents qui découvraient une autre manière de vivre leur vie et leur foi, même si certains parents s'interrogeaient sur le bien-fondé de ce que je proposais à leurs enfants. Il y avait là, pour moi, des enjeux majeurs – construire son humanité, nourrir sa vie intérieure, découvrir Jésus-Christ par son humanité, découvrir sa mission – trop négligés par l'Église. J'étais souvent en décalage, en porte-à-faux avec certains laïcs et avec certains prêtres qui ne comprenaient pas l'importance de ces enjeux pour l'avenir, d'où parfois une certaine solitude intellectuelle et spirituelle. Mais j'avais aussi la chance de pouvoir partager cela avec des amitiés fortes, en particulier, avec Lucien, prêtre atypique, aumônier de la maison d'arrêt et de l'hôpital. Nous étions « à hauteur de vue ». Tout cela n'est pas sans liens et est sans doute la raison principale d'un certain mal-être ressenti à l'époque et l'origine de ma décision de prendre le large.

Au cours de ces cinq années de ministère, j'ai décidé de suivre quelques sessions PRH[4]. Les deux premières sessions se déroulèrent à *La Roche d'Or* près de Besançon sous la conduite de Françoise Porte. Elles ont été à la fois libératrices, éprouvantes et bénéfiques pour ma vie d'homme et pour ma foi. Je me suis vu un matin monter sur une colline en face du foyer et crier que je voulais VIVRE, signe que quelque chose ne tournait pas rond dans ma vie et que je n'étais pas encore ce que j'étais appelé à être. J'ajoute sur PRH cette anecdote qui en dit long sur le fonctionnement du « système catholique ». À Lourdes, lors d'un pèlerinage de mon diocèse, mon évêque me « convoqua » pour me demander d'arrêter de participer à des sessions PRH parce que, disait-il, les prêtres qui font PRH quittent très souvent le ministère. Je lui ai répondu que mes choix de sessions ou de retraites ne regardaient que moi et que si des prêtres quittaient le ministère après PRH, c'est qu'il y avait sans doute des raisons et que, peut-être, il serait judicieux d'introduire PRH dans la formation des séminaristes. J'ai été blessé par cet entretien, par ce manque de confiance et par cette intrusion dans ma vie intérieure !

Malgré les joies que m'apportaient ma vie de prêtre, en particulier, l'accompagnement de jeunes, la formation des laïcs et la vie en communauté avec deux confrères – qui étaient plus frères que confrères –, je sentais que l'institution voulait faire de moi un « *fonctionnaire* »[5], ce qui n'était pas ce que je voulais être. Je désirais simplement être un témoin de l'évangile, un disciple de ce Jésus qui m'aidait à vivre et qui pouvait en aider d'autres. J'avais du mal à « respirer » dans cette Église « très institutionnelle » et, pour être plus au cœur du monde et de la vraie vie, je décidai de demander à travailler professionnellement à mi-temps : cela me fut refusé sans discussion possible. J'ai alors peu à peu « *pris le large* ». Avec le recul, je crois que j'étais plus appelé à être dans la lignée des prophètes que dans celle des prêtres... ou des rois puisqu'il paraît que, depuis notre baptême, nous sommes tous prêtres, prophètes et rois ! Une évolution profonde, une *révolution* profonde, l'authenticité de mon être n'était plus compatible avec ce que « le sacerdoce » voulait que je sois : « *le costume était trop petit !* » me dit un jour l'un de nos paroissiens. Je ne pouvais pas rester « un acteur du religieux », « un fonctionnaire du religieux ». Ma place était ailleurs. Bien plus tard, je découvris cette

4. PRH = Personnalité et Relations Humaines. Fondée par André Rochais, cette école de formation s'inscrit dans le courant de la psychologie positive et propose des sessions sur des thèmes. J'ai réalisé trois sessions sur les thèmes suivants : 1. *Qui suis-je ?* 2. *Conduire sa vie* et 3. *Des outils pour conduire sa vie*.

5. Allusion à l'excellent livre d'Eugen Drewermann, *Fonctionnaires de Dieu*, paru chez Albin Michel en 1993.

magnifique citation de Marcel Légaut qui me parle beaucoup : « *Il est des fidélités qui vont jusqu'à dicter impérieusement des désobéissances, comme souvent il en est qui exigent beaucoup plus que ce que la loi peut commander... Il faut encore dire davantage : il est des obéissances qui sont des infidélités...* ». Ma fidélité à Jésus entrait en conflit avec « le système catholique », « système » dont je parlerai plus loin. Bien plus tard, je découvrais aussi ce que Marcel Légaut appelait *la mission*, « *ce que* [l'homme] *doit être et faire pour correspondre à tout ce qui est en lui et se réaliser pleinement* »[6]. *Ma mission* n'était pas celle d'être prêtre dans l'Église catholique romaine.

Au cours de ce cheminement, j'ai rencontré Marie qui deviendra quelque temps plus tard ma femme. Elle chantait et jouait de plusieurs instruments (clarinette, guitare et flûtes) et nous avons souvent animé ensemble des célébrations, des mariages, des rassemblements. Elle était – et elle est toujours – dynamique, intelligente, créative, curieuse et nous nous entendions très bien ! C'était aussi à cette période que j'ai découvert grâce aux jeunes – et à Marie – les magnifiques chansons d'amour et d'engagement de Francis Cabrel. La poésie, les chansons d'amour – car c'est bien de cela dont il s'agit – peuvent parfois aider à découvrir des terres inconnues et enfouies par une histoire difficile et/ou par une formation peu ouverte à ces terres-là !

En janvier 1988, après quinze années de vie célibataire, de découvertes, de rencontres, de formations, de maturation, de recherches et d'expériences diverses, je m'installai à Dijon avec Marie avec qui je me suis marié six mois plus tard dans la certitude que « Dieu » aimait notre amour ! Une nouvelle vie commençait, la vie de couple puis la vie de famille avec nos trois garçons. L'aîné est né avec une cardiopathie congénitale importante. J'entrai aussi dans une nouvelle vie professionnelle dans le champ de la formation pour adultes, plus spécifiquement de la lutte contre l'illettrisme. Je repris des études en psychologie cognitive afin de devenir animateur d'une plate-forme d'accueil, référent pédagogique, formateur de formateurs, consultant et intervenant à l'université.

Durant ces 35 années de vie familiale et professionnelle, j'ai continué à lire, à me questionner, à écrire, à partager avec d'autres mon chemin de vie et de foi. J'ai accompagné des animatrices d'ACE. J'ai animé des célébrations eucharistiques et des rassemblements dans le cadre des Chanteurs et Comédiens en Église et j'ai composé des chants liturgiques et des chansons chrétiennes. J'ai participé à l'animation d'une

6. Marcel Légaut, *L'homme à la recherche de son humanité*, Aubier-Montaigne, 1971, p. 192.

Communauté chrétienne de base. Avec deux ami(e)s, à partir du monde professionnel, nous avons créé et vécu pendant quinze ans dans une fraternité franciscaine. Avec Marie, nous avons animé pendant trois ans les semaines de vacances familiales franciscaines à Brive-la-Gaillarde. J'ai été sollicité pour participer au comité de rédaction des *Cahiers de Spiritualité Franciscaine* et à plusieurs comités paroissiaux dont certains avaient la mission d'interpeler et de poser des questions qui dérangent. J'anime depuis six ans le groupe Légaut de Dijon et des rencontres spirituelles à Mirmande au sein de l'Association Culturelle Marcel Légaut. Je suis membre du comité éditorial de la collection *Sens & Conscience* des éditions Karthala – comité qui est aussi une équipe active et productive *Pour un christianisme d'avenir* – et je collabore de temps en temps avec les responsables de la revue Golias. Ces divers engagements m'ont permis et me permettent d'être ce que je suis et d'avoir la foi qui m'anime aujourd'hui.

Après avoir présenté ces quatre grandes étapes essentielles pour ma vie d'homme et de croyant, je propose, dans une deuxième partie d'être plus explicite sur mon évolution spirituelle et sur celles et ceux qui m'ont permis d'avancer dans ma vie intérieure ainsi que sur mon « expérience de Dieu ».

Ma rencontre avec Marcel Légaut et sa voie spirituelle

Je connaissais le nom de Marcel Légaut depuis longtemps ; je l'ai rencontré une seule fois à Clermont-Ferrand en 1977 mais je n'avais à l'époque pas accroché ni à *la foi en soi* ni à *la carence d'être* ! Le « coup de foudre » est arrivé avec la lecture du petit livre de Thérèse De Scott paru en 2005 aux éditions du Cerf, *Témoin d'un avenir, Marcel Légaut*. Ce que je découvrais dans cet ouvrage correspondait à ce que je vivais, à ce que je pensais et à ce que je voulais être. Marcel Légaut devint alors, à partir de ce moment-là et jusqu'à aujourd'hui, un éveilleur et un compagnon de route.

Les deux questions permanentes de Marcel Légaut *Qui suis-je ?* et *Qui es-tu Jésus ?* étaient mes questions. Sa manière d'aborder la vie, Dieu et Jésus par une pédagogie qui part de l'homme correspondait à ma manière d'être et de vivre. Il y avait là pour moi une expérience de foi et de fidélité à découvrir et surtout à expérimenter en s'inspirant de ses différents livres, livres que j'ai lus et travaillés pendant une année, et à travers ses « topos » retranscrits dans des cahiers réalisés par Xavier Huot. Avec les livres de Marcel Légaut, je ne lisais pas des livres de spiritualité mais je découvrais l'expérience spirituelle d'un homme, simple laïc, avec un parcours de vie original, authentique, honnête, fort et profondément humain, même s'il n'était pas toujours facile à lire et à comprendre. Il y avait là, je le pressentais, une voie spirituelle novatrice, audacieuse, existentielle et essentielle. J'ai aussi découvert que Marcel Légaut n'était pas un homme seul mais que des femmes et des hommes – encore aujourd'hui – marchaient sur sa voie. Un réseau des ami(e)s de Légaut existe et ces ami(e)s m'aident aussi à mieux connaître cet homme et sa voie originale[7].

Marcel Légaut m'accompagne, et je pourrais en dire autant de Maurice Bellet, sur mon chemin de maturation, d'approfondissement et de recherche, dans ma vie (intérieure). J'ose écrire que je fais parfois l'expérience de sa présence silencieuse lorsque je lis ou lorsque je relis tel ou tel passage dans l'un de ses ouvrages.

Pour moi, Marcel Légaut a écrit la meilleure manière de parler de « Dieu » : « *il y a quelque chose en moi qui n'est pas que de moi et qui ne serait pas sans moi et j'ose l'appeler "Dieu" sans me donner de "Dieu" une représentation* a priori *et particulière* ». Son parcours qui débute par *la foi en soi* et se poursuit par *l'amour humain, la paternité et l'intelligence de sa mort* dans *L'homme à la recherche de son humanité*[8] me parle. Son chapitre V sur l'*Approche du mystère de Dieu* dans *Devenir soi* me touche chaque fois que je le relis.

Sa manière d'écrire son expérience d'appropriation de son existence, en prenant sa vie au sérieux, en étant présent à soi-même, par « un travail intérieur », dans le recueillement et la liberté intérieure, en acceptant de n'être jamais arrivé, m'aide à avancer dans ma vie et m'invite à mettre en œuvre ce que j'ai formalisé en sept postures majeures qui font pour moi partie intégrante de ma manière de rendre compte de ma foi chrétienne, de

7. Parmi celles et ceux qui m'ont permis d'entrer dans cette voie spirituelle, je pense à Thérèse De Scott, Antoine Girin, Xavier Huot, Pierre Goudreault (avec sa remarquable thèse sur les communautés de foi), Jacques Musset, Bernard Lamy, Joseph Thomas, Domingo Melero (qui traduit depuis plus de 20 ans Marcel Légaut en langue espagnole), Jean-Claude Breton (au Québec), Joseph Moingt, Dominique Lerch, Françoise Servigne, Anne Seval, Jean-Jacques Chevalier, Guy Lecomte, François Girard, Jean Mer sans oublier Francis Bonnefous qui anime ce réseau comme président de l'Association Culturelle Marcel Légaut.

8. *L'homme à la recherche de son humanité*, Aubier-Montaigne, 1971.

mes manières de croire même si ces postures ne sont pas spécifiquement chrétiennes.

1. J'approfondis, je consens, je mûris, j'accepte parfois mon existence faite de moments de lumières et d'obscurités, de joies et de chagrins. Il est des amours, des expériences, des recherches, des questions posées, des rencontres, des insatisfactions, des échecs, des souffrances, des mots, des valeurs, des chansons, des lectures sans lesquels/lesquelles je ne serais pas l'homme (et le croyant) que je suis aujourd'hui et que je serai demain.

2. Je suis toujours en chemin, en recherche, en questionnement, en lectures[9], au travail – en particulier, en travail de ma foi – pour toujours mieux comprendre qui je suis et qui nous sommes. Pour moi, ce chemin, c'est aussi de toujours mieux « saisir » qui a été et qui est aujourd'hui l'homme Jésus et son rapport avec « Dieu » – qu'il nomme « Père » – afin de devenir toujours mieux son disciple. *Être disciple de Jésus* me parle plus *qu'être chrétien* !

3. J'ai besoin de m'appuyer sur des « paternités et des fraternités spirituelles », des hommes et des femmes, des guides en humanité et en vie intérieure. Ce fut, en son temps, François d'Assise, Thérèse de l'Enfant-Jésus, Thérèse d'Avila, Pierre Teilhard de Chardin, Madeleine F., Jacques G.. C'est aujourd'hui Marcel Légaut, Maurice Bellet, Bernard L., et plus récemment François Cassingena-Trévedy, toutes celles et tous ceux qui me permettent aujourd'hui de poursuivre *la lignée* et d'être sur *la ligne* des chercheurs de sens et d'existence[10].

---

9. Il y a, dans ma vie, ce que je nomme *des livres fondateurs*, en dehors des textes bibliques, qui ont bousculé et interrogé ma vie et ma foi : par exemple, *Jésus, homme libre* de Christian Duquoc, *Sagesse d'un pauvre* d'Éloi Leclerc, *Message des hommes vrais au monde mutant* de Marlo Morgan, *Témoin d'un avenir, Marcel Légaut* de Thérèse De Scott, *Un autre christianisme est possible* de Roger Lenaers.

10. Je renvoie à l'excellent chapitre intitulé *Ligne et lignée*, pages 223 et suivantes, dans l'ouvrage *Pour l'avenir du monde. La résurrection revisitée* d'André Myre paru chez Fides en 2007. J'apprécie l'ensemble des publications d'André Myre, exégète québécois, comme *Un souffle subversif. L'Esprit dans les lettres pauliniennes* (1987), *Lui* (2009), *Crois-tu ça ? Un commentaire contemporain de l'Évangile de Jean* (2013), *Venez voir Jésus de Nazareth* (2015), *Prier autrement. À l'écoute des évangiles* (2017). Il nous a d'ailleurs dédicacé *Un souffle subversif* avec ces mots : « À Serge et Marie, dans la joie d'apprendre que nous sommes de la même lignée. Fraternellement. AM. ».

4. Je vais vers ce qui me permet d'être toujours plus un homme libre et adulte au-delà des systèmes, des institutions nécessaires mais qui sont, parfois, des « rouleaux compresseurs » ! Ce chemin de croissance et d'émancipation passe, pour moi, par un travail permanent de dépassement des croyances et des idéologies, de transformation de mes représentations, de questionnement de mes évidences, de mes modèles, de mes certitudes afin de devenir ce que j'ai à être au-delà de mes manques, de mes faux-semblants et de mes « pouvoirs ». Ce chemin passe aussi par une interrogation permanente sur mes engagements et mes solidarités. Il s'appuie sur des valeurs fortes : être vrai, *minores* (être *frère mineur* à la lumière de l'expérience d'un François d'Assise : rester à sa place humblement et honnêtement sans abuser de sa position, de son pouvoir et de ses responsabilités, respecter et ne pas écraser l'autre), être soi-même et pas quelqu'un d'autre, ne jamais culpabiliser, respecter et contempler la nature, savoir dire non, vivre ce que je pense et penser ce que je vis, dire ce que je fais et faire ce que je dis... Je suis aussi très marqué par cette phrase de saint Benoît : « *Contentez-vous de ce que vous avez, là où vous êtes. N'oubliez jamais votre vie spirituelle.* » Tout un programme pour moi d'appropriation et d'existence !

5. Je vais à la rencontre d'autres et je cherche avec d'autres pour devenir toujours mieux homme, mari, père, gendre, oncle, cousin, parrain, frère en humanité. Cela passe par une confrontation de mon histoire, en particulier, de mes héritages culturels, de mes racines familiales, de mes habitudes, de mes représentations avec « la vie réelle » familiale, sociale, civique et par un partage de mes découvertes et de mes questions en fraternité et en communauté humaine et spirituelle.

6. J'entre régulièrement seul ou avec d'autres dans le recueillement. Marcel Légaut parle de « *liturgie du silence* » : simplement s'asseoir, « *se taire... dans un silence plein* », ne rien faire... expirer... inspirer... lâcher prise pour faire place à ce qui peut venir, advenir... passer du dehors au-dedans... faire le vide du connu pour faire place à l'inconnu et revenir au dehors. C'est une démarche difficile qui demande beaucoup de persévérance et de fidélité.

7. Je réécris à ma manière ce que d'autres ont pu écrire et, parfois, j'invente mes propres mots, mes propres images, mes propres chemins pour vivre, dire, écrire, chanter mon chemin d'humanisation et mes « prières d'homme » : mon devenir-plus-homme, mon existence, mes fois à travers l'écriture, la chanson, une musique, un spectacle, un poème, une

liturgie. N'est-ce pas un peu cela être créateur ou être dans une fidélité créatrice ?

Il y a sans doute d'autres postures mais celles-ci sont les miennes, longuement muries, à la suite du questionnement de Bernard Feillet cité en début de chapitre.

Le choc de mes lectures de Lenaers, de Robinson et de Spong

Je lis pas mal d'ouvrages récents de théologie, d'exégèse, de spiritualité, de pastorale. En 2011, la lecture des premiers chapitres de l'ouvrage de Roger Lenaers, *Un autre christianisme est possible. La fin d'une Église moyenâgeuse* publié grâce aux éditions Golias a été une étape importante dans ma vie de foi. Je mettais enfin des mots sur les questions et les intuitions que je portais depuis très longtemps, en particulier, autour des notions d'hétéronomie, d'autonomie et de théonomie. Tout d'un coup, les choses s'éclairaient pour moi et je comprenais mieux un certain nombre de mes malaises ou de mes mal-être, en particulier, avec la célébration eucharistique et avec les dogmes de mon Église. D'autres malaises s'éclaireront plus tard avec les travaux de Joseph Moingt, en particulier, son analyse du double tournant religieux et sacrificiel. Roger Lenaers m'invitait, d'une part, à me dépouiller de tout langage hétéronome et à dégager ce qui restait pour moi d'essentiel comme trésor pour ma foi et, d'autre part, à mettre en mots cette foi, ce trésor avec un langage compréhensible et surtout crédible et acceptable pour aujourd'hui et, également, à renoncer au monde d'en haut et à passer de l'hétéronomie à la théonomie (c'est son chapitre deux qui est remarquable et d'une clarté étonnante !). Cette lecture a été le déclencheur qui m'a amené à Robinson avec *Dieu sans Dieu*, à Tillich avec *la profondeur de l'Être* et à une meilleure compréhension des écrits de Marcel Légaut et de Maurice Bellet.

En 2013, les éditions Karthala publiaient *Jésus pour le XXIe siècle* de John Shelby Spong. Ce livre a été également une étape importante pour ma foi en Jésus et en Dieu, en particulier, la troisième partie de cet ouvrage intitulée *La vie de Jésus revisitée*. Après le passage de l'hétéronomie à la théonomie avec Lenaers, Spong m'invitait à passer du théisme à ce qu'il nomme l'a-théisme, c'est-à-dire à sortir d'une représentation d'un Dieu vu « *comme un être surnaturel, superpuissant, résidant en dehors de notre* *monde mais capable de l'envahir, d'y pénétrer par des voies miraculeuses, pour bénir, pour punir, pour accomplir sa volonté divine, pour répondre aux prières et pour venir en aide à ces humains si faibles et impuissants* »[11].

J'ai été bousculé et accompagné par ces auteurs et par d'autres[12] et ce qui m'impressionne chez chacun d'entre eux ce sont trois qualités fondamentales : leur honnêteté, leur humilité et leur exigence intellectuelle. « *Chercher la vérité, d'où qu'elle vienne, quoi qu'il en coûte*[13] *!* ». Tous ces auteurs m'ont permis de réaliser trois « passages » majeurs :

Avec Lenaers, je suis passé d'un « Dieu-d'en-haut », d'un monde divin sur-naturel, souvent représenté au-dessus de nous et appelé « ciel » (l'hétéronomie), à un seul monde, le nôtre, qui réconcilie l'autonomie de l'être humain et la foi en Dieu (la théonomie). Mon univers mental s'est transformé !

Avec Robinson – et aussi avec Tillich, Bonhoeffer, Bultmann et Etty Hillesum –, je suis passé du « Dieu-par-là » ou du « Dieu-au-dehors » au « Dieu-des-profondeurs », à la « *profondeur de l'Être* » (P. Tillich). « *Dieu, s'il "est", ne peut se trouver ni à droite ni à gauche, ni en haut ni en bas, quel que soit le sens que nous donnons à ces mots* » écrit Raimon Panikkar[14]. Mes représentations, le confort de mes croyances ont été bousculés et, du coup aussi, les mots pour dire et chanter cette Source qui me fait vivre ont évolué.

Avec Spong, je suis arrivé à relativiser et j'essaie de dépasser ma vision théiste de Dieu.

Avec Maurice Bellet et Marcel Légaut et leurs ami(e)s, je confirme et je mets en œuvre ces différents passages et, surtout, je les comprends mieux et, donc, je les « conscientise ». Autrement dit, ces deux auteurs m'aident à me poser régulièrement les questions suivantes : qu'est-ce que je dis, qu'est-ce que je veux dire quand je dis « Dieu » ? Quand et pourquoi est-ce que je nomme – ou pas – cette Source qui me fait vivre ?

---

11. John Shelby Spong, *Jésus pour le XXe siècle*, Karthala, deuxième édition de juin 2015, p. 239.
12. Je pense, en particulier, aux ouvrages de Jacques Pohier, *Quand je dis Dieu* (Le Seuil, 1977), de Marion Muller-Colard, *L'autre Dieu. La Plainte, la Menace et la Grâce* (Labor et Fides, 2014), de Bernard Lamy, *La lumière est en toi* (empreinte-temps présent, 2019), de Jacques Musset, *Repenser Dieu dans un mode sécularisé* (Karthala, 2015). J'y ajoute aussi les ouvrages de Pierre Teilhard de Chardin, de Michel Hubaut, d'Éloi Leclerc et de Juan Luis Segundo.
13. *Jésus pour le XXIe siècle*, *op. cit.*, p. 14 et 239.
14. *L'expérience de Dieu*, Raimon Panikkar, Albin Michel, édition de poche, 2014, p 20.

Bien sûr, le chemin n'est pas terminé : d'une part, ces « passages » sont toujours à faire et à refaire car l'héritage reçu et les représentations ont la vie dure ; d'autre part, d'autres mutations sont à réaliser car nommer « Dieu » aujourd'hui et demain est et sera toujours à interroger et à réinterroger. Par exemple, Marion Muller-Colard dans son livre *L'Autre Dieu* m'invite à passer des discours à la parole, d'un Dieu objet, Juge et pervers à un Dieu sujet et vivant, de l'infaillibilité du « Dieu-Gardien » de nos enclos et de nos sécurités à celui que l'auteur nomme « l'Autre Dieu » et qui invite au « courage d'être »[15], à passer d'un « système » à une relation, d'un dogme à la foi d'une religiosité enfantine à une foi adulte, à « *ce Dieu que je renonce à emprisonner dans mes théologies. Et je lui rends grâce aujourd'hui d'avoir ouvert à tous les vents l'enclos de ma vie – de m'avoir fait prendre le risque de vivre* »[16]. Quel souffle !

Je suis donc sans cesse invité à de nouvelles recherches en revisitant les auteurs cités... recherches qui engagent ma foi – et aussi mon intelligence – afin de « *tenter de parler pour ne pas se taire* » (Gérard Bessière) « *sans trop en dire [...] mais en dire assez pour évoquer ce qui, en [nous], est la réalité de ce que [nous vivons]* » (Marcel Légaut).

Les différents « passages » que je viens de formaliser ne sont pas sans questions :

- quelle est la place et l'originalité de Jésus dans tout ça ?
- comment, avec tout ce cheminement, s'y retrouver dans ce qui se nomme l'Eucharistie et plus globalement dans l'Église catholique ?
- que signifie alors aujourd'hui prier ? Ou, pour reprendre le titre d'un chapitre de John Shelby Spong : *comment prier Dieu quand il n'est plus aux cieux ?*

Je propose dans une troisième et dernière partie de reprendre une à une chacune de ces trois questions.

----

15. En référence à l'ouvrage *Le courage d'être* de Paul Tillich, Labor et Fides, 2014.
16. Marion Muller-Colard, *L'autre Dieu. La Plainte, la Menace et la Grâce*, Labor et Fides, 2014, voir p. 88 à 92 et les derniers mots de l'ouvrage, p. 110.

Quelle est, pour moi, la place et l'originalité de Jésus dans tout ça ?

Juste avant le confinement, dans notre groupe Marcel Légaut à Dijon, nous nous sommes posés la question : *qui est Jésus pour moi ?* Chacune et chacun a tenté de répondre à cette question et nous avons rassemblé nos réponses dans un petit livret. Voici ce que j'ai écrit :

Depuis que je suis tout jeune – alors que j'étais chrétien d'Église et de croyances – Jésus est le compagnon de ma vie. Il marche avec moi. Je marche avec lui. Ensuite, j'ai rencontré, soit concrètement, soit par leurs livres, *des personnes qui travaillaient/travaillent les évangiles* : le Père Colomban, moine trappiste à l'abbaye de Sept-Fons, Christian Duquoc avec son *Jésus, homme libre* lu pour la première fois au séminaire de Chamalières, Eugen Drewermann avec *La peur et l'angoisse,* son commentaire de l'évangile de Marc et ses *Sermons du temps pascal*, André Myre avec son *Crois-tu ça ?*, un commentaire des douze premiers chapitres de l'évangile de Jean ; *des personnes qui vivaient une relation profonde avec Jésus* : Jacques Gaillot et ma première retraite avec lui en 1976 alors que j'avais 19 ans, retraite qui avait pour thème *Devenir disciple de Jésus aujourd'hui* ; Marcel Légaut et mon travail sur *Jésus est de Dieu* ; John Shelby Spong ; Joseph Moingt...

Peu à peu, en lisant régulièrement les évangiles et le reste du Nouveau Testament, j'ai fait descendre au fond de moi les paroles et les actes de ce Jésus – tels que nous les ont rapportés ses disciples – et je me suis laissé éveiller, bousculer, stimuler, confirmer par lui et il est devenu pour moi un éveilleur : lui qui a vécu pleinement son humanité m'invite à rechercher sans cesse la mienne et à m'approprier mon existence (Légaut) ; lui qui, par sa liberté intérieure, sa foi en l'autre, son courage d'être (Tillich), son vivre vrai me re-suscite sans cesse (Pohier) ; lui qui brise les préjugés et les frontières tribales et religieuses (Spong) m'encourage à faire de même ; lui qui m'appelle à saisir et à rencontrer mystérieusement ce qui est en moi sans être de moi mais qui ne serait pas sans moi (Légaut) et que je peux nommer *Souffle intérieur, Source intime et secrète, Voix intérieure, Profondeur de l'être, Acte en acte...* ; lui dont j'essaie d'être le disciple ce qui n'est pas rien pour moi car, aujourd'hui, je me reconnais davantage comme un disciple de Jésus que comme un chrétien catholique ; lui que je célèbre avec d'autres quand je fais mémoire de lui.

Je suis aussi très marqué et accompagné – comme Spong d'ailleurs – par cette phrase de l'évangile de Jean : « *Je suis venu pour que vous ayez la vie, la vie en abondance !* » (Jn 10, 10).

Et je ne sais plus – car j'ai été de ceux qui savaient et qui « l'enseignaient » – s'il est *fils de Dieu, présence réelle* ou *deuxième personne de la sainte Trinité* et cela ne m'intéresse pas.

Pour dire autrement la place et l'originalité de Jésus dans ma vie et dans ma foi, pour dire Jésus et la qualité de son disciple et du disciple que j'essaie d'être, pour dire Dieu, je propose quelques lignes d'un texte de Marcel Légaut que j'ai depuis quelque temps en poster dans mon bureau[17].

Et toi, te lèveras-tu comme Jésus, à sa suite ? [...]
Si tu réponds positivement à cette question
et fais ce choix décisif
attends-toi tout au long de ta vie,
à ce qu'il soit sans cesse à refaire. [...]
En te donnant à partir de cette question accueillie,
de ce don reçu, de cet appel écouté,
à partir de ce choix fait et sans cesse refait,
tu deviendras « de Dieu ». [...]
Alors Dieu se donnera et appellera par toi,
Acte en soi, Il sera acte par toi.

Je suis émerveillé par la puissance théologique et spirituelle de ce texte. Si je me lève comme Jésus, à sa suite – ce qui n'est pas rien ! – je deviens « *de Dieu* » comme Jésus lui-même est « *de Dieu* ». Alors Dieu se donne et appelle par moi. Lui, l'Acte en soi, est alors acte par moi. Waouh ! Nous sommes très loin d'une théologie et d'une spiritualité traditionnelle, culpabilisante et étriquée et cela me va très bien ! N'est-ce pas cela la vie promise en abondance en Jean 10, 10 ?

17. Marcel Légaut, *Méditations d'un chrétien du XXᵉ siècle*, Aubier-Montaigne, 1983, Chapitre intitulé *Le chemin*, p. 104-105. Merci à Françoise Servigne de m'avoir fait découvrir ce texte.

Comment, avec ce cheminement, s'y retrouver dans ce qui se nomme l'Eucharistie et, plus globalement, comment vivre dans l'Église catholique ?

À propos de l'Eucharistie, en novembre 2018, j'ai envoyé la lettre ci-dessous à quelques ami(e)s avec lesquels j'ai, à un moment ou un autre, partagé sur le thème « *célébrer ensemble, où, pourquoi et comment ?* ».

> Bonjour,
>
> Voilà trois mois que je ne suis pas allé à l'eucharistie du dimanche : je ne m'en trouve ni mieux ni moins bien ! Mais « *faire mémoire de Jésus* » en communauté de vie et de foi me manque sans que je ne sache trop bien dire pourquoi. Deux paroles inscrites dans les évangiles m'interpellent et m'appellent depuis très longtemps : « *Quand deux ou trois sont réunis en mon nom, je suis au milieu d'eux* » et « *Faites ceci/cela en mémoire de moi* ».
>
> L'eucharistie « *modèle déposé sous le label catholique* », comme l'a écrit Yves Burdelot, ne me convient plus depuis longtemps. Je ne me reconnais plus dans l'hétéronomie (le monde d'ici et le monde d'en haut présent dans beaucoup de prières ou d'oraisons), dans la vision pessimiste de l'homme vu d'abord comme pécheur tout au long de la célébration (Jésus n'est-il pas venu pour que nous ayons la vie, la vie en abondance ? Jean 10, 10), dans tout le langage sacrificiel et tout ce qui va avec (« ceci est la coupe de mon sang versé pour vous et pour la multitude <u>en rémission des péchés</u> »), dans les textes de la liturgie de la parole qui sont souvent en décalage avec ce que nous vivons aujourd'hui et qui n'apportent rien pour ma vie (par exemple, la première lecture pourrait être remplacée par un texte spirituel plus actuel, « parole de vie et de foi » pour des chrétiens rassemblés) ... Je suis conscient que si aujourd'hui je suis disciple de Jésus, c'est par ce que j'ai d'abord reçu hier de ces milliers de célébrations vécues tout au long de ma vie mais, aujourd'hui, cheminant « *d'exigences en fidélités, et de fidélités en exigences* » (Marcel Légaut), j'ai un besoin de cohérence pour ma vie intérieure en lien avec la foi en moi et en celui que nous nommons « Dieu », exigences, fidélités et cohérence spirituelles que ne m'apporte plus l'eucharistie du dimanche, l'eucharistie tout court. J'ai essayé de tenir en ne participant qu'à la liturgie de la parole et en quittant la communauté rassemblée après la prière universelle, mais cela n'est pas satisfaisant pour moi, même si cela interpelle et questionne quelques paroissiens !

Longtemps avant moi, d'autres ont réfléchi à d'autres manières de « faire mémoire » ou de célébrer aujourd'hui. Je pense à Paul Abela, à Yves Burdelot, à Joseph Moingt, à Jean-Marie Culot, à Anne Soupa et Christine Pedotti de la Conférence Catholique des Baptisé(e)s Francophones, conférence qui vient de lancer des liturgies de la Parole. Je pense aussi à Alice Gombault avec qui nous avions célébré il y a quelques années à Corcelotte d'une manière très originale au cours d'un repas avec du champagne : elle le raconte brièvement à la page 174 d'un livre collectif intitulé *Du neuf chez les cathos : des communautés se libèrent*, paru en 2010 aux Éditions Golias. L'une de ses contributions à cet ouvrage est titrée : *Des disciples célèbrent pour reprendre souffle*. Et je pense aussi à Nicolas de Brémond d'Ars qui vient tout juste de publier un article intitulé : « *Liturgie pour les hommes* » où il pose les questions suivantes : « *comment construire une vie liturgique à la hauteur de ce qu'attendent les hommes d'aujourd'hui ? [...] Ne pourrait-on pas imaginer, au-delà des seules liturgies existantes, d'autres liturgies qui répondent aux besoins vitaux des gens ? Et qui serait-on pour interdire l'invention de liturgies, si elles ne contreviennent pas au système en place ?* ». C'est d'ailleurs cet article qui a déclenché mon envie d'écrire...

Lorsque j'avais 18 ans, j'ai fait partie des pionniers qui se sont lancés en France dans l'expérience de ADAP (Assemblées Dominicales en l'Attente – ou en l'Absence – de Prêtres) dans la Combraille Bourbonnaise. J'ai même animé quelques années plus tard une célébration de Pâques en l'absence du prêtre.

En 1997, j'avais déjà ce questionnement suite à mes lectures de textes d'Yves Burdelot et de Paul Abela et j'avais réalisé un fascicule intitulé *En attendant qu'il vienne. Prendre en main le repas du Seigneur*. Je sais qu'à l'époque, ce fascicule avait accompagné plusieurs communautés chrétiennes de base, y compris une communauté religieuse.

Il y a quelques années, en famille, avec nos enfants, nous prenions, de temps en temps, le temps de « *prendre en main le repas du Seigneur* » et nos garçons ont fait eux-mêmes ce geste quelquefois après leur baptême. Aujourd'hui, ils se sont éloignés parce que tout cela ne leur parle plus et ne les intéresse plus, ce qui ne les empêche pas de vivre leur vie et de vivre des valeurs fortes comme l'amitié, la justice, l'amour, le respect, la paix, le vrai, le vivre ensemble...

Pendant près de 40 ans, j'ai préparé et animé des célébrations, j'ai composé des chants religieux et j'ai essayé de créer des célébrations originales et modernes. J'ai en mémoire une veillée pascale préparée pendant 15 mois et une vigile de Pentecôte dans la communauté de Talant près de Dijon. Des choses ont été possibles parce que des prêtres et des chrétiens en paroisse étaient sensibles à l'importance de la créativité et de l'invention en liturgie à hauteur des femmes et des hommes d'aujourd'hui. J'ai aussi en mémoire une célébration du pardon à la paroisse de La Visitation également près de Dijon.

Suis-je le seul à m'interroger sur ces sujets ? Suis-je le seul que la célébration eucharistique catholique dérange ? Je ne le pense pas. N'y a-t-il que moi qui souhaite de temps en temps retrouver quelques ami(e)s pour « *faire mémoire autrement* » de celui qui nous donne la vie en abondance et qui nous a parlé de celui qu'il nomme « *Père* » ? N'y aurait-il pas quelque chose à inventer en complément de l'eucharistie du dimanche pour garder vivante la mémoire de Jésus ? Quoi ? Comment ? [...]

P.S. : En terminant ce message, je découvre que Gabriel Ringlet vient tout juste de faire paraître un livre intitulé *La grâce des jours uniques* avec comme sous-titre *Éloge de la célébration*. En voici un extrait : « *La liturgie est d'abord un récit. Célébrer, c'est raconter. Ce qui suppose un lieu, des objets, des mots, des gestes, des mouvements, des musiques, des personnages, une intrigue... Célébrer ne fait pas la morale. Célébrer n'enseigne pas une doctrine. Célébrer ne défend pas des valeurs. Mais célébrer retourne un sol pour qu'un sillon se creuse chez celles et ceux à qui l'histoire est racontée. En faisant mémoire, célébrer rend présente une parole* ».

Je terminais cette lettre en proposant aux ami(e)s, s'ils le souhaitaient, de partager leurs réactions et leurs réflexions. Je leur joignais un extrait d'un article d'Yves Burdelot intitulé *Prendre en main le repas du Seigneur* publié en 1991 et qui n'a pas pris une ride ; un extrait d'une intervention de Joseph Moingt à Nantes en avril 2012 intitulé *L'eucharistie, diverses formes possibles de la célébrer* et l'article de Nicolas de Brémond d'Ars qui venait de paraître. En fonction des réponses et des retours, j'annonçais que je verrais l'opportunité d'organiser une rencontre. Il n'y eu pas suffisamment réponses écrites[18] pour se rencontrer.

Depuis novembre 2018, les choses ont un peu avancé, en particulier, dans notre groupe Légaut de Dijon où, depuis février 2019, nous avons

18. L'une de ces réponses fut celle de Jacques Musset, réponse qu'il a publiée dans son dernier livre *Jésus a fait sa part, faisons la nôtre ! Pour une fidélité créatrice, op. cit.*, chapitre 17 : *Lettre à un ami qui ne supporte plus le ronronnement des messes*, p. 227-229. Pour moi, vous l'aurez compris, il s'agit d'une question plus importante que celle du ronronnement d'une messe : ce qui est en cause, ce sont les contenus même des paroles prononcées au cours d'une eucharistie.

décidé de vivre une célébration entre nous. Nous avions préparé celle de 2020, mais elle est restée en attente à cause de la crise sanitaire.

À propos de l'Église catholique, ce qui me pose problème, c'est surtout sa grande difficulté à prendre en compte les recherches scientifiques et les recherches bibliques de ces deux-cents dernières années ce qui fait que l'écart se creuse de plus en plus entre les résultats de ces recherches et ce qui est dit et célébré dans cette Église. Par exemple, je le réécris, je ne supporte plus que l'on puisse affirmer que Jésus soit « *mort pour nos péchés* » et que l'on dise au cours de l'eucharistie que son sang a été « *versé pour nous et pour la multitude en rémission des péchés* ». Cela touche bien sûr au dogme du péché originel qui est complètement dépassé depuis Darwin : il n'y a jamais eu de monde parfait ni de « paradis terrestre ». Pour moi, et pour beaucoup, cette croyance n'est plus crédible ! Nous sommes simplement des êtres inachevés en voie d'accomplissement et d'humanisation.

J'ai aussi – comme je l'ai présenté plus haut – beaucoup évolué dans mes représentations et dans mon expérience de Dieu grâce à Roger Lenaers, Marcel Légaut, Maurice Bellet, John Shelby Spong. Dieu comme Source intérieure, Souffle intérieur, Lumière intérieure, et non comme toute puissance extérieure agissante sur le monde. Le problème, c'est que toutes les liturgies ont conservé cette vision d'une hétéronomie (un monde ici et un autre monde ailleurs) et d'un Dieu puissant et régnant au-dessus du monde, ce Dieu que Marcel Légaut nommait « *le père Cromagnon* » et que ce que nous entendons-là est de plus en plus incroyable au sens où ce n'est plus croyable ! Il y a dans le monde monastique un poème qui a pour titre *Dis-leur* et qui dit, en parlant de Dieu, ces mots que je me redis souvent : « *Dis-leur que Dieu n'est pas ce qu'ils croient, qu'il est un vin que l'on boit, un festin partagé où chacun donne et reçoit.* [...] *Dis-leur aussi qu'il n'est pas ce que tu dis et que tu ne sais rien de lui !* ».

Avec tout ce que nous savons aujourd'hui, et à l'époque où nous vivons, avec un univers mental très différent de celui des premiers siècles après Jésus, il faudrait revisiter et interroger honnêtement, courageusement ce qui s'appelle les dogmes et les piliers de notre foi. En découleraient alors des conséquences importantes pour les contenus et les formulations de cette foi, pour la morale et pour le cléricalisme, et aussi pour nos célébrations...

Je constate que souvent, dans l'Église catholique, on interroge et on traite les conséquences plutôt que les causes profondes d'un dysfonctionnement. Je rêve d'une Église modeste, honnête, qui cherche en permanence et qui ne croit pas détenir la vérité, qui accueille et célèbre différents chemins de foi, qui ne me dit pas en quoi et en qui je dois croire mais qui m'aide à cultiver et à nourrir ma vie intérieure. Mais... ce n'est qu'un rêve !

Aujourd'hui, je ne participe donc plus à l'eucharistie du dimanche, mais « *faire mémoire de Jésus* » autrement et « *se réunir en son nom* » me manquent. Je suis « *un croyant en exil* »[19] qui, j'ose l'écrire honnêtement et sans prétention, n'a plus besoin d'une religion pour avancer dans sa vie intérieure et qui a surtout besoin de rencontrer, d'échanger, de chercher et de célébrer avec d'autres en s'appuyant sur des « fraternités humaines et spirituelles ». Depuis cinq ans, j'anime une *Maison d'Évangile* et, régulièrement, des groupes de lecture-partagée. Je suis en réseau avec d'autres et j'œuvre avec eux *pour un christianisme d'avenir*. Je suis donc toujours *un croyant*... en chemin, en recherche, en questionnement, au travail – *le travail de la foi*[20] – avec d'autres croyants. C'est sur ce chemin d'humanisation que je peux vivre *une véritable fidélité créatrice*.

Je découvre aussi depuis quelques mois Facebook et j'y ai maintenant des ami(e)s qui publient, qui se mettent en groupes d'échanges, qui discutent en vérité, sans *a priori* et sans tabou. C'est aussi pour moi un formidable outil d'informations et de réflexions pour ma vie et pour ma foi. Par exemple, par ce réseau, j'ai découvert, tout au long du temps du confinement et même après, les lettres[21] de frère François Cassingena-Trévedy. Voici, par exemple, ce qu'il écrivait le 6 juin 2020 : « *Et encore une fois, j'y tiens, l'enjeu de ces temps qui sont les nôtres n'est pas seulement de procéder à des réaménagements institutionnels de surface, si sensationnels soient-ils, si médiatiques soient-ils, mais de descendre tout au fond, d'interroger les contenus et les formulations de notre foi elle-même. Avouer la grande Nuit que nous partageons avec tous nos frères en humanité et cheminer avec eux dans une foi modeste et spacieuse : là est la tâche fondamentale et très attendue de l'Église, bien plus que de*

19. Je reprends cette expression, qui me convient très bien, à John Shelby Spong.
20. *Travail de la foi* est le titre d'un livre de Marcel Légaut paru au Seuil en 1962 et réédité chez DDB en 1988 et en 2008.
21. Ces *Lettres aux amis confinés* – ou *Lettres pascales* – ont été publiées en mars 2021 aux éditions Tallandier. Elles ont pour titre et pour sous-titre : *Chroniques du temps de peste. Donner un sens à ce que nous vivons*. Lors de cette parution, frère François nous invitait à vivre une triple transition : *Une transition écologique* (passer de l'abus du monde à la coexistence pacifique avec la création), *une transition théologique* (passer de la mythologie chrétienne et de la consommation religieuse à la foi nue), *une transition existentielle* (passer de la mondanité machinale à la conscience vive et à la mise en œuvre de l'essentiel dans notre vie).

chercher à conserver pignon-sur-rue. L'"ininstallation", en somme, plutôt que l'establishment. » Ce sont des propos qui rejoignent tout à fait ce que je pense !

Fort de toutes ces rencontres, de ces lectures, de ces expériences, j'ai donc pris ma liberté par rapport « au système catholique ». J'ai pris le large pour une foi toujours plus crédible, plus pensée, plus personnelle, plus partagée ... une foi heureuse et joyeuse !

L'Église catholique ne m'apporte pas ou plus grand-chose pour nourrir et faire grandir cette foi, même si je sais ce que je lui dois ! Et puis, sans aucune prétention, je pense que c'est parce que je suis un *croyant en exil* que *je vois*, que *je perçois* pourquoi ce que propose aujourd'hui l'institution Église catholique romaine n'est plus crédible et n'est plus croyable. Alors, comme *voyant*, je m'engage à mettre en œuvre des actions et des moyens afin de *permettre à d'autres de voir aussi*, peut-être à leur manière car nous ne détenons pas la vérité et il n'y a pas une seule manière de *voir*, afin de permettre à d'autres de comprendre ce qui est en jeu là et, surtout, pourquoi dans le monde dans lequel nous vivons *le christianisme doit changer ou mourir* !

Que signifie alors aujourd'hui pour moi prier ? Ou, pour reprendre le titre d'un chapitre de John Shelby Spong : *comment prier Dieu quand il n'est plus aux cieux ?*

C'est ce qui me pose le plus problème : une fois abandonnés l'hétéronomie et le Dieu théiste, comment retrouver une *prière cohérente* ou, plus même, comment redéfinir ce qui s'appelle *prier*. En effet, j'ai besoin pour construire ma vie, pour la comprendre et lui donner sens, pour me recentrer parfois, pour m'approprier mon existence, d'entrer et de demeurer dans le recueillement, en particulier, pour me ressourcer à ce qui m'inspire au plus profond de moi et pour éprouver ma foi et ma fidélité.

Je ne me reconnais plus dans ce que l'Église catholique nomme *la prière*. Alors, peu à peu, en tâtonnant, j'apprends à vivre de cette Présence intérieure, de cette Lumière intérieure, de ce Souffle intérieur, de cette Voix intérieure qui m'habite. « *De l'autre côté de moi, j'ai rendez-vous avec un autre. De l'autre côté de moi, celui que je ne connais pas. Il est toi, il est moi, il est nôtre* » écrivait Jean Debruynne et chantait Jean-Pierre Bonsirven. J'ai aussi besoin d'inventer ou de trouver chez d'autres et avec d'autres[22], des mots nouveaux, des phrases et des expressions nouvelles, qui me parlent pour « prier », vivre, dire, écrire, chanter sur mon chemin d'humanisation, mon devenir-plus-homme, ma foi...

22. Une étape importante dans le renouveau de mes temps de *recueillement* – je préfère désormais ce mot *recueillement* au mot *prière* – a été la découverte des *Prières d'homme* de Marcel Légaut (Aubier, 1978) et, plus récemment, de l'ouvrage d'André Myre, *Prier autrement. À l'écoute des évangiles* (Novalis, 2017) et du livre *Vers la source cachée... Psaumes pour notre temps* de Jacques Musset (Olivetan, 2018), cinquante psaumes dans lesquels n'est jamais employé le mot « *Dieu* ».

6

Un itinéraire spirituel

Annie CRÉPIN*

Le titre que j'ai choisi en réponse au souhait des concepteurs de cet ouvrage est déjà le signe que nous savons spontanément user d'un vocabulaire contemporain pour rendre compte de ce que nous vivons, quand nous nous disons chrétien(ne)s, et pour transmettre à d'autres que nous les réalités qui nous sont personnelles ou plutôt se faire se rencontrer nos expériences et celles des autres.

« C'est en cheminant qu'on fait le chemin »[1]

D'emblée, les mots d'itinéraire, de cheminement, de marche correspondent à quelque chose de très fort en moi. Dans la Bible, Isaïe fait dire à Dieu :

---

* Historienne, Annie Crépin a été professeur d'histoire-géographie dans l'enseignement secondaire, puis maîtresse de conférences en histoire contemporaine. Spécialiste de l'histoire politique, sociale et culturelle du fait militaire (XVIIIe-XXe siècles), elle est actuellement co-présidente de *FHEDLES* (Femmes et Hommes Droits et Liberté dans les Églises), membre du *Comité de la Jupe* et de la *CCBF* (Conférence Catholique des Baptisé(e)s Francophones), secrétaire générale adjointe de l'*AFFDU* (Association Française des Femmes Diplômées de l'Université) et membre d'*Amnesty International*.

1. *Voyageur, il n'y a pas de chemin, c'est en cheminant qu'on fait le chemin*, Antonio Machado, *Proverbios y cantares, Campos de Castilla*, 1912, *Champs de Castille*, trad. française, Paris, Gallimard, 1980.

Car vos pensées ne sont pas mes pensées
et mes chemins ne sont pas vos chemins
Oracle de Yahvé.
Autant les cieux sont élevés au-dessus de la terre
autant sont élevés mes chemins au-dessus de vos chemins
et mes pensées au-dessus de vos pensées[2].

C'est un des passages de l'Ancien Testament qui me parle le plus. Loin d'y voir un Dieu distant et même inaccessible à l'être humain, je perçois dans ce texte la possibilité d'une rencontre entre Dieu et l'être humain, et même d'une jonction de leurs voies. Les phrases suivantes me paraissent d'ailleurs démentir l'image d'une divinité inatteignable et écrasante propre à certaines religions antiques, dont la Bible elle-même ne s'est écartée que peu à peu :

De même que la pluie et la neige descendent des cieux
et n'y reviennent pas sans avoir arrosé la terre
sans l'avoir fécondée et l'avoir fait germer
pour fournir la semence au semeur et le pain à manger,
ainsi en est-il de la parole qui sort de ma bouche
elle ne revient pas vers moi sans effet,
sans avoir accompli ce que j'ai voulu
et réalisé l'objet de sa mission.

Le chemin et la parole de Dieu à l'être humain, de l'être humain à Dieu, voilà qui correspondit à des dimensions de ma vie apparues dès ma jeunesse. Historienne professionnelle et marcheuse amateure – la marche étant, dit-on, le sport des non-sportifs –, je me plais à considérer que les trois monothéismes sont des religions d'historien(ne)s et de marcheur(se)s. Ils sont nés chez des peuples nomades ou semi-nomades. Aussi bien la marche d'Abraham que l'Exode dans la Bible ou que l'Hégire dans le Coran sont des épisodes fondateurs ; et dans l'Évangile, l'annonce de la Bonne Nouvelle est faite au cours des pérégrinations du Christ et de ses disciples. Pour autant ces marches – quelquefois fuites ou exils – ne sont pas des errances : il n'y a pas d'éternel retour ni de retour en arrière. C'est pourquoi ces monothéismes représentent pour moi des religions d'historien(ne)s. L'écoulement du temps est fondamental et, dans l'Ancien Testament comme dans le Nouveau, c'est dans le temps que Dieu s'inscrit, dans le temps des humains, dans leur histoire.

2. *Isaïe* 55, 8-11.

Ne faudrait-il pas évoquer la création à la lumière de cette conception du temps ? Non comme une fabrication réalisée par un Dieu statique mais comme un processus de permanente évolution dans lequel Dieu et les humains sont « impliqués », co-créateurs ; préparant en cela l'avènement du « royaume de Dieu » proclamé par l'Évangile et rendant impossible de disjoindre la vie éternelle et la vie d'ici-bas, séparation qui fut chère à un catholicisme doloriste du XIXe siècle et entraîna à juste titre des critiques à l'encontre de la passivité et même de la résignation envers la vallée de larmes qu'aurait engendrées une telle distinction chez les chrétien(ne)s.

Pourtant dans l'Évangile le Christ dit : « Lève-toi et marche » et c'est peut-être là que réside le vrai miracle, non dans le fait qu'un paralytique soit subitement guéri, mais qu'il vive sa vie et sorte de ses prisons psychologiques, mentales et sociales aussi bien que de son immobilisme physique.

Je reviens donc à l'image du cheminement dans les lignes qui vont suivre.

« Dieu écrit droit avec des lignes courbes », dit Claudel[3]. Les connaisseurs estiment que cette phrase exprime la quintessence de l'art baroque. Ce n'est pourtant pas l'art que je goûte le plus. Même très jeune, je me sentais peu à l'aise dans une église baroque alors que je me sentais de plain-pied dans un cloître roman ou gothique dont j'appréciais la simplicité et le dépouillement (Je n'utilisais pas alors ces termes !). Plus tard, au cours de mes études d'histoire, j'appris que l'art baroque était l'expression d'un catholicisme tridentin ou post-tridentin dans lequel je ne me retrouvais pas. Si j'ai cité cette phrase de Claudel, c'est pour la distordre à dessein. J'écrirais personnellement : Dieu écrit droit grâce à des bifurcations et des chemins de traverse ; et même davantage : Dieu et nous allons à la rencontre de l'Un et des autres par des impasses qui deviennent des avenues au bout desquelles se découvre un large horizon, alors que ce nous croyions être des avenues se révèlent des impasses.

Bien sûr, je peux écrire ces mots aujourd'hui parce qu'ayant atteint un âge certain, j'ai une vision rétrospective de ma vie. Mais, même très jeune, j'avais un sens aigu de l'écoulement du temps, ma vocation précoce d'historienne n'étant pas le fruit du hasard. Et, même si je n'usais pas de ces mots, j'avais conscience qu'une vie est faite d'étapes (au contraire de certain[e]s qui ont conscience d'une continuité de leur vie). Pour moi, ces étapes furent des discontinuités, des ruptures, parfois douloureuses dans l'instant mais qui me préparaient à l'idée de résurrection. En écrivant ces lignes, je traduis l'Évangile dans mon vocabulaire personnel et je l'inscris

---

3. Proverbe portugais mis en exergue du *Soulier de satin* par Paul Claudel.

dans mes propres réalités. J'ai eu le bonheur que l'Ancien Testament – du moins certains de ses passages – et le Nouveau Testament me parlent et qu'ainsi à mon tour, je les transcrive en correspondance avec mon expérience vécue. C'est une démarche éminemment propre à chacun. Comment faire pour que d'autres et particulièrement les nouvelles générations puissent entreprendre à leur tour cette démarche qui ne peut être que personnelle ? Il faut des personnes qui, par leurs paroles et par leurs actes, et tout simplement parfois par leur présence, incarnent les mots de la Bible et de l'Évangile, et rendent, comme par résonance, ceux et celles qui les écoutent, qui les regardent, capables de trouver leurs propres mots pour témoigner de leur expérience « spirituelle ».

Je mets l'adjectif spirituel entre guillemets car cette séparation entre l'« esprit » et le « corps » me paraît davantage correspondre à la pensée grecque qu'à celle des Hébreux. Même s'il était bon que le christianisme naissant s'acculture à la philosophie du monde gréco-romain, cette distinction abusivement simplificatrice, aboutissant au mépris du « charnel », du « corporel » me semble avoir produit des effets pervers dont nous subissons encore aujourd'hui les ravages. « Car le surnaturel est lui-même charnel »[4], disait pourtant Péguy.

Par ailleurs, je préfère le terme de résonance à celui d'écho car la transmission – fil conducteur de ce texte – n'est jamais à sens unique, quel que soit le domaine où elle s'effectue. Mieux vaudrait parler d'une circulation d'ondes.

Passage de témoin

Si je cherche à comprendre de quelle manière a commencé mon parcours, je trouve à l'origine de celui-ci des personnes avant même des textes. Issue d'une famille catholique non pratiquante mais qui tenait à marquer par une cérémonie religieuse les grandes étapes de la vie et à ce que ses enfants reçoivent une instruction religieuse jusqu'à la première communion, j'ai été inscrite à la rentrée 1954 au catéchisme dispensé par la paroisse du Cœur Eucharistique de Jésus, située dans le XXe arrondissement de Paris, beaucoup plus populaire – sociologiquement parlant – dans

4. Charles Péguy, *Ève*, dans *Œuvres poétiques complètes*, coll. « La Pléiade », 1948, p. 813.

les années cinquante qu'il ne l'est aujourd'hui. Inscrite au catéchisme, j'étais obligée d'assister à la messe chaque dimanche.

Je m'avancerai jusqu'à l'autel de Dieu
La joie de ma jeunesse.

Tel était le chant d'entrée de chaque messe. Encore ou déjà une histoire de marche ! Dans un édifice de style contemporain car construit dans les années trente, en dépit de sa titulature qui évoquait plutôt la fétichisation propre à un courant catholique prégnant au XIXe siècle, dans un bâtiment lumineux et dépouillé, je rencontrai les paroissiens et paroissiennes qui pratiquaient Vatican II... plusieurs années avant Vatican II. Ces hommes et ces femmes dynamiques et engagés – et sans doute pour beaucoup membres de mouvements d'Action catholique – coopéraient avec un clergé, nombreux à l'époque : un curé, deux ou trois vicaires et deux religieuses qui faisaient le catéchisme avec eux. À ces laïcs, le terme de fidèles, avec sa connotation péjorative de soumission ou du moins de passive docilité, ne convenait pas. Encore moins pour ces paroissiennes militantes, l'appellation de dames d'œuvre !

Certes, âgée alors de huit ans, je n'utilisais pas ces mots, je ne conceptualisais pas. Je percevais[5]. J'étais tout à fait ignorante des enjeux à l'œuvre dans le catholicisme français, des débats et des controverses intellectuelles, culturelles, théologiques qui le traversaient. J'étais également totalement inconsciente de la diversité des courants qui existaient en son sein même et qui étaient parfois antagonistes. Sans me l'expliciter encore, je vivais le deuxième sens du mot Église que Vatican II allait mettre à l'honneur, c'est-à-dire le peuple de Dieu, et pas seulement le premier sens, celui d'institution, bien que l'Institution – avec une majuscule significative – ait joué de la confusion entre les deux. Je n'entends d'ailleurs pas par Institution le seul clergé et n'entre pas dans une opposition manichéenne entre celui-ci et les laïc(que)s. L'expérience m'a montré ultérieurement que le cléricalisme n'était pas l'apanage des seuls clercs !

J'eus aussi la chance dans la paroisse du Cœur eucharistique de recevoir l'enseignement catéchétique d'un vicaire « ouvert », aux dires de mes parents, issus d'une petite bourgeoisie et de cadres dont l'ascension méritocratique s'était faite du moins dans la branche maternelle, devenue une

5. C'est au demeurant plus en raison de ces impressions d'enfant que par raisonnement que j'associerai plus tard le catholicisme de Vatican II à l'art moderne et que je manifesterai mon peu de goût envers l'art baroque lié au catholicisme post tridentin.

famille d'intellectuels, par la fonction d'État, notamment l'enseignement public. Cela pouvait expliquer une certaine distance envers l'Institution, la réprobation envers ses positions politiques qui avaient fait de certains de ses membres des anticléricaux, la méfiance envers l'opposition entre science et foi, ou entre dogme et esprit critique dans laquelle elle semblait s'enfermer depuis le XIXe siècle, l'admiration pleine d'envie pour la liberté d'esprit qui n'entravait pas la foi de cousins protestants (et réciproquement), l'allergie envers des rites et des formes de dévotion qui s'apparentaient à de la « superstition » et, plus tard, l'accueil favorable fait à l'œuvre du Concile. En tout cas, cette distance critique dont j'héritai, même quand je me définis plus tard comme chrétienne engagée, m'évita le lourd et douloureux sentiment de culpabilité qu'éprouvent certain(e)s envers l'Institution quand ils la trouvent critiquable.

Un vocabulaire à réinventer

L'évocation du vicaire intelligent est l'occasion de dire combien le contenu de certains mots doit être profondément repensé, même si ces mots peuvent encore être employés. Ainsi en va-t-il de celui de mystère. Trop souvent, il renvoie à cette opposition fausse et mortifère entre raison et foi dont je parlais plus haut. Trop souvent encore, il signifie quelque chose de mystérieux, d'incompréhensible, pire : que l'être humain ne doit pas chercher à comprendre mais qu'il doit accepter aveuglément. Pourquoi ne pas comparer les « mystères » de la foi avec ceux de notre expérience affective ? L'amour que nous éprouvons envers notre compagnon, notre compagne, nos enfants et celui que nous recevons d'eux sont un mystère. Non quelque chose de mystérieux, d'obscur, mais quelque chose qui comporte une telle pluralité de sens que l'esprit humain ne peut l'épuiser. Non quelque chose d'irrationnel, fût-il déraisonnable ou chimérique – au contraire nous pouvons et devons en rendre compte en raison –, mais quelque chose qui ne se situe pas uniquement sur le plan rationnel. N'est-ce pas le propre de l'amour de Dieu ? Celui que nous éprouvons envers lui, celui qu'il éprouve envers nous ? Et le mouvement de reprise par la raison ne peut-il être effectué à propos de bien des dogmes que l'Église-Institution a présentés longtemps (et peut-être encore aujourd'hui) comme des articles de foi à prendre sans autre examen, ce qui dispense de leur chercher une signification en rapport avec les progrès des connaissances humaines et des réalités que nous vivons aujourd'hui ?

Le vrai miracle, c'est la foi

Ainsi en va-t-il des miracles. Ne pouvons-nous les entendre comme des expressions de la foi, adaptées à une culture telle qu'elle était à un moment donné, mais auxquelles nous devons donner une expression adaptée à la nôtre ? L'interprétation actuelle de la multiplication des pains, par exemple, attribuant cette soudaine multiplication non à un geste magique du Christ mais à la générosité de ses auditeurs et auditrices qui, en écoutant ses paroles, ouvrent leurs cœurs et leurs mains et acceptent de partager les réserves qu'ils cachaient soigneusement jusque-là. Le Christ ne nous ouvre-t-il pas la voie quand, après avoir guéri le paralytique, il dit qu'il est plus difficile de mettre sa vie et son cœur en marche que de marcher quand on a été handicapé ? Le vrai miracle, c'est la foi. À l'inverse, acceptons que nos raisonnements – si nécessaires soient-ils – s'inscrivent dans les cadres de temps et d'espace qui sont propres aux humains et qui ont donc leurs limites. L'être humain peut parler de l'éternel, de l'infini et de la vie après la mort, il ne peut pas se les figurer.

Dans la paroisse du Cœur eucharistique que je continuai à fréquenter après ma première communion, par choix et non par obligation, tout en participant aux activités de l'aumônerie du Lycée Victor-Hugo où j'accomplis mes études secondaires, j'eus une nouvelle occasion de voir s'incarner l'Évangile dans l'action des paroissien(ne)s devenu(e)s militant(e)s de ce qui s'appelle actuellement le *CCFD-Terre Solidaire*, créé en 1961. « L'homme ne vit pas seulement de pain », dit le Nouveau Testament... mais il vit aussi de pain. Ne serait-ce pas pure hypocrisie et suprême contradiction – quand on est soi-même bien nourri(e) – de prêcher la Bonne Nouvelle à des êtres qui ne peuvent satisfaire leurs besoins les plus élémentaires ? Les contempteurs du fait religieux auraient alors beau jeu – et raison – de présenter la religion comme opium du peuple ! Ces militants qui ne séparaient pas le charnel du spirituel ne faisaient pas « la charité » au sens péjoratif qu'a pris cette expression. Ils la mettaient en pratique en ne la distinguant pas de la justice sociale, de la lutte contre les inégalités. Ils ne se contentaient pas de faire des dons, ils échangeaient des techniques, des savoir-faire et de bonnes pratiques destinées à rendre autonomes les personnes et les communautés par une transmission qui ne se faisait jamais à sens unique, des « sachants » du monde occidental vers les « sous-développés » du Tiers-Monde. Si je dois beaucoup à mes enseignantes du secondaire qui m'ont ouvert des horizons, c'est grâce à ces membres du *CCFD* que je dois d'avoir connu ces réalités géopolitiques et sociales et aussi les conditions d'une véritable transmission, de toute véritable transmission.

Chercheuse de Dieu

Je m'inscrivis à la Sorbonne, aujourd'hui Paris I, pour achever une licence d'histoire et préparer les concours d'enseignement. Je devins membre du Centre Richelieu où se réunissaient les étudiants « cathos ». Je retrouvai sur un autre plan l'expérience vécue dans ma paroisse. Avec des ami(e)s qui le sont restés depuis cinquante-cinq ans, j'expérimentai de nouveau l'Église peuple de Dieu dans laquelle l'approfondissement de la foi allait nécessairement de pair avec la réflexion intellectuelle. La vivifiante influence de cette époque qui m'accompagne encore aujourd'hui me permet de comprendre à quelles conditions peut se faire la communication – au sens noble du terme et non dans l'acception commerciale ou publicitaire qu'il a prise aujourd'hui. Comme le Christ a su parler aux femmes et aux hommes de son temps à travers des expériences partagées mais qu'il transfigurait, invitant à voir plus loin et plus profond que la réalité immédiate.

Car, comme le dirait la théologie classique, la transcendance est dans l'immanence et réciproquement. Ou pour parler selon un langage actuel, la vie humaine est un tout, la vie éternelle est au cœur de la vie d'ici-bas, c'est à travers les réalités les plus matérielles, les plus terrestres, voire les plus terre-à-terre, les plus « ordinaires » qu'on rencontre Dieu. C'est le sens de la Transfiguration. Un passage biblique, qui peut encore nous « parler » le dit aussi[6] : en fuite, le prophète Élie cherche Yahvé. Il croit le trouver successivement dans un ouragan, dans un tremblement de terre, dans un incendie. En vain. Ce n'est que dans « la voix d'un silence subtil », à peine un frémissement de l'air, qu'il le découvre enfin.

J'expérimentai donc en ces années de Sorbonne ce que devrait être toute transmission et ce que la théologie classique appelle la communion des saints, formule que nous prononçons quand nous récitons le *Credo*, sans vraiment la comprendre, tant justement nous la récitons machinalement, ainsi que d'autres prières : il ne s'agit ni de communion au sens d'eucharistie, ni de saints ou de saintes qui seraient des parfait(e)s. Il s'agit d'un échange entre des êtres humains imparfaits, entre nous qui sommes

6. *Premier Livre des Rois* 19, 9-16.

au mieux des « apprentis-saint(e)s ». Il est vrai que, quelques instants auparavant en récitant ce même *Credo*, nous affirmons que nous croyons à la « Sainte Église catholique ». Je n'imagine pas que nous croyons en une institution, même dotée des buts les plus élevés ! Ce serait heurter de plein fouet nos esprits contemporains pour lesquels l'esprit critique est une valeur fondamentale et qui, par expérience ou par connaissance historique, savent les ravages d'une telle conception, fondement des totalitarismes. Nous devrions dire que nous croyons à ce peuple de Dieu en devenir, composé d'« apprentis-saints ».

Le désastre d'*Humanæ Vitæ*

Je vécus ensuite la distorsion entre la notion d'Institution et celle du peuple de Dieu quand parut l'encyclique *Humanæ Vitæ* en 1968. Alors âgée de vingt et un ans, célibataire, je n'étais pas féministe, les mouvements féministes étant d'ailleurs encore embryonnaires. J'avais eu la chance de ne pas subir trop de discriminations ou peut-être de ne pas les identifier comme telles, ayant été élevée dans une famille de filles par une mère qui nous incitait fermement, mes deux sœurs et moi, à poursuivre des études aussi loin que possible et à exercer un métier, même mariées et mères de famille. Pourtant, alors que la plupart des commentateurs dénonçaient le risque de rupture avec les couples (sans parler des médecins et des responsables des États du Tiers-Monde), c'est en tant que femme que je me révoltai. Avec le recul du temps, on sait aujourd'hui que les conséquences de cette encyclique ont été incalculables. Un prêtre aurait dit à ce propos : « Au XVIIIe siècle, temps des Lumières, l'Église a perdu les intellectuels, au XIXe siècle, temps de la Révolution industrielle, elle a perdu les ouvriers, dans la seconde partie du XXe siècle, temps des femmes, elle est en train de perdre celles-ci ». Si, pour moi, ce fut un tournant, pour beaucoup de mes contemporaines, ce fut une rupture silencieuse, un départ « sur la pointe des pieds », à mon sens beaucoup plus grave que la révolte ouverte. Se révolter ou contester quelque chose ou quelqu'un, n'est-ce pas encore espérer que ce quelque chose ou ce quelqu'un peut changer ?

« L'affaire *Humanæ Vitæ* » n'est pas seulement affaire de langage, même si le vocabulaire employé traduit la méfiance de longue date envers la sexualité en dépit d'affirmations contraires – au demeurant sincères – et la croyance en la supériorité de l'état monastique, voire le désir d'aligner sur celui-ci l'état de prêtre et celui de laïc, le célibat devenant une valeur en soi en dehors de toute considération des fins dont il n'est que le moyen, par exemple une éventuelle plus grande disponibilité.

Paradoxalement, cette méfiance me parut aboutir, dans l'Église de Paul VI à la fin de son pontificat, encore plus dans l'Église de Jean-Paul II, à une focalisation sur la sexualité. Quelques années plus tard, l'Église condamnait l'avortement, s'enfermant dans ce qui me parut être une impasse, une contradiction fondamentale entre cette condamnation et le refus de presque tout moyen de contraception, hormis les méthodes dites naturelles (mais c'est cette distinction elle-même qui me semble... artificielle). Comme si, même si ce n'était pas formulé ainsi, la naissance d'un enfant devenait la justification sinon la « sanction » de tout acte sexuel.

Je perçus un autre paradoxe pour une « religion du spirituel » à propos de la fixation sur des mécanismes biologiques et même leur sacralisation, aboutissant à les considérer comme une sorte de fatalité inexorable, une loi naturelle divinisée ; ce qui conduisit l'Institution, lors de conflits où le viol fut utilisé comme une arme de guerre, à moins condamner les auteurs de ces exactions, ni leurs concepteurs (car ils étaient animés par une véritable idéologie, par exemple dans les guerres en ex-Yougoslavie), que les victimes qui se faisaient avorter. Cela amenait en même temps à condamner la PMA, même chez un couple hétérosexuel marié, comme si ce qui importait était qu'un enfant soit conçu par « voies naturelles », quand bien même un homme aurait forcé une femme, et comme s'il n'était tenu aucun compte de l'amour entre les membres d'un couple ni du projet parental présidant à cette naissance. Ce paradoxe qui aboutit à un « matérialisme biologique » selon les termes de Danièle Hervieu-Léger[7] et qui semble ignorer les sentiments, voire le libre consentement – encore inconnu dans le Droit canon – finit par être amoral, le comble pour une Institution qui prétend définir la « bonne morale ».

La lettre tue, l'esprit vivifie

Mais justement, peut-on réduire à une morale, aussi respectable soit elle, le message évangélique et même la foi ? Quand, à la Samaritaine[8] qui lui demande s'il faut adorer Dieu sur la montagne proche de Sychar ou à Jérusalem, Jésus répond que Dieu est esprit et que les véritables

7. Danièle Hervieu-Léger, *Catholicisme, la fin d'un monde*, Paris, Bayard, 2003.
8. *Jean* 4, 1-24.

adorateurs de Dieu sont ceux qui l'aiment en esprit et en vérité, veut-il fonder une nouvelle religion ? Créer une nouvelle institution ? N'est-ce pas plutôt créer un nouveau rapport avec Dieu, avec les autres, avec la vie, où certes les rites, les dogmes en tant qu'expression intellectuelle de la foi, peuvent avoir leur place mais toujours en tant que moyens subordonnés à ce nouveau rapport, et toujours à transformer pour mieux atteindre ce but. Marcel Gauchet[9] dit du christianisme qu'il est une religion de la sortie de la religion ; mais les vieilles tendances reprenant le dessus, ses adeptes n'ont de cesse que de vouloir rétablir les structures traditionnelles sécurisantes. À la fin de ces années soixante-dix, j'eus en effet le sentiment qu'après l'ouverture de Vatican II, l'affaire *Humanæ Vitæ* et ses conséquences nous faisaient revenir à un système sclérosé où le détail l'emporte sur l'essentiel, la forme prime le fond, la lettre tue l'esprit.

On dira que je suis excessivement préoccupée par mes rapports avec l'Institution, problème que ne connaissent pas, du moins à un tel degré, d'autres chrétiens tels les protestants. Mais ce problème semble plus incontournable pour les catholiques que les protestants : quand on évoque les institutions et les églises protestantes, on utilise des minuscules et le pluriel, quand on écrit Église au singulier avec une majuscule, on sous-entend, sans avoir besoin de préciser davantage, qu'il s'agit de la catholique. À l'arrière-plan sont en jeu des conceptions différentes du pouvoir, enracinées dans un processus historique calqué sur le modèle impérial romain. Peut-on sacraliser une étape historique qui a eu sa raison d'être mais seulement à un moment donné, désormais révolu ?

L'institution ecclésiale et la sexualité

« Qui veut faire l'ange fait la bête », disait Pascal. J'appliquai cette expression aux conceptions de l'Église en matière de sexualité, je l'appliquai ensuite, au fur et à mesure que se révélaient les abus sexuels commis par certains de ses membres sur des enfants, au contraste entre sa méfiance persistante à l'encontre des relations entre un homme et une femme adultes – sans parler de celles entre deux hommes ou entre deux femmes – et l'aveuglement systémique envers ces abus. Toujours en suivant Pascal mais en le paraphrasant, je me dis, à propos de la vision de l'Église sur les

9. Marcel Gauchet, *Le désenchantement du monde, une histoire politique de la religion*, Paris, Gallimard, 1985.

femmes, que celui ou celle qui se les représente en anges finit par se les représenter, sinon en bêtes, du moins en sorcières. Sa survalorisation d'une maternité, faussement idéalisée, ne correspondait nullement à la profondeur de mon expérience personnelle de mère de trois filles. Chose étrange, l'Église qui crie à l'hédonisme des femmes et des hommes qui ont recours à la contraception ne voit pas qu'aucun parent au monde ne peut éviter à ses enfants de souffrir, auraient-ils été le plus possible désirés. Quand nous sommes devant un(e) adolescent(e) révolté(e) qui nous demande dans sa souffrance : « Pourquoi m'as-tu mis(e) au monde ? », la seule réponse possible est de dire : « Je souffre avec toi et pour toi ». Et il faut s'efforcer de taire « par toi ». Alors on peut approcher le « mystère » du Mal, le « mystère » d'un Dieu créateur qui laisse le Mal atteindre ses enfants, non pas un Dieu tout puissant, selon une conception archaïque du pouvoir et une formule contradictoire et révoltante, mais un Dieu qui, comme nous parents, souffre avec nous, pour nous et... par nous.

Marie

Je perçus aussi cette fausse idéalisation dans le culte rendu à Marie, alibi, je le crains, pour refuser l'égalité des contemporaines dans l'Église et discréditer celles qui ne se résignent pas à un tel état de fait. Ainsi la belle figure de Marie est terriblement affadie, elle qui fut, selon les mots d'un prêtre éclairé, la première des croyant(e)s, et dont la foi en son Fils en fait un modèle à la fois pour les hommes et les femmes, alors que trop souvent c'est sa soumission à Dieu, opportunément et abusivement confondue avec la soumission aux êtres de sexe masculin, qui en fait un modèle pour... les seules femmes.

Cet affadissement, s'il nous a valu les chefs-d'œuvre de l'art gothique et de celui de la Renaissance, a abouti à des images saint-sulpiciennes. Ne peut-on accepter ce que dit de Marie un rabbin plein d'humour et ce dernier n'est-il pas plus proche de sa personne quand il affirme qu'elle était une parfaite mère juive puisque son fils vécut chez elle jusqu'à trente ans, qu'il croyait qu'elle était vierge, qu'elle croyait qu'il était Dieu ? Plus sérieusement, ne peut-on concevoir que cette femme qu'on représente trop souvent comme se sachant de toute éternité mère de Dieu ait pu dire du Christ comme le ferait une contemporaine : « Ce gamin est impossible » et plus tard : « Je ne comprends plus mon fils parfois mais j'ai foi en lui et je le suis jusqu'au bout » ? Car sa foi importe plus que son état « virginal » qu'il faudrait contextualiser en montrant l'influence des religions orientales sur le judaïsme et le christianisme. Par ailleurs, cette surévaluation de l'immaculée conception de Marie et de celle du Christ nous ramène inévitablement, une fois de plus, à la dévalorisation de la sexualité et de la « chair » ; pourtant les Pères de l'Église eux-mêmes ne faisaient pas de ce terme l'exact synonyme du corporel, ils l'entendaient plutôt comme l'équivalent de l'immédiat et du court terme, de l'éphémère – qu'il ne faut pas confondre avec la plénitude du présent – sinon du superficiel.

Les considérations qui précèdent me conduisirent vingt ans après à devenir membre de *FHE* (Femmes et Hommes en Église), devenue par la suite *FHEDLES* (Femmes et Hommes Droits et Libertés dans les Églises). Mais, dans les années quatre-vingt, à un moment où les lumières de Vatican II s'éteignaient peu à peu et que diminuait l'effervescence intellectuelle qui avait accompagné le Concile, je participai activement à la vie de la paroisse de l'Essonne où je résidais depuis mon mariage. Comme au Cœur eucharistique, les laïc(que)s étaient engagé(e)s et responsables, par nécessité cette fois, puisque la paroisse allait très vite se retrouver sans prêtre y résidant en permanence. De nouveau, j'éprouvai que la transmission de l'Évangile et du christianisme ne peut s'effectuer qu'à travers des personnes et par la médiation de leurs actes redonnant sens à des paroles – en les traduisant au besoin en langage contemporain – afin qu'elles redeviennent la Parole. Comme je l'ai lu il y a quelques années sous la plume du cardinal Martini :

> « *L'homme a été créé pour louer Dieu, lui montrer du respect et le servir. Traduit en langage profane, cela signifie : l'homme est appelé vers quelque chose de plus élevé, il peut regarder vers l'extérieur et vers le haut par-delà la vie quotidienne et les soucis du monde. Il a des raisons d'être optimiste* »[10].

Et plus encore, comme je l'ai lu récemment dans un texte de Daniel Duigou, *La présence réelle au Maroc*, dans lequel l'auteur, après une visite dans un centre de formation pour jeunes handicapés, situé dans une région déshéritée, comprend de retour, comme dans une révélation, que la découverte du don fait par des hommes et des femmes de leur temps, de leur travail et de leur patience envers des jeunes qui n'avaient jusque-là aucun avenir, lui permet de comprendre la signification de la Présence réelle, de l'Eucharistie et de la Résurrection.

10. Carlo Maria Martini, *Le rêve de Jérusalem, Entretiens avec Georg Sporschill sur la foi, les jeunes et l'Église*, Paris, Desclée de Brouwer, 2009, p. 128.

« Célébrer l'Eucharistie n'a de sens que si celle-ci est reliée à l'amour fraternel vécu dans l'action [...] dans ce centre de formation... Ces hommes et ces femmes, jeunes et adultes au-delà des frontières de langues et de religions, vivent dans le partage et la rencontre avec ce Ressuscité. [...] Dans ce centre, il s'agit "d'agir". Et "agir" c'est "être", c'est "exister" dans l'action, c'est vivre ce fameux "Esprit". C'est interpréter la réalité dans tous les sens du verbe, c'est-à-dire "voir", "décoder" mais aussi "transformer" la réalité pour une humanité nouvelle où la justice régnera, pour un réel qu'est aujourd'hui au cœur de notre action déjà la résurrection »[11].

Le salut éternel, la recherche du sens dans le monde actuel

Il en va de même du dogme du Salut que ne peuvent plus comprendre nos contemporains, tant cette formulation d'un autre âge charrie involontairement du mépris pour les réalités humaines. Ne pourrait-on pas la remplacer par la recherche du sens qui, quoi qu'en disent les diatribes de certain(e)s catholiques contre la société contemporaine « matérialiste » – de fait ces déplorations ont existé de tout temps couplées avec la vision négative d'une société hédoniste et laxiste – est liée à la recherche du bonheur, prégnante chez la plupart ? Au demeurant, le mépris de cette recherche du bonheur au nom d'un idéal plus « élevé » a conduit les systèmes de pensée les plus généreux à de tragiques fourvoiements.

Pour le pire parfois : le refus – souvent justifié – de toute appartenance à une Église fait que chacun(e) « bricole » ses croyances en « picorant » çà et là dans un vaste « supermarché » du spirituel.

Mais aussi pour le meilleur. D'abord, dans ce « supermarché », l'importance qu'ont prises les formes de sagesse bouddhiste et les techniques de développement personnel qui leur sont associées, notamment celles de la méditation, donnent, au-delà des effets de mode et de récupération marchande indéniable, la possibilité de comprendre, et de vivre, en mettant l'accent sur le souffle, le sens du mot Esprit et sa place dans la Trinité, autre terme devenu une formule que nous récitons souvent comme une banalité, de même que nous prenons au sens anthropomorphique la notion des trois personnes de la Trinité. Certes cet anthropomorphisme a donné

11. Daniel Duigou, *La présence réelle au Maroc*, texte transmis par la CCBF, mars 2020.

aussi des chefs-d'œuvre, que l'on songe aux fresques de la Sixtine par exemple, mais peut-on se figurer aujourd'hui un Dieu Père, vieillard barbu, et un Dieu Esprit, colombe ? Ne peut-on repenser cette notion de personne et surtout celle de leur relation, non pas comme un sentiment humain, qui, si profond soit-il, est fragile et sujet à des intermittences mais comme une circulation créatrice et un don permanent ?

Pour le meilleur aussi, et il nous faut accepter la recherche et l'existence d'une spiritualité non religieuse parfois plus authentique qu'une religion sans spiritualité et qui nous interpelle car elle nous pousse à comprendre, et à faire comprendre, que notre foi n'est pas qu'un « supplément d'âme », un simple vernis de nos actions humanitaires que d'autres accomplissent aussi bien que nous et parfois mieux que nous. La générosité d'un mari agnostique, plus spontanément « évangélique » que moi, m'a souvent donné à réfléchir en la matière !

Pour le meilleur enfin car, en troisième lieu, cette recherche de sens se fait selon un processus d'individuation qu'on ne saurait fustiger en lui attribuant une visée égoïste, bien qu'elle existe aussi, car il rejoint un fondement du christianisme, la valeur primordiale de la personne, le fait que chaque personne soit unique. De même, on ne saurait condamner cette recherche du bonheur personnel. Au demeurant, c'est du fond de sa prison que le pasteur Dietrich Bonhoeffer écrivait que c'est dans le bonheur qu'on doit rechercher Dieu.

> « *Dieu n'est pas un bouche-trou ; il doit être reconnu non à la limite de nos possibilités, mais au centre de notre vie ; de notre vie et non d'abord dans la mort, dans la force et la santé et non d'abord dans la souffrance, dans l'action et non d'abord dans le péché [...]. Il est le centre de la vie et il n'est nullement venu pour répondre à nos questions irrésolues* »[12].

Plus que nos sœurs et nos frères protestants, adeptes d'une religion de l'individu, nous catholiques – et pas seulement l'Institution –, adeptes d'une religion de masse et de groupe, avons du mal à y faire droit. Cela explique que ceux d'entre nous si ouverts à l'action contre les injustices que subissent des peuples ou des classes sociales et si déterminés à lutter contre elles soient si indifférents, quelquefois si fermés, quand il s'agit de se battre contre les discriminations qui frappent les individus et les individues. C'est pourtant le féminisme de la seconde moitié du XXe siècle qui

12. Dietrich Bonhoeffer, *Résistance et soumission. Lettres de captivité*, Genève, Labor et Fides, 1963.

a fait que les femmes sont devenues des personnes et ne sont plus réduites à leurs seules « fonctions » sexuelles et/ou reproductrices.

Dieu a besoin des hommes[13]... et des femmes

Me voici ainsi ramenée à la question des femmes. En historienne, j'avais observé un décalage entre fait religieux et fait social qui n'allait pas toujours dans le même sens : en leurs commencements, les monothéismes et plus particulièrement le christianisme, représentent une avancée pour les femmes. Mais, religions incarnées – le christianisme ayant même fait un de ses fondements de l'Incarnation – ils ont fini par sacraliser tous les traits des sociétés où il se sont développés, dont la « valeur différentielle des sexes » chère à Françoise Héritier[14]. Pire, les représentations du sacré en s'anthropomorphisant se sont masculinisées : j'évoquai plus haut le Dieu père – et non pas mère – barbu et de sexe masculin. On a sexualisé Dieu, s'affligent certaines croyantes ! Mais, du moins en Occident, et à l'époque contemporaine, le balancier est reparti dans l'autre sens, rendant insoutenable l'androcentrisme des monothéismes dont le catholique, prétendant assigner aux femmes, par des discours émanant exclusivement d'hommes, le rôle qu'elles doivent jouer en fonction d'une « nature » féminine qui serait différente de la nature masculine et de fait inférieure malgré de belles paroles – ambiguës – sur leur complémentarité. Des esprits chagrins diront que, de même que certains sont plus égaux que d'autres, certaines sont plus complémentaires que d'autres. En effet, les tenants de telles conceptions disent toujours que les femmes sont complémentaires des hommes, jamais que les hommes sont complémentaires des femmes ! De fait une hiérarchie existe que l'on attribue à Dieu en refusant de voir ses racines dans l'histoire des sociétés humaines.

Certes il ne s'agit pas de nier la différence biologique mais de la remettre à sa juste place, de ne plus en faire un destin, voire une fatalité, dont les hommes peuvent tout aussi bien être prisonniers. Une fois de plus, il ne s'agit pas non plus d'opposer des clercs qui seraient tous miso-

13. Titre d'un film de Jean Delannoy (1950), d'après le roman d'Henri Quéffelec, *Un recteur de l'île de Sein*, Paris, Boutteleeau et Delamain, 1944.
14. Françoise Héritier, *Masculin-féminin, la pensée de la différence*, Paris, Odile Jacob, 1996 ; *L'identique et le différent, entretiens avec Caroline Broué*, La Tour d'Aigues, Éditions de l'Aube, 2008.

gynes à des laïc(que)s censé(e)s être tous et toutes féministes. Et plus généralement, de même qu'il existe des croyant(e)s luttant pour l'égalité des femmes et des hommes, il est au-delà du monde catholique des hommes – et des femmes ! – éloigné(e)s de toute croyance religieuse, qui n'en sont pas moins imprégné(e)s de stéréotypes d'autant plus enracinés qu'ils sont inconscients. Le sexisme n'est pas l'apanage des religions ni des Églises.

Chercheuse dans ma vie professionnelle, je me considère dans la totalité de mon existence comme une chercheuse de Dieu. La foi est mêlée de doute, le doute est mêlé de foi. C'est pourquoi je devins membre de *FHE* dont j'appréciai la démarche qui s'est placée d'emblée à l'intersection du fait religieux et du fait social. Travaillant en même temps sur les représentations et le langage qui les sous-tend, cette démarche s'appuya dès les origines de l'association sur une théologie qu'elle chercha avec d'autres à renouveler en portant sur elle un nouveau regard et sur les sciences humaines pour à la fois déconstruire des mythes, débusquer des stéréotypes, et construire un état plus conforme aux fondements de l'Évangile. Les réunions de *FHE* puis de *FHEDLES*, mêlant trois générations, celle des fondateurs et fondatrices de l'association avec la génération montante et avec la mienne, m'ont aussi permis d'expérimenter en des occasions privilégiées la communion des saint(e)s, non comme une formulation dogmatique, mais comme une expérience vitale.

Cette démarche ne devrait-elle pas être celle de tout chrétien, de toute chrétienne, afin que la transmission puisse s'effectuer ? S'il est bon qu'il y ait des théologiens et des théologiennes professionnelles, il est plus que jamais nécessaire que tout chrétien, toute chrétienne soit un théologien, une théologienne, « organique », pour paraphraser l'expression de Gramsci à propos des intellectuels « organiques ».

Les intuitions de *FHE* [15], exprimées dès la naissance de l'association il y a cinquante ans, me paraissent de nature à faire comprendre les maux à l'origine de la crise gravissime que traverse l'Institution qui menacent aussi d'entraver et même de paralyser la transmission à effectuer par le peuple de Dieu, et finalement d'emporter dans sa chute le christianisme dans sa version catholique et son message. La crise d'une institution n'est pas tragique en soi ; comme toute institution qui se trouve dans ce cas, elle se réforme, se transforme ou elle meurt. Mais une institution est aussi vectrice d'un message. C'est celui-ci qu'il faut, non pas préserver car ce terme est connoté d'un but de conservation immobiliste, mais repenser

---

15. *Un combat pour l'Égalité. Genre en Christianisme*, FHEDLES (dir.), Paris, Temps présent, 2021.

sans cesse, de manière à en faire un processus de vie et pas seulement un objet à conserver dans une vitrine de musée ou à étudier par les historiens et historiennes.

7

Jésus, la boussole de ma vie sur le chemin des hommes

Robert DUMONT*

On ne naît pas chrétien, on le devient. Mais on ne peut le devenir que par une démarche éminemment personnelle et par un choix dûment réfléchi. Sans eux, on portera l'étiquette chrétienne, mais il s'agira d'une foi de convenance, d'habitude ou de confort. Un homme, une femme deviennent chrétiens lorsqu'ils se laissent personnellement « touchés » dans leur propre vie par la parole et le témoignage de Jésus. Les chemins sont extrêmement divers entre les humains. Le mien a été marqué précocement par des épreuves. Cette expérience a influé en profondeur sur ma propre manière de vivre et de dire ma foi chrétienne, aussi bien personnellement que dans ma relation à autrui. Il m'est nécessaire de la décrire pour faire comprendre quelle sorte de chrétien je suis devenu.

---

* Robert Dumont né en 1926 est décédé en juillet 2021. Entré à l'Oratoire en 1946, il travaillera 10 ans (1956-1966) comme aumônier à la Paroisse universitaire de Paris. Puis, il deviendra prêtre-ouvrier de 1970 à 1988. Il consacrera ensuite l'essentiel de sa vie à l'histoire des prêtres-ouvriers (constitution d'un riche fonds d'archives et éditions d'une vingtaine d'ouvrages à Karthala dans la collection *Signes des Temps*). Il sera l'un des artisans de la publication en français de huit ouvrages de l'évêque anglican John Shelby Spong. Robert Dumont était un homme d'écoute et un véritable passeur.

Un départ dans la vie fortement handicapé

J'ai eu une enfance bousculée. D'abord, j'ai été en butte à de sérieux ennuis de santé, auxquels je ne comprenais pas grand-chose car on ne me disait rien de leurs causes. Ils ont perturbé fortement mes études au point que je n'ai pas fait une année scolaire complète, depuis mon entrée dans le primaire jusqu'au début du secondaire. Je passais chaque année le deuxième trimestre en préventorium au pied du mont Blanc. Là, s'il m'était certes donné de contempler sa beauté grâce aux longues heures de sieste en silence, allongé sur un lit de camp, ce plaisir avait du mal à battre en brèche la tristesse, pour ne pas dire le cafard, dus au ratage d'une nouvelle année de scolarité. Après avoir redoublé ma classe de sixième, j'ai été en effet condamné à une troisième entrée dans la même classe de sixième. À ce parcours du combattant s'ajoutait chez moi une très forte dyslexie, dont à cette époque les éducateurs ne connaissaient pas ce qui la provoquait. Ceux-ci compensaient cette ignorance par des jugements de valeur adressés à l'élève, tels que « paresseux » – c'était le moindre – ou pire : « *minus habens* » – c'était une étiquette définitive.

Ces problèmes de santé en chaîne, et cet échec scolaire assuré, telles furent les dures conditions qui s'imposèrent à mon enfance. Comment m'en sortir ? On me disait, en plus, que j'avais mauvais caractère. Ce à quoi je répondais en moi-même : « Mauvais, peut-être ? Mais l'important c'est d'en avoir ». Ce qui m'a rendu bien service, précisément, pour « m'en sortir ! » avec les moyens dont je disposais. Alors que je voyais mon frère aîné d'un an dévorer les livres propres à son âge, à « notre âge », j'apprenais pour ma part à bricoler de mes mains, en faisant des maquettes et en réparant les tringles à rideaux de l'appartement familial... Cela ne pouvait suffire à combler mes manques scolaires, mais les compensait un peu du moins avec un double résultat. D'une part, je faisais l'apprentissage du concret, du « faire » et du « bien faire ». D'autre part, mes échecs aux yeux de mon entourage m'ont poussé à trouver en moi une force de caractère et des méthodes de travail pour essayer de les surmonter. J'en ai retiré un grand bénéfice une fois devenu adulte.

Ma rencontre de Jésus au cours de mon enfance

On aurait pu croire que ma formation religieuse dans une école catholique allait rééquilibrer cette déchéance scolaire. Ce ne fut pas et ce fut à la fois le cas ! Je m'explique. Le « caté », dans les années 30 et 40, m'a plutôt rebuté. « Le catéchisme de l'Église de France », constitué de questions/réponses, sans prise sur ma vie d'enfant (Exemple de question : « *Qu'est-ce qu'un mystère* ? Réponse : « *C'est ce qu'il faut croire sans comprendre !* »), ce n'était pas cela qui allait me mettre en relation avec la personne de Jésus. En plus, il fallait apprendre par cœur ces questions et ces réponses. Or, ma dyslexie m'en rendait incapable comme de retenir en classe le moindre texte, les *Fables de La Fontaine* ou les dates de l'histoire de France, ou encore les départements avec leurs préfectures. L'impossibilité pour moi de retenir quoi que ce soit était un lourd handicap et une raison supplémentaire de vomir le catéchisme. Je dois tout de même dire, par honnêteté, que le prêtre qui nous faisait « le caté » prenait en considération « ma piété » d'alors, et me donnait quand même la moyenne, grâce à quoi j'ai été accepté à la « communion solennelle ». J'ajoute que ce caté desséché était doublé de ma participation à je ne sais plus quelle association de piété. Sur des fiches hebdomadaires, il fallait cocher dans les colonnes respectives toutes mes bonnes actions mais aussi les mauvaises, évaluées à partir d'un questionnaire particulièrement intrusif et moralisant. En fin de semaine, on les remettait au « Père ». Cet exercice dans lequel je me sentais violé dans mon intimité, m'a inculqué une culpabilité croissante dont je ne me suis défait que difficilement au fil des ans. Voilà le côté très négatif de mon catéchisme.

Heureusement – contraste étonnant – parallèlement à ce « caté » insipide et à cette moralisation contre-éducative à la responsabilité, le même aumônier nous faisait, une fois par semaine, du moins durant ma classe de 7e (aujourd'hui CM 2), ce qu'il appelait une « lecture spirituelle » qui était comme l'inverse du caté officiel. Il nous racontait, avec un certain brio dans la forme et une très grande conviction jaillissant de sa propre existence, une page des évangiles évoquant « la personne de Jésus ». Nous accompagnions ainsi le Nazaréen rencontrant sur les routes de la Palestine des gens qui venaient lui confier leurs manques ou leurs misères et qui trouvaient en lui une qualité d'accueil à travers son regard et ses paroles, au point qu'ils repartaient plus forts, avec un cœur renouvelé, pour affronter la vie et ses vicissitudes. Ce Jésus-là m'apparaissait comme le contraire d'un moralisateur ou d'un prescripteur de ce qu'il fallait faire ou ne pas faire, il était une personnalité d'écoute et de relation à l'égard de quiconque venait le trouver, à commencer par les plus cabossés. « La VIE ! », enfin je trouvais la vie pour moi, et pour les autres. Ce fut le tournant de « mon existence ».

Cela n'a rien changé à la matérialité de ma situation ni à toutes ses misères, tant de santé que d'échec scolaire, mais le cercle de l'enfermement qui me bloquait se brisait. Quelqu'un pouvait croire en moi comme il avait cru en ses contemporains. Si rien ne changeait dans le concret et la quotidienneté de ma vie, son sens en était modifiée. Cela s'est traduit en moi par une formule un peu folle : « *Si Jésus a passé sa vie à redonner goût à tous les désespérés qu'il croisait sur les routes de Palestine, il va aujourd'hui faire en sorte que ceux qui en auraient besoin trouveront aujourd'hui sur leur propre route celle ou celui qui lui apportera le même secours, la même guérison intérieure ; grâce à quoi ils retrouveront le goût de la vie* ». La rencontre de Jésus dès mes dix ans, grâce à ce prêtre, a inscrit en moi d'une manière indélébile cette conviction. Il s'agissait dès lors de la mettre en pratique au service de tous, à commencer par ceux qui ont besoin de fraternité pour devenir eux-mêmes, quels que soit les aléas de leur propre existence. Ma vie avait trouvé sa « boussole » pour affronter les imprévus de mon adolescence et de ma vie d'adulte et l'orienter, quels que soient mes faiblesses, voire mes lâchetés et les ratés de mon périple à venir. Ma boussole, je l'appelle depuis ce temps : « Jésus de Nazareth en son humanité ». Depuis, cet arrimage à la personne de Jésus – et à bien d'autres amis –, ne m'a plus jamais manqué. Il a été lumière et force sans que pour autant je me dessaisisse de mes responsabilités lors des décisions à prendre.

De l'adolescence à la vie adulte

Faute de réussir dans les études classiques et plutôt que d'y perdre mon temps, je me suis fait embaucher à 17 ans d'abord comme apprenti charron – référence à l'un de mes arrière-grands-pères – puis, rapidement, dans un atelier de réparation auto. Cet apprentissage du concret dont on doit respecter les lois, y compris celles de la matière, m'a obligé aussi à m'approprier avec précision les gestes requis et le respect des procédures. On n'utilise pas un rabot sans vérifier d'abord le sens du bois. On ne règle pas un moteur avant d'avoir bien calé le jeu des soupapes. Le travail manuel est « un savoir », il est aussi un « savoir-faire » qui exige une qualification objective et forme ainsi les esprits. C'est une école de vie et de travail en équipe. On est loin de l'arrogance d'un caté qui prétend donner d'emblée des réponses sur tout !

À la fin août 44, une autre école m'attendait. Un mois avant mes 18 ans, je me suis engagé aussitôt après la libération de Paris « pour la durée de la guerre » qui était loin d'être terminée. Peut-être étais-je secrètement inspiré par mon père qui s'était engagé en 14-18 à 19 ans. Ce furent quinze mois très durs à vivre, avec de multiples apprentissages, dont je ne retiendrai ici que deux d'entre eux. D'abord, de septembre 44 à l'armistice du 8 mai 45, la pensée constante de la mort possible m'a habité, moins la mienne que celle de copains fiancés ou mariés, car si l'un d'eux décédait il me faudrait, lors d'une permission, aller rendre visite à son père et sa mère pour parler avec eux de leur disparu. Cette situation de danger constant qui planait sur nos vies interrogea en profondeur et décapa ma foi reçue au caté mais renforça ma relation à Jésus. Quant au retour je suis entré au séminaire de l'Oratoire[1] pour une longue durée de sept ans, j'ai eu le sentiment de « revenir d'ailleurs » par rapport à mes camarades qui sortaient tout juste de l'enseignement libre, bachot en poche. Pendant ces années, je me demandais constamment : « Où sont les hommes ? ». J'avais l'impression de vivre hors-sol dans un monde coupé de ce qui fait le sérieux de la vie des humains.

Une deuxième découverte deviendra pour moi, elle aussi, « fondatrice ». Le capitaine qui commandait le bureau d'engagement m'a affecté à la même section que celle qui regroupait tous les étudiants s'engageant en même temps que moi. Moi, le *minus habens* de pas encore 18 ans, je me suis retrouvé plongé au milieu d'une dizaine de jeunes adultes de 20-24 ans, brillants étudiants de Normale supérieure de la rue d'Ulm, futurs énarques, etc., dont certains, arrêtés en mars 44 pour faits de résistance, avaient échappé de justesse à la déportation. Or, par-delà mes handicaps et mes complexes, tous ces camarades non seulement me prirent en amitié, mais lorsque je leur parlais de ce qu'on appelait « la vocation » ils prenaient aussi au sérieux ce projet de vie, reconnaissant « mon humanité habitée par Jésus ». Au point que, cinq ou huit ans après, plusieurs d'entre eux m'ont demandé d'être parrain d'un de leurs enfants. Grâce à eux, j'ai vécu une sorte de sortie du tunnel. C'est ainsi que, la veille de mon ordination en juin 1953, après des années de séminaire quelque peu chaotiques comprenant même un renvoi que, par chance et diplomatie, j'ai

1. Congrégation fondée en 1611 par Pierre de Bérulle qui voulait former des prêtres capables de vivre en communautés dans les diocèses afin de favoriser la mise en œuvre du Concile de Trente (de 1545 à 1583).

réussi à rendre provisoire, je suis allé trouver le supérieur pour le remercier, en ajoutant : « J'ai été renvoyé à peine entré au séminaire. Vous m'auriez signifié la même sanction depuis, j'aurais été obligé d'obtempérer, mais j'aurais pensé en moi-même : “Il se trompe parce que mes camarades d'armée y ont cru” ». Première expérience concrète de ma part que l'Église n'est pas uniquement la hiérarchie dont les jugements positifs ou négatifs tombent d'en haut, mais aussi une fraternité qui, à la base, ne manquait pas de bon sens.

Être prêtre : parler de Dieu dans le monde d'aujourd'hui ?

Il s'est trouvé que, moi, le *minus habens*, j'ai été nommé, au titre de la Paroisse universitaire, aumônier de plusieurs Écoles formant des professeurs pour l'Éducation nationale, dont « Normale sup. technique » (ENSET) comptant quelque neuf cents élèves, hommes et femmes. Allais-je faire face ? La question m'a tourmenté, mais je me suis lancé. Je note là encore, deux événements, entre bien d'autres, qui furent également fondateurs, bien qu'ils aient été déstabilisants et questionnants.

D'une part, la mixité dans ces Écoles produisait la naissance de nombreux couples et certains me demandaient de préparer leur mariage. Or, sur une dizaine d'années, j'ai constaté que dans ces couples le nombre de conjoints qui se disaient athées étaient passés d'un tiers aux deux tiers des couples en question. Cette évolution dessinait une courbe ascendante constante et sans à-coup. Il s'agissait donc d'un rapide déplacement culturel de la part de la jeune intelligentsia qui manifestait un désintérêt pour l'Église et son message. Comment les rejoindre ?

Un autre fait a été déterminant dans mes prises de conscience. Au retour d'un pèlerinage traditionnel d'étudiants vers Chartres, je fis à la demande d'un groupe un topo sur la résurrection que j'avais très bien préparé, fondé sur St Paul et Teilhard de Chardin. À la fin du topo, une jeune femme se leva : « Votre démonstration, dit-elle, est d'une rigueur irrécusable, mais manque de chance, cela ne me touche pas ». Et elle se rassit. La claque ! J'ai brutalement pris conscience que, en même temps que j'étais en relation humainement très profonde et féconde avec un fort pourcentage d'étudiants qui venait librement au « groupe catho », la distance entre cette jeune humanité et le discours de l'Église que je proférais était abyssale. Tandis que la référence à l'humanité de Jésus passait très bien, surtout en dialogue, plus qu'en discours du haut de l'estrade, la doctrine dogmatique, comme la morale, entre autres sexuelle, étaient parfaitement inopérantes et, de ce fait, récusées. J'enregistrais donc un écart profond entre la culture ambiante, y compris dans ce qu'elle avait de meilleur, et les références officielles de la foi telles que l'Église continuait de les affirmer « du haut de sa Chaire ».

Ces deux faits, pour moi symptomatiques de toute une série d'autres « expériences », m'ont conduit à me dire : il faut que j'arrête de prendre la parole dix fois par semaine et que je me donne le temps et surtout la liberté psychologique et mentale de me mettre réellement à l'écoute de la culture sous-jacente qui anime la vie de mes contemporains les plus en recherche. La solution pour trouver ce silence et pratiquer cette écoute, ce fut pour moi d'entrer dans la vie professionnelle, non pour une petite expérience superficielle de quelques années mais pour un engagement « à vie ». J'ai rejoint ceux qu'on appelait « les prêtres ouvriers ». Notre enracinement dans la vie commune des humains, joint à une exigence de réflexion entre nous sur le vécu que nous expérimentions, était à nos yeux de bonnes conditions pour vivre un véritable compagnonnage avec eux et pour découvrir leur mentalité et leur culture.

Je n'ai pas été déçu du voyage ! Au fil de ces vingt ans « hors cadre ministériel habituel », mais tissés d'écoute et de partage avec des femmes et des hommes de toutes cultures et responsabilités sociales au milieu desquels j'étais plongé, j'ai vu, et pas seulement senti, se « déconstruire » progressivement, comme « hors-jeu » de ce monde, toutes mes références théologiques acquises, y compris celles de mes sept ans de séminaire. Je ne parle pas bien sûr de mes années de caté, devenues depuis longtemps caduques. Mais restait « la personne de Jésus de Nazareth en son humanité », c'est-à-dire en relation avec tous les paumés de ce monde : socle pour moi inébranlable. Par socle, j'entends le fondement sur lequel me situer dans ce monde en pleine évolution et y reconstruire de nouvelles raisons de croire et de témoigner.

Changement de paradigme culturel

L'enjeu était d'envisager ma fidélité à l'Évangile autrement qu'en répétant une doctrine périmée. Pour cela, il me fallait à la fois étudier comment celle-ci s'était constituée dans la culture grecque des premiers siècles qui n'est plus la nôtre et percevoir l'esprit qui avait présidé à son invention, afin d'opérer le même travail dans la culture de notre temps.

Pour ce faire, il s'agissait de partir de l'Évangile de Jésus interprété par les apôtres et les premiers chrétiens dans le Nouveau Testament, de comprendre ces textes élaborés eux-mêmes dans la culture juive qui n'est plus la nôtre également, et d'actualiser cette bonne Nouvelle à nouveaux frais et dans de nouveaux langages pour les hommes et les femmes d'aujourd'hui. Ainsi m'apparaissait ce en quoi consistait la véritable fidélité qui conditionne sa fécondité. En rester à la présentation dogmatique du christianisme des IVe et Ve siècles en la considérant comme immuable, c'était pour l'Église, trahir sa vocation car l'Évangile ne demeure vivant et crédible qu'en étant réactualisé à longueur de siècles dans les cultures humaines qui ne cessent d'évoluer. L'illustre dominicain Yves Congar en était très conscient. En pensant à la manière dont la mémoire de Jésus avait été actualisé à travers les siècles, il aimait répéter : « *Ce qui a déjà changé peut encore changer* ».

Mais, hélas, depuis la Renaissance, et notamment depuis deux siècles, dès qu'un théologien se mettait à poser la moindre question de fond sur la vie de l'institution – touchant particulièrement à l'énoncé dogmatique ou à sa morale en décalage avec la culture et les mœurs du temps – qu'il s'agisse de théologiens nommément reconnus ou d'un courant de théologie pratique comme celui dit « de la Libération » en Amérique, les uns comme les autres étaient immédiatement contrés par l'autorité romaine[2]. C'est dire que la dimension prophétique de la vocation chrétienne « à la suite de Jésus » est presque annihilée aujourd'hui dans l'Église. D'où le « cri » poussé par le théologien Paul Blanquart, sur « l'urgence de la prophétie » dans le catholicisme actuel.

Écoute, relation, contemplation, ma façon de vivre à la façon de Jésus

Comment personnellement ai-je traduit ma foi chrétienne à partir du déplacement intérieur que je viens d'évoquer et qui me faisait m'éloigner – définitivement – des énoncés dogmatiques incompréhensibles et inaudibles pour un homme moderne ? Ce qui demeurait solide à mes yeux, c'était mon ancrage dans le témoignage que Jésus avait rendu de son

2. Voir, entre autres, tous les livres publiés par Karthala autour de la crise du modernisme, ou le dernier de Jacques Musset sorti chez Golias, *Jésus a fait sa part, faisons la nôtre ! Pour une fidélité créatrice* (avril 2021).

vivant. Son accueil sans réserve à tous ceux qu'il rencontrait, sa manière personnelle de les écouter, de les mettre en confiance, de leur permettre d'exprimer ce qui les poignait au plus profond d'eux-mêmes, son admiration pour leur vérité intérieure et leur souci de s'humaniser, ces éminentes qualités relationnelles du Nazaréen, source de vitalité humaine retrouvée ou renouvelée chez tant de femmes et d'hommes qu'il croisait sur ses chemins, c'était cela même que je me sentais appelé à mettre en œuvre, à développer, à affiner. Il m'apparaissait que c'est cette voie singulière que je continuerais à vivre. Écoute, relation, contemplation, ces mots expriment ma propre façon de la vivre à la suite de Jésus. Je vais rendre compte maintenant de leur poids d'expérience.

Des déclencheurs

Je peux faire remonter cette démarche à la mémoire active en moi des pages d'Évangile découvertes à l'âge de mes dix ans. Je la relie aussi au temps de la guerre dans laquelle je me suis engagé à peine sorti de l'adolescence. La peur dans la nuit au milieu de mes camarades a aiguisé ma réflexion sur la vie et sur la mort, m'a fait découvrir la vraie fraternité et développé ma sensibilité. Elle a intériorisé et conforté ma foi en Jésus, le compagnon invisible qui ne cessait de croire en moi. Mais tout cela n'était qu'un commencement.

Durant mes sept années de séminaire, deux expériences m'ont marqué profondément pour le reste de ma vie. La première, ce fut l'heure d'« oraison » quotidienne, chaque matin au réveil, qui souvent était une lutte contre le sommeil. Il n'y avait pas de méthode à l'Oratoire, ou si peu. Je lisais la veille au soir une page de la Bible, Ancien ou Nouveau Testament, jusqu'à ce qu'un événement, une phrase ou une attitude me « touche » à l'esprit et au cœur. Tout au plus un crayon à la main, je les notais sur un papier. « Toucher », c'était la clé de mon attention. Le lendemain matin, je restais silencieux sans rien faire d'autre, devant cette page, cette phrase ou cette attitude, ce visage de Jésus. Sept ans ainsi de gammes, d'apprentissage, d'expériences, d'entrée dans le silence ! Aurais-je appelé cette démarche « contemplation » dès ce moment-là ? Mais ça l'était déjà !

L'autre événement déterminant a découlé d'un travail de vacances que je m'étais donné à la fin de mes études. Je me suis amusé à fabriquer une synopse[3] des évangiles en prenant deux exemplaires de la nouvelle traduction d'Osty qui venait de paraître. Je découpais les séquences pour coller sur un très grand cahier, en regard les unes des autres, celles dont le sens était proche. Je redécouvrais ce que je savais déjà, que les trois textes des synoptiques, malgré certaines ressemblances, ne s'emboîtaient pas les uns par rapport aux autres, et que l'évangile de Jean avait, lui, une personnalité très singulière. Mais, plus important, je découvrais le rythme qui s'exprimait à travers cet ensemble. Rythme de la vie de Jésus avec ses moments charnières, comme la transfiguration entre les deux annonces de la passion, qui marque un basculement dans sa vie d'enseignement. Bien sûr, au début, défilaient le baptême, le désert et chez Luc la prédication à la synagogue de Nazareth ; et presque à la fin, le jour des Rameaux. Son comportement me semblait animé par un double mouvement que je résumais ainsi : « *Jésus se tenait toute la nuit en prière, à l'écart sur la montagne, à "écouter" son Père et à lui parler des hommes. Jésus, toute la journée dans la plaine, s'échine à écouter des hommes et à essayer de leur parler du Père* ». Ce double mouvement, solidaire l'un de l'autre et se renvoyant l'un à l'autre, était pour moi le cœur de l'engagement de Jésus. Tout de suite et définitivement, je l'ai inscrit dans ma mémoire. Je souhaitais qu'il devienne celui de ma vie. De fait, quand je relis mon existence, je constate que toute mon existence a été ponctuée par des mois de silence et de solitude, parfois radicale, qui ont fortement inspiré ma qualité de relation avec mes frères les humains et, inversement, mes compagnonnages avec eux ont nourri aussi fortement et vitalement mes temps de recueillement.

Contempler Jésus

Ignace de Loyola a donné une méthode que j'appellerais d'approche : imaginer le cadre, les personnages qui bougent, etc. Il s'agit de mobiliser l'attention, d'aiguiser la sensibilité. Thérèse d'Avila, pourtant en partie formée par des disciples d'Ignace, mais inspirée par son intuition fémi-

3. Ce travail personnel n'avait aucune valeur scientifique, surtout après la parution en 1964 de la *Synopse des Quatre évangiles* signée par les pères Benoit et Boismard, de l'École biblique de Jérusalem, mais ce fut un « exercice » qui m'a appris que nous n'avions pas le droit de prendre à la lettre les textes évangéliques ni de les confondre et qu'il fallait « les travailler » avant d'en parler.

nine, disait à ses sœurs du Carmel réformé de ne pas perdre leur temps avec ce qu'elle appelait la méditation mentale ou vocale. Elle leur conseillait l'« oraison d'union »[4], c'est-à-dire d'éviter les détours discursifs pour entrer directement en contemplation de Jésus en sa pleine humanité, telle que très concrètement les évangiles nous le mettent sous les yeux. Bérulle s'est coulé dans ce même type de démarche, ou mieux d'attitude. Pour ma part, quelle que soit la page d'évangile que je médite, j'y trouve Jésus, soit en prière et donc en relation avec son Père, soit en relation avec ceux dont il croise la route. Je me laisse pénétrer par ce que je perçois de cette intimité entre Jésus et celui qu'il appelle son Père. Intimité qui se laisse deviner plus qu'elle ne se dit en discours, sauf à des moments d'exception comme ce qu'on appelle « la grande jubilation » (Lc 10, 21-22). Comme surtout chez Jean après la cène, particulièrement dans la prière ultime (Jn 17), même s'il s'agit ici d'une méditation-reconstruction par l'auteur de l'évangile. Or, dans cette « relation », il est question des hommes, les fils du Père. Contempler Jésus face à son Père, loin de me permettre la moindre évasion de ce monde d'ici et maintenant, me renvoie constamment vers ceux qui l'habitent.

Il en est de même lorsque les évangiles me mettent devant Jésus en relation immédiate avec les hommes. Son regard, lorsqu'il se pose sur quelqu'un, est d'une telle qualité, d'une telle délicatesse, d'une telle profondeur que je ressens Jésus comme en contemplation de celui qu'il a devant lui, au point que ce dernier ne peut faire autrement qu'acquiescer ou se retirer. D'un côté, ceux qui laissent leurs filets pour se mettre à sa suite (Mc 1, 16), de l'autre, ceux qui ne peuvent quitter leur confort, comme le jeune homme riche et ceux qui, pratiquant une religion de façade, ne le supportent pas et se préparent déjà à le supprimer[5]. Contempler Jésus, c'est entrer dans sa *qualité de regard* et aussi, dans un même mouvement, laisser son regard à lui habiter progressivement le mien, le transformer, le clarifier, le rendre plus transparent. Contempler Jésus, c'est donc pour moi entrer dans une intimité durable avec lui jusque dans sa manière d'être en relation, d'une part avec son Père, d'autre part avec ceux qui sont là. Contempler Jésus, c'est apprendre, ou mieux, c'est progressivement s'entraîner à contempler à travers lui celui qu'il appelle

4. *Passim*, dans ses lettres envoyées lors de ses nombreux déplacements à ses compagnes des différentes fondations.
5. Voir Mc 3, 5-6 : « Promenant sur eux un *regard de colère*, navré de l'endurcissement de leur cœur, il dit à cet homme : "Étends la main". Il l'étendit et sa main fut guérie. Une fois sortis, les pharisiens tinrent aussitôt conseil avec les hérodiens, contre Jésus, sur les moyens de le faire périr ». Sur le regard de Jésus, voir encore Mc 3, 34 et Lc 22, 60.

son Père, puis à regarder comme lui, et commencer à contempler ceux qu'il nous donne de rencontrer.

Contempler les hommes

Contempler Jésus m'a appris à regarder la vie, toute la vie, chaque instant de la vie – j'ai envie de dire chaque coin de rue – avec un certain regard. Autant dire que je suis loin du compte. Voir les personnes qui sont là, tel qu'elles se donnent à voir, sans visée d'inquisition ni simplement de curiosité, sans complaisance non plus – à la suite de Jésus, il n'y a place pour aucun voyeurisme –, telle est ma façon d'être son disciple. Contempler ainsi le visage d'un enfant qui vient de naître ou d'une mère qui allaite, celui d'un enfant déjà marqué par tout un faisceau d'influences pour le meilleur et le moins bon, parfois hélas ! Pour le pire, contempler le visage d'une femme ou d'un homme au travail ou se mobilisant au service des autres parfois dans de rudes combats, ou encore celui d'un être cher qui est en train de « passer sur l'autre rive » et, le lendemain, de ceux qu'il a laissés là, désemparés.

Il y a des temps privilégiés, ceux de l'amitié et des multiples partages en communauté ou en équipe. Quelle attention cela sollicite-t-il et suscite-t-il de ma part ! Mais quelle richesse il en résulte pour tous ! Il reste que le temps consacré à l'*écoute* ne se vit pas que sur rendez-vous. Combien d'heures de contemplation, d'écoute gratuite et secrète dans la vie quotidienne, n'ai-je pas vécues ainsi, y compris au sein des entreprises qui furent longtemps mon lieu de vie ! Combien de personnes – souvent sans en prendre conscience, parfois à demi-mots tant la pudeur oblige – m'ont confié quelque chose d'elles-mêmes qui ouvrait sur une grande profondeur, quelquefois sur des puits de joie, souvent sur des abîmes de souffrance ! Je n'avais pour ma part rien à dire, simplement être là, écouter activement et accueillir avec simplicité et intensité. Écouter avec les oreilles et les yeux et tout le visage et les mains, voir avec les yeux et les oreilles, comme l'écrit Maurice Bellet[6]. Je m'efforce de faire « tourner

6. Maurice Bellet, *L'Écoute*, Paris, Desclée de Brouwer, 1989, p. 86 : « L'écoute ne sait pas : elle veille. [...] Entendre, c'est voir, de cette vue qui n'est pas celle du voyeur, qui n'est pas arrêtée par le spectacle, l'évidence, la chose. Entendre, c'est toucher, de ce toucher sans prise et même sans contact, qui se borne, limite heureuse, à donner la pure présence ».

tous mes radars » afin de capter le moindre écho de ce qui se dit, se donne à voir, ou de deviner simplement ce qui se vit chez l'autre.

À plus forte raison, j'offre mon écoute lorsque la rencontre se fait sur rendez-vous pour un accompagnement explicitement demandé. Le temps d'une telle écoute ne se mesure pas d'avance, ni se prévoient les réactions adaptées de ma part. En cours de route, je peux risquer des questions du type : « Que veux-tu dire par là ? » ou procéder par reformulations : « Ne voudrais-tu pas dire par là que... ? ». La rencontre est un travail à deux de toute évidence, qui part de la parole de l'autre. « La parole libère », disait Lacan ; « la parole guérit », écrit Drewermann[7]. « Et le Verbe (la Parole) s'est fait chair, et il a habité parmi nous », nous apprend l'évangile (Jn 1, 14), afin qu'en nous la Parole se fasse chair elle aussi !

La parole, en effet, s'incarne en émergeant du plus profond de l'être, si toutefois il y a une oreille qui écoute. L'autre peut enfin pouvoir dire ce qui trop longtemps n'a pu s'exprimer. Cet accouchement est parfois joyeux devant l'évidence de ce qui naît. Parfois, trop souvent hélas, l'accouchement est douloureux, au forceps, facilité par celui qui écoute mais accompli par le « parlant » lui-même.

L'écoute libère des énergies chez celui ou celle qui a besoin de parler. L'écoutant s'émerveille quand quelque chose commence à bouger. Il compatit quand le seul témoignage énoncé est celui d'une trop grande souffrance. Cœur de miséricorde de sa part ? Espérons-le ! Peu importe le vocabulaire. Pour moi, c'est l'attitude profonde qui compte. À la fois, mon ressourcement en toi Jésus où je puise l'inspiration de ma qualité d'écoute et, en même temps, mon accueil à toi qui es là, femme ou homme, enfant ou personne âgée pour accueillir ta parole qui va peut-être venir dont je ne sais encore rien, si ce n'est que ce qui va se dire nous accouche l'un et l'autre, dans le secret de chacun, à un « plus » de vie.

Contemplation des personnes ? J'ose cette expression. J'ai dit que ma contemplation de Jésus en son humanité priante et « fraternisante » me conduisait à laisser s'épanouir en moi cette manière d'être aux autres, cette qualité de regard qu'avait Jésus vis-à-vis de chaque personne qu'il rencontrait. Telle devrait être la qualité des relations à l'égard des hommes pour qui se veut disciple de Jésus, à l'exacte mesure de sa relation à lui. Jésus renvoyé aux hommes dans sa rencontre avec le Père et renvoyé au Père dans sa rencontre avec les hommes. Jésus qui me renvoie aux hommes pour autant que je le rencontre, et réciproquement. Mouvement sans fin en alternance mais un mouvement qui s'inscrit dans l'histoire

---

7. Eugen Drewermann, *La Parole qui guérit*, Paris, Éd. du Cerf, coll. « Théologies », 1991 (1re éd.).

d'un homme, dans l'histoire des hommes. Il y a bien sûr, chez qui s'y exerce jusqu'au dernier souffle de vie, des ratés, des retours en arrière, mais aussi des émergences de véritable humanité en croissance. C'est ce qui fait la saveur de cette expérience et qui donne de la joie.

Contempler le monde

Ce dont j'ai parlé jusqu'alors est de l'ordre du face-à-face, de l'interpersonnel. Or, Jésus me convoque, me provoque à une autre étape de cette contemplation, jusqu'à son élargissement aux dimensions du monde. Il s'agit plus prosaïquement mais plus profondément du monde des hommes, avec ses composantes sociales, économiques qui écrasent ou épanouissent, et même politiques, lesquelles devraient réguler l'économique et le social, tandis que par un mauvais retournement des choses, elles sont de plus en plus soumises au pouvoir de l'argent.

Qu'il s'agisse de la présence à l'autre en tant qu'individualité dans la relation d'accompagnement ou de la rencontre avec un groupe social, dans les deux cas, cette démarche consiste en un retournement de la part de celui qui est parti témoigner de la Bonne Nouvelle à celui qui est censé ne pas la connaître. Dans la seconde situation, cela suppose de sa part un temps d'enfouissement, de silence afin de reconnaître et même de recevoir de l'autre la vie qu'il porte en lui. Se déplacer donc vers l'autre pour l'accueillir dans sa réalité singulière, ce qui appelle une conversion de sa mentalité, de son attitude et de son cœur, une dépossession de soi. Le premier temps est la présence bienveillante, puis très vite l'engagement syndical fait sortir de la neutralité au scandale des grands de ce monde, tant ceux de l'encadrement des entreprises que du monde clérical. Dans ce compagnonnage, tout ce que l'écoute a emmagasiné est comme restitué à ceux qui en étaient la source et finalement les dépositaires.

C'est l'expérience que j'ai faite durant vingt ans dans les entreprises où, dans la dernière, la moyenne d'âge du personnel était telle que j'aurais pu être le père du plus grand nombre d'entre eux. Mon écoute s'est efforcée d'accueillir la richesse de l'autre en des domaines où j'étais ignorant, elle m'a fait recevoir de certains jeunes de vingt ans des leçons d'intelligence des événements vécus, ainsi que le témoignage d'une générosité qui était loin de tourner à mon avantage. Sauf à me laisser déplacer par ce que je recevais d'elles et d'eux. Découvrir, accueillir, recueillir, restituer ! C'est le fruit d'un travail de libération de la parole, porteuse des tensions dues aux blessures professionnelles reçues antérieurement mais qui en se formulant a permis de rectifier ce qui pouvait parasiter la lutte ou la faire dévier de ses objectifs premiers. À ce travail d'accouchement, de moi-même et des autres, je me suis efforcé de participer activement.

Contemplation et action

Alors oui, lorsque je rencontre Jésus et contemple son humanité vécue il y a deux mille ans, il me renvoie, en même temps qu'aux personnes prises dans leur individualité, jusqu'à l'environnement social, économique et politique qui englobe leur vie. Écoute et contemplation ne sont pas pour moi évasion de notre temps, mais au contraire, responsabilisation et inscription au plus profond de ce monde. C'est pourquoi, il n'est pas possible pour un chrétien d'opposer action et contemplation. Comme en Jésus ces deux pôles se fécondent réciproquement, il devrait en être de même pour ceux qui se mettent à sa suite au service des hommes. De la même manière, il n'y pas d'opposition entre l'instant et l'éternité. L'éternité ne se situe pas après le temps, elle en est dès aujourd'hui la qualité la plus profonde qui ne se dévalue pas.

Dans l'Église, on a inventé une répartition des deux pôles contemplation-action, que Jésus assumait dans tout ce qu'il entreprenait, en deux états de vie différents, au prétexte qu'il est difficile pour une même personne de les vivre avec la même intensité que lui. D'un côté, sont nés les « contemplatifs » enfermés dans les monastères, avec en fine pointe l'érémitisme ; par ailleurs, on a considéré les autres comme les « actifs » voués au témoignage, aussi bien dans la vie religieuse que laïque. Or, comment être un témoin de Jésus, où que nous soyons et quoi que nous fassions, sans être enraciné en lui, c'est-à-dire sans être contemplatif ? Tout autant : comment être contemplatif sans être renvoyé au souci des autres, les fils du même Père ? Quelles que soient nos limites et nos misères, quelle que soit l'accentuation que nous donnons à l'un de ces deux pôles plutôt qu'à l'autre, les deux restent constitutifs de la vocation de tout baptisé.

Tel est le message qui me vient directement de l'évangile de Matthieu. Dans la parabole du Jugement dernier (Mt 25, 31-46), Jésus met tout homme et toute femme du seul fait de leur condition humaine en demeure d'être proches de ceux qui sont nus, ont faim, sont en prison... Pourquoi le chapitre 23 est-il moins souvent cité, lui qui s'attaque à ceux qui se présentent comme les porte-parole de Dieu et dont la pratique de vie est le mensonge et l'injustice ? Jésus en son temps n'y va pas de main morte en effet. « Malheureux êtes-vous, scribes et pharisiens hypocrites, vous qui versez la dîme de la menthe, du fenouil et du cumin, alors que vous négligez ce qu'il y a de plus grave dans la loi : la justice, la miséricorde et la fidélité ; c'est ceci qu'il fallait faire sans négliger cela. Guides aveugles, qui arrêtez au filtre le moucheron et avalez le chameau ! » (Mt 23, 23-24). Sept fois de suite, Jésus cingle au visage ce groupe religieux pour dénoncer la façon dont, au nom de Dieu, il aliène ses compatriotes juifs.

Les paroles du Jésus de Matthieu 25 et 23 ont besoin d'être actualisées à chaque époque. Celles de Matthieu 25 s'adressent à tout chrétien sur la manière dont à la fois personnellement et collectivement il a le souci de ses frères souffrants, au plus près de lui et au plus loin, car le monde est devenu un grand village où tous les humains sont interdépendants. Celles de Matthieu 23, s'adressent spécialement aux responsables religieux qui, engoncés dans le cléricalisme, tentent d'imposer aux laïcs chrétiens leur doctrine dogmatique et moralisante au lieu se convertir eux-mêmes à l'Évangile de Jésus et d'y appeler les chrétiens.

La « contemplation » est déjà action en ce qu'elle me transforme moi-même, si je m'essaie à rencontrer à une profondeur sans fond aussi bien les autres hommes que Jésus. Elle est aussi action dans la mesure où, étant ainsi marqué, transformé par elle, je suis conduit à agir dans ce monde dans l'esprit qui animait le nazaréen. Contempler, c'est se nourrir, s'imprégner de l'Autre et des autres. La contemplation ne nous met pas à part, ni socialement, ni dans la durée, comme si elle était une parenthèse dans la vie ou une évasion dans je ne sais quel au-delà. Elle qualifie cette vie dans le déploiement de toutes ses composantes interpersonnelles, sociales et politiques pour en faire une seule et féconde harmonie. Écoute et contemplation, comme attitude intérieure foncière, rejaillissent à travers moi en action qui cherche à être adaptée au service de mon prochain.

Telle a été et demeure ma façon de professer ma foi chrétienne et de la pratiquer. À 95 ans accomplis, je suis heureux d'avoir vécu cette aventure qui me semblait improbable en mes débuts, grevés de difficultés de toutes sortes. Des humains ont cru en moi, j'ai cru que Jésus croyait en moi, ils ont fait naître la foi en moi. Fort de cette confiance qui m'a re-suscité, je me suis lancé à mon tour dans cette double relation qui a donné sens à mon existence et l'a humanisée à un point que je n'aurais jamais imaginé. J'ai dit ma relation avec Jésus et par lui avec son Dieu dans des temps de ressourcement-contemplation silencieux, et en même temps ma relation profonde avec mes frères les humains au hasard des rencontres dans les contextes où la vie m'a conduit. Par l'accueil et l'écoute que je leur ai offerts, j'ai contribué à leur humanisation et, inversement, les richesses que j'ai découvertes et contemplées en eux ont contribué à m'humaniser. Au soir de mes jours, je crois pouvoir reprendre à mon compte, dans la paix, la joie et la reconnaissance, la dernière parole du curé de campagne dans le célèbre roman de Bernanos : « Tout est grâce ! ».

8

Mon cher Victor

Paul FLEURET*

Voici quelques années, toi qui es un bouffeur de curés et qui sais que je suis chrétien, tu m'as demandé, mi-sérieux mi-provocateur : « Tu y crois, toi, à l'autre pendu ? ». Et je t'ai répondu : « Oui, j'y crois ». Quelle fut la suite de notre échange, et y en a-t-il eu une ? Je ne m'en souviens pas et je crois qu'elle fut brève. Mais ta question est restée toujours bien présente en moi et j'y pense souvent. Est-ce que je crois à l'autre pendu, à ce Jésus pendu sur la croix ? Et qu'est-ce que ça veut dire en ce XXIe siècle ? Est-ce que ça a encore un sens ou est-ce le fruit d'une tradition en voie de disparition que je n'arriverais pas à quitter ? Tu me casses un peu les pieds, sais-tu, en me forçant à te répondre.

J'ai remarqué depuis longtemps ta virulence contre « les curés » comme tu dis. Je crois que tu as des comptes à régler avec eux. Je sais que dans ton Portugal natal où tu as vécu toute ton enfance et ta jeunesse, avant d'émigrer en France, le pays était soumis à la dictature fascisante de Salazar dont le régime autoritaire était comme cul et chemise avec l'Église catholique... l'Église ou au moins toute la structure ecclésiale constituée des évêques ultraconservateurs.

---

* Paul Fleuret a été professeur de lettres en collège, visiteur de prison pendant 19 ans puis aumônier catholique de prison pendant 12 ans. Il a longtemps été membre du Service de formation dans son diocèse. Tout en étant actif en paroisse, il est, depuis 1974, membre d'une Communauté chrétienne de base, laquelle a évolué vers un « christianisme libéral » libéré du fardeau des dogmes.

Depuis des années, tu as facilement repéré que je suis chrétien, pratiquant comme on dit. Si le pape faisait à je ne sais quelle occasion quelque déclaration, tu me disais : « Tu as entendu le chef de ta secte ? ». Pour toi, un chrétien ne peut être qu'aux ordres du chef de la secte, comme tu dis. Mais tu savais aussi que j'étais aumônier à la prison et je t'en parlais de temps à autre. Il t'est arrivé parfois de me demander un service et je ne pouvais y répondre : « Je dois aller à la prison ... ». Et tu me répondais : « Pas de problème ! Ça passe avant tout ». Je dois te dire que j'ai beaucoup apprécié cette attitude très respectueuse.

Je te dis que je suis chrétien. Mais qu'est-ce que ça implique concrètement ? Comment ça se manifeste ?

Je suis chrétien « pratiquant » comme on dit. Ce qui signifie que je vais à la messe paroissiale le dimanche – de moins en moins souvent, en fait, car je ne supporte pas les cantiques nouveaux venus de ceux qu'on appelle les charismatiques ; par ailleurs, l'évolution générale de l'Église catholique ne me satisfait pas du tout, évolution qui va vers le conservatisme, la piété, la bondieuserie, pour tout dire. Une fois toutes les cinq à six semaines, j'anime le chant à la messe, ce que j'aime beaucoup. Je fais partie de l'équipe des laïcs qui président les célébrations d'obsèques à la paroisse et aussi au crématorium pour les familles qui demandent une célébration religieuse chrétienne. Je suis membre de l'équipe locale du CCFD-Terre solidaire, le Comité Catholique contre la Faim et pour le Développement : nous organisons chaque année une soirée de conférence suivie d'un débat sur un sujet politico-socio-économique. Comme tu le sais, j'ai été dix-neuf ans visiteur de prison, engagement qui est purement laïc, sans connotation religieuse. Ensuite, j'ai été douze ans aumônier à la même prison.

Ceci dit, c'est ce qui se voit. Mais quel est le fond ? quelle est ma foi ? pourquoi je persiste à « croire à l'autre pendu » ? La réponse à ces questions est autrement compliquée. Je vais tâcher de m'y appliquer pour te répondre. Mais je te préviens que je serai obligé parfois (ou souvent) d'employer des mots de la tribu catho, des mots théologiques. Je pense que tu les comprendras car tu n'as sans doute pas oublié complètement le catéchisme de ton enfance.

Je commence par la question de Dieu. Vaste question ! Mais tu remarques de suite que j'ai bien dit question... Je pourrais ajouter aussitôt : question sans réponse. J'ai connu un vieux moine[1] qui disait, à propos de tout ce qui touche à la religion : « *La seule chose dont on soit sûrs, c'est qu'on est sûrs de rien* ».

---

1. Guy Luzsénszky, 1909-1994, prieur de Boquen (Côtes-d'Armor).

Je ne sais pas comment était rédigé le catéchisme de ton enfance, mais le mien fonctionnait sous forme de questions-réponses. Réponses à tout ! La première question est encore gravée dans ma mémoire : « *Qu'est-ce que Dieu ? – Dieu est un esprit, éternel, infiniment parfait, créateur et maître de toutes choses* ». J'étais bien avancé avec cette phrase très intellectuelle ! Mais j'y croyais sans me poser de questions.

Dieu : un mot qui est présent dans le langage courant le plus banal : *Bon Dieu de bon Dieu ! Nom de Dieu !* ou encore : *Nom de bleu !* comme disait mon grand-père qui n'osait pas mêler Dieu à ses énervements. Dieu : voilà un mot étrange. Car ce nom commun – écrit avec une minuscule initiale : dieu – sert aussi à désigner... comment dire ? l'Être suprême ainsi que disait Robespierre. Et alors il prend une majuscule. C'est Dieu et non pas un dieu. Étrange, quand on y pense, car un dieu particulier parmi la multitude que les hommes se sont donnés, le dieu d'Israël, a fini par accaparer pour lui seul le mot désignant toutes ces divinités : c'est Dieu ou en arabe Allah.

Bien que tu ne veuilles pas le laisser paraître, je sais que tu es quand même un intello. Alors, le professeur de français-latin que j'étais te propose un détour par l'étymologie. « Dieu » viendrait de la racine indo-européenne *dei-* : briller. *Dei-*, *deiwo-*, *dyew-* : le mot désigne la lumière. Et par extension, le ciel lumineux reconnu comme divinité, avec tous les êtres célestes supposés l'habiter, et cela, par opposition et contraste avec les habitants de la terre. En grec, le dieu se dit ὁ θεός (ho théos), d'où sont issus quelques mots français : la théocratie, la théologie... Et parmi tous les dieux, voilà Zeus : Ζεύς, dont le génitif est Dios : Διός. C'est le dieu suprême, le père des dieux, le dieu des dieux. En latin, voici *deus* : (le) dieu et *dies* : le jour. *Dei-*, *Zeus-Dios*, *deus*, *dies* : nous ne quittons pas le domaine du lumineux. Autrement dit, quand ceux qui croient en Dieu proclament ce nom, ils utilisent un vocabulaire tout ce qu'il y a de plus païen : Dieu, Dios, Zeus, c'est la lumière, comme chez les Égyptiens anciens le dieu Râ, créateur de l'univers, manifesté par le soleil. Voici quelques dizaines d'années, les cathos chantaient ce cantique : « *Dieu est amour, Dieu est lumière, Dieu notre père. En toi, Seigneur, point de ténèbres* ». Y a-t-il vraiment une différence avec cette hymne égyptienne au dieu-soleil Aton : « *Tu apparais dans la perfection de ta beauté dans l'horizon du ciel, créateur de vie. Tu donnes constamment le souffle, tu donnes vie à toute créature. Caché à nos yeux, Dieu unique sans égal, tu crées l'univers* »[2] ? La question se pose alors : le christianisme serait-il un paganisme qui a réussi ?

2. Lu sur <https://www.egyptos.net/egyptos/dieux/grand-hymne-a-aton.php>

Il y a plus encore, mon cher Victor, tu vas voir. À la fin du Ier siècle, un certain chrétien, Jean, écrit dans sa lettre : « *Voici ce que nous vous annonçons : Dieu est Lumière, en lui point de ténèbres* » (1 Jn 1, 5). L'évangile de Jean va même jusqu'à déclarer : « *La Parole* (identifiée à Jésus) *était la lumière véritable, qui éclaire tout homme... Jésus dit : Je suis la lumière du monde* » (1, 9 ; 8, 12). Quoi qu'il en soit, quand, au XXIe siècle, les croyants disent « Dieu », ne font-ils pas que dire ce que disaient déjà les hommes de l'Antiquité, se référant à la lumière considérée comme la source de la vie, comme le Dieu ? Trace cachée et inconsciente du paganisme ? qui sait ? Voilà déjà de quoi se poser des questions sur Dieu. Mais ça ne répond pas à la question de savoir ce que j'en pense, ce que je crois. Alors j'essaie. Mais c'est compliqué !

Je vais prendre le début du Credo – que tu as récité dans ton enfance puisque tu m'as dit que tu as tout fait : catéchisme, communion et le reste : « *Je crois en Dieu le père tout-puissant, créateur du ciel et de la terre* ». Pour être sincère, voilà une formule dans laquelle je ne me retrouve pas du tout. Dieu tout-puissant ? Mais si c'était vrai et qu'en plus il est, comme disait le cantique, *amour, lumière et père*, comment se fait-il qu'il ait pu laisser au long de l'histoire tant d'horreurs se passer et parfois en son nom ? pourquoi aurait-il laissé se faire la Shoah, l'anéantissement programmé du peuple juif censé être son peuple ? – Je sens que tu vas me citer les crimes de l'Inquisition au Portugal : elle a commencé en 1496 et n'a été officiellement abolie qu'en 1822. Au terme de 30 000 procès, 1 808 juifs portugais ont été condamnés au bûcher et 29 500 « réconciliés » de force... et Dieu n'a rien empêché !

Dieu créateur du ciel et de la terre... Les chrétiens dont je suis continuent à le dire mais sans parvenir à y croire, car voilà bien longtemps que les savants nous ont expliqué l'origine de l'univers : le fameux big-bang. À vrai dire, cette hypothèse n'explique pas grand-chose car plus la science avance, plus la complexité augmente et pose davantage de questions qu'elle ne donne de réponses assurées, par exemple : quoi avant ce big-bang ? Je n'arrive plus à croire à un « acte » de Dieu décidant de créer l'univers. La seule question qui me reste est celle-ci : *Pourquoi y a-t-il quelque chose plutôt que rien ?* Cette question a été posée par le philosophe Leibniz en 1740. Pour lui, rien n'est sans raison. Sa question avait pour but de prouver que si le réel est sans raison, le monde est absurde et n'a aucun sens. Le philosophe voulait donc montrer que Dieu est la cause de tout ce qui est et donc que le monde n'est pas absurde.

Un autre aspect de la question de la création par Dieu se lit dans la théorie de l'évolution des espèces. Théorie... ou plutôt constatation scientifique. Il n'y a plus que les fondamentalistes – et ils sont très nombreux, environ un tiers des étatsuniens – à remettre en cause cette évolution. Mais parmi les catholiques, on trouve des gens qui l'admettent bien comme un fait scientifique mais y voient une volonté divine d'aboutir au sommet : l'apparition de l'humain. Tout cela ne tient pas debout. Et de plus, qui peut prétendre connaître cette soi-disant volonté divine ? Il ne me reste que la question : *Pourquoi y a-t-il quelque chose plutôt que rien ?* Question sans réponse, mais question que je garde car elle me fait rêver à... comment dire ? l'infini, l'immense, une sorte d'éternité. C'est une question poétique.

Dans ton enfance, tu as lu ou entendu lire des extraits de la Bible. Dans ce livre, de la première page à la dernière, Dieu est une évidence. Mais, dans cette même Bible, juive ou chrétienne, il est une autre tradition infiniment discrète mais non moins réelle. Une tradition où l'action de Dieu et son existence même posent question, sont mises en question. Une tradition du doute. Ou, pour le moins, de la discrétion.

Tu veux des exemples ? Celui-ci qui m'est particulièrement cher : au 1er livre des Rois (1 R 19), Élie le prophète, découragé, fuit au désert. Une nuit, « *il lui fut dit : Sors et tiens-toi dans la montagne, devant YHWH* » car YHWH-Dieu va passer et se faire voir à toi. Un ouragan, un tremblement de terre, un feu : Dieu n'est pas là dans l'évidence et dans la force. « *Et voici que YHWH passa dans le bruit d'un silence ténu* ». Le bruit d'un silence ténu : la formule est paradoxale car que peut bien être le bruit d'un silence ? et un silence ténu ? Tu connais aussi l'histoire de Moïse auquel Dieu « apparaît » « *dans une flamme de feu, du milieu d'un buisson* » c'est-à-dire dans l'immatériel, l'inconsistant, l'insaisissable. Et le nom de Dieu est révélé : YHWH, qui peut se traduire Je-suis-qui-je-suis ou Je-suis-qui-je-serai. Autrement dit, Dieu n'a pas de nom, il est dans l'insaisissable. Façon de dire l'ignorance sur Dieu, lequel reste une question, un mystère : « *Nul n'a jamais vu Dieu* » lit-on dans l'évangile de Jean (Jn 1, 18), et ceci dans sa première lettre : « *Dieu, personne ne l'a jamais contemplé. Si nous nous aimons les uns les autres, Dieu demeure en nous* ». Cette dernière phrase donne une piste intéressante : la seule voie pour approcher un peu ce mystère de Dieu est dans la relation fraternelle à l'autre. Tu peux dire tout et son contraire à propos de Dieu, qu'il existe, que tu l'as rencontré (*Dieu existe, je l'ai rencontré*[3] a osé écrire André Frossard), qu'il n'existe pas, qu'il est une création de l'homme : tout cela ne vaut rien car l'essentiel est dans ta façon de vivre avec les autres. Les chrétiens disent aussi que Dieu a parlé aux hommes – par les prophètes voire en direct à tel ou tel comme Abraham – et qu'il continue à

3. *Dieu existe je l'ai rencontré*, Éditions Fayard, 1976.

parler : nombre de prêtres et de religieux disent qu'ils ont reçu un appel de Dieu... Je ne crois pas que Dieu ait quelquefois parlé aux hommes. Ni d'ailleurs qu'il soit intervenu ne serait-ce qu'une fois dans l'histoire des humains : s'il l'avait fait, la liberté humaine n'existe plus – car il pourrait recommencer et modifier notre histoire.

Tu vas me relancer : Et toi, qu'en dis-tu ? comment dis-tu ? – Je me retrouve bien dans ce qu'on appelle la théologie négative qui considère que l'on peut davantage dire ce que Dieu n'est pas que dire ce qu'il est. Sur Dieu, on doit d'abord dire qu'on ne sait pas. Je te redis la pensée du vieux moine : « *La seule chose dont on soit sûrs, c'est qu'on est sûrs de rien* ». Je pourrais t'aligner une longue série de citations de chrétiens célèbres qui sont dans cette ligne. En voici une ou deux que j'aime bien :

– Aux IVe-Ve siècles, Augustin d'Hippone, dans son livre *Confessions* parle de Dieu à toutes les pages : Dieu est là comme une évidence. Il s'adresse à Dieu avec une litanie d'adjectifs : « *Très haut, très bienveillant, très puissant, très tout puissant,* etc. » et pour finir : « *Mais qu'avons-nous dit après ça, mon Dieu ? Que peut-on dire en parlant de toi ?* »[4].

– Aux XIIIe-XIVe siècles, un dominicain allemand, Maître Eckhart[5] : « *Si j'avais un Dieu que je pusse connaître, je ne voudrais plus le tenir pour Dieu ! Si tu connais quelque chose de Dieu, il n'est rien de cela* ».

– Au XXe siècle, Simone Weil[6] : « *Dieu ne peut être présent dans la création du monde que sous la forme de l'absence* ».

– Mais il y a plus fort encore, au point qu'on peut considérer qu'on frise l'athéisme : aux Ve-VIe siècles, le Pseudo-Denys l'Aréopagite[7] écrit : « *Dieu n'a pas de force et il n'est aucune force ni aucune lumière. Et il ne vit pas et il n'est pas non plus la vie. Et il n'est pas l'être, ni l'éternité ni le temps. Et il n'est ni le savoir ni même la vérité, ni la seigneurie ni la sagesse, ni non plus l'Un et l'unité ou même la divinité parce qu'il est totalement au-delà de tout et au-dessus de tout et de chacun. Il est celui qui transcende toute affirmation et toute négation* ».

4. *Les Aveux* 1, 4 ; traduction F. Boyer, (éd. POL, 2008).
5. *De la pauvreté en esprit* (sermon sur Mt 5, 3).
6. *La pesanteur et la grâce* (1947).
7. *De la théologie mystique*, V.

Je continue à essayer de te dire comment je crois en Dieu. Dans le temple de Jérusalem, avant l'exil à Babylone, se trouvait l'Arche d'Alliance, coffre contenant les tables de la Loi et surmonté de deux chérubins aux ailes déployées. Cette Arche est considérée comme le lieu précis de la présence de Dieu : YHWH « *siège sur les chérubins* » dit le psaume 80. Plus exactement, c'est l'espace vide entre les chérubins qui est le lieu de YHWH. Cette présence porte le nom de *Schekinah*. À la question du psaume 42 : « *Où est-il, ton Dieu ?* » est donc donnée une réponse. Il est là, sur son trône. Mais ce trône est vide. Il y a localisation maximale de la présence : c'est là et non ailleurs, mais cette présence est désignée par un espace ouvert. Une présence-absence dans cet espace vide. Mais aussi vide que peuvent l'être deux mains ouvertes vers un autre. On sait aussi qu'au temps de Jésus le cœur du temple, le Saint des Saints, était une salle vide. Surprise et incompréhension du Romain Titus y pénétrant en 70 lors de l'incendie ; qu'est-ce que ce Dieu sans statue ni image, un Dieu dont la présence est signifiée par l'absence ?

Je vais plus loin. En 1977, le dominicain Jacques Pohier publiait *Quand je dis Dieu*[8] et mettait en en-tête cette phrase de Maître Eckhart : « *Dieu devient Dieu quand les créatures disent : Dieu* ». Ce qui amène à se poser cette question : quel est mon Dieu ? quand je dis Dieu, quel est le dieu que je fais devenir, que je fais exister ? Mon dire sur Dieu ne peut être qu'un dire dans l'instant, dans le présent de mon histoire. Et par conséquent, toutes les définitions de Dieu, toutes les formulations dogmatiques de quelque concile que ce soit ne sont que formulations situées historiquement. Et elles ne me servent de rien. Ou presque.

Serait-ce à dire que les hommes créent Dieu ? Serait-ce à dire que, sans reconnaissance par l'homme, il ne serait pas Dieu, il ne serait pas ? Je réponds oui. Un Dieu solitaire n'a alors ni sens, ni, finalement, d'existence. Je rejoins Jacques Pohier : « *Il n'y a pas de Dieu-avec-nous sans nous. Dieu n'est Dieu-avec-nous que là où l'homme le fait tel, et tel que le fait l'homme. Cela, personne ne veut le croire, les croyants moins que quiconque* ».

Je reprends ma question : serait-ce à dire que les hommes créent Dieu ? Je pense que l'on peut répondre oui. Depuis les IVe et Ve siècles, les chrétiens ont proclamé que Dieu est Trinité : Père, Fils et Saint-Esprit, et c'est devenu la formule de foi définitive. La Trinité : encore un mot qu'on ne lit nulle part dans le Nouveau Testament, un mot intellectuel qui résulte des débats entre évêques lors des conciles de Nicée et de Constantinople. Ces évêques tâchaient de dire, pour leur époque avec leurs concepts et

8. *Quand je dis Dieu*, Éditions du Seuil, 1977.

leurs philosophies, quelque chose sur Dieu à partir de l'Évangile. Très bien, mais nos concepts et nos philosophies n'ont plus rien à voir avec les leurs, mais alors, rien de rien ! Et on continue à faire comme si... Quand j'entends l'expression « *Jésus Fils de Dieu, seconde personne de la Trinité* », je ne sais pas ce que ça veut dire. Et que dire de « *l'Esprit Saint procède du Père et du Fils* » dans le credo récité le dimanche... Tout cela ne fait plus partie de notre « croyable disponible » comme disait le philosophe protestant Paul Ricœur. Bref ! Je suis très mal à l'aise avec ce dogme de la Trinité.

Tout ceci fait que je ne supporte plus que, dans des sermons-homélies, des livres religieux, des échanges entre croyants de quelque religion que ce soit (car c'est pareil chez les musulmans), l'on entende des affirmations du type : « *Dieu veut... Dieu fait... Dieu est ...* », etc. J'ai de plus en plus de peine à supporter l'emploi du mot Dieu comme sujet d'un verbe – même s'il m'arrive de le faire parfois. Difficile aussi de supporter des expressions comme : la volonté de Dieu ; ou : le plan de Dieu pour le monde. Et j'ai envie de dire : toi qui prétends savoir ce que Dieu veut, ce qu'il fait, ce qu'il est, qu'en sais-tu, beau prédicateur du dimanche ? Dieu reste pour moi une question. Sans réponse. Ou du moins sans réponse définitive. Lors d'une soirée de réflexion spirituelle avec des copains, j'ai un soir posé cette question qui les a étonnés : « Peut-on être chrétien sans croire en Dieu ? J'aimerais pouvoir répondre oui ». Je pense qu'il est difficile de maintenir cette réponse affirmative mais je tiens à garder la question. Car elle me tire en avant.

J'essaie par ma vie, mes actions, mes paroles de ne pas avoir pour dieu ce qui ne saurait être Dieu. Je ne crois pas en la force, le pouvoir, l'argent, la violence. Et pourtant, tout cela est bien adoré comme un dieu, depuis que le monde est monde comme on dit. Je ne mets pas ma confiance dans ce qui n'est que fausses valeurs. J'essaie. Car je ne suis pas sûr d'y réussir toujours dans ma vie courante et dans mes relations. Je crois en l'homme, – l'Homme – c'est-à-dire qu'il est pour moi la valeur suprême. La seule présence de Dieu pour moi est dans la relation à autrui. « *Tout homme est une histoire sacrée* » dit un cantique. Aumônier à la prison, j'ai un jour proposé à mes collègues – sans succès car ils se disaient choqués – d'utiliser le Credo suivant du poète Lucien Jacques (1891-1961)[9] :

Je crois en l'homme, cette ordure,
je crois en l'homme, ce fumier,
ce sable mouvant, cette eau morte ;

9. Florilège poétique in *Les cahiers de l'artisan*, 1954.

je crois en l'homme, ce tordu,
cette vessie de vanité ;
je crois en l'homme, cette pommade,
ce grelot, cette plume au vent,
ce boutefeu, ce fouille-merde ;
je crois en l'homme, ce lèche-sang.

Malgré tout ce qu'il a pu faire
de mortel et d'irréparable,
je crois en lui,
pour la sûreté de sa main,
pour son goût de la liberté,
pour le jeu de sa fantaisie,
pour son vertige devant l'étoile,
je crois en lui
pour le sel de son amitié,
pour l'eau de ses yeux, pour son rire,
pour son élan et ses faiblesses.

Je crois à tout jamais en lui
pour une main qui s'est tendue.
Pour un regard qui s'est offert.
Et puis surtout et avant tout
pour le simple accueil d'un berger.

On pourrait me dire : nous voilà bien loin de Dieu. Je crois que non. Ce qui me semble vrai, solide car plus conforme à l'Évangile de Jésus de Nazareth, c'est la vérité de ma relation aux autres. Là est le lieu. Là est le lieu de la rencontre de l'autre et de l'Autre. Et tu sais que ce fut mon expérience à la prison. En fin de compte, le catéchisme de mon enfance posait la bonne question : « *Qu'est-ce que Dieu ?* » – ou mieux : Quel est Dieu ? Malheureusement, il y répondait. Le mieux est sans doute de toujours garder la question mais de se garder d'y répondre...

Alors, continuer à employer le mot Dieu, quand finalement, on ne sait trop ce qu'on dit en le prononçant ? Certains ont fait le choix d'autres mots : l'Absolu, la Sagesse, la Source (de la vie), l'Éternel... Il me semble, personnellement, plus simple de continuer à dire *Dieu*, quitte à mettre le mot sans cesse entre guillemets comme fait Yves Burdelot dans son livre *Devenir humain*[10]. C'est le mot de la Bible, le mot des Églises et même...

---

10. *Devenir humain*, Éditions du Cerf, 2002.

des athées, le mot courant que tout le monde emploie. Je garde donc ce mot comme une référence, comme un mot qui me tire en avant et me force à réfléchir.

Pour finir sur Dieu, mon cher Victor, je te mets une dernière citation : elle est d'un certain Justin qui vivait en Palestine à Naplouse au IIe siècle : « *Le mot Dieu n'est pas un nom, mais une approximation naturelle à l'homme pour désigner une chose inexplicable* ». Une chose inexplicable...

***

Pas trop fatigué de me lire, Victor, toi qui n'as pas l'habitude de lire ce genre de prose ? Alors je continue. Je vais te parler maintenant de « l'autre pendu », comme tu disais.

Dans ton enfance, tu as appris comme moi que Jésus est « le Fils de Dieu descendu sur terre pour nous sauver ». Je conviens avec toi que voilà une formule qui n'a plus de sens pour nous au XXIe siècle, bien qu'elle continue à être proclamée dans les églises. Je dirais que c'est une formule qui relève de la mythologie chrétienne, car s'il est descendu sur terre, d'où est-il descendu ? Et ce Jésus aurait donc existé avant sa naissance ? (Il y a des jours où je me dis que si les chrétiens réfléchissaient un peu plus à ce qu'ils disent et à ce qu'on leur dit, ils quitteraient sans tarder la religion.) Le travail et la lecture de livres sur la Bible m'a fait évoluer très sérieusement dans ma façon de prononcer une parole sur Jésus. Je vais essayer de te dire mon point de vue.

Selon toute vraisemblance, Jésus n'est pas né à Bethléem mais à Nazareth en Galilée où habitaient ses parents Marie et Joseph. Un couple normal qui a fait ce qu'il fallait pour avoir un enfant... Un enfant ou plutôt des enfants puisque selon les évangiles de Matthieu et de Marc, Jésus a eu quatre frères : Jacques, Joset, Simon et Jude et des sœurs dont on ne sait pas les prénoms (Mt 13 et Mc 6). L'apôtre Paul dit qu'il a rencontré « Jacques, le frère du seigneur ». Ce qui veut dire que Marie n'est pas la « vierge Marie » quasi adorée par les chrétiens. Cette virginité a été défendue au IVe siècle par l'évêque Épiphane de Salamine et Jérôme de Stridon et beaucoup d'autres. Mais ils sont en contradiction avec Matthieu et Marc, quoi qu'en disent certains.

Voilà donc Jésus devenu charpentier comme papa. Vers ses trente ans, il entend dire qu'un certain Jean prêche avec force au bord du Jourdain : « *Le Royaume de Dieu est tout proche* ». Il est donc urgent, dit-il, de se convertir, de changer de vie et de confesser ses péchés en se faisant baptiser par lui. Et ce Jean est violent, maniant même l'insulte pour réveiller les consciences : « *Engeances de vipères ! Qui vous a suggéré d'échapper à la colère prochaine ?* ». Il attire de jeunes disciples, séduits par ce langage de renouveau et déçus par la religion formaliste du temple et le rigorisme quasi sectaire des pharisiens. Alors voilà que le charpentier Jésus quitte sa Galilée pour entrer lui aussi dans la démarche de conversion. Et son baptême dans le fleuve Jourdain est pour lui une expérience forte, une véritable révélation, un bouleversement qui va changer sa vie. Finie, la vie tranquille à Nazareth ! Il abandonne métier et famille – et ce n'est pas un mince problème car quelque temps plus tard, cette famille le prendra pour un fou à ramener dare-dare à la maison et à la raison ! On peut donc parler de sa conversion, d'un véritable changement de mentalité, d'un bouleversement qui entraîne un changement de vie. Il prend conscience qu'il lui faut se mettre en route et annoncer cette découverte faite lors son baptême : il faut changer, avoir foi et croire à cette bonne nouvelle du Royaume de Dieu tout proche, déjà là. Évidemment, les évangiles présentent cela comme une intervention divine : une voix du ciel aurait proclamé Jésus Fils bien-aimé, le Souffle de Dieu sous forme d'une colombe serait venu sur lui. À l'évidence, ce récit n'est en rien un reportage de ce qui se serait passé (et il en sera de même pour tous les récits des évangiles).

Les évangiles racontent ensuite la vie, les actes, les paroles de Jésus. Victor, je t'entends me dire : Tout cela ne tient pas debout. Mon beau-père, un bon chrétien, m'a dit la même chose quelque temps avant sa mort. Oui, ça ne tient pas debout si on lit les évangiles comme des comptes-rendus fidèles de la vie de Jésus. C'est trop beau pour être vrai, les guérisons sur une simple parole sont un défi à la raison et les résurrections sont invraisemblables. Et pourtant, les chrétiens acceptent tout cela sans problème. Je dis souvent que la majorité des chrétiens lisent les évangiles avec une paire de lunettes de la marque *A priori* : d'un côté l'historicisme (*a priori*, tout ce qui est raconté s'est passé réellement comme le rapporte le texte) et de l'autre les dogmes (*a priori*, Jésus est Dieu, etc.). En fait, ces lunettes empêchent une saine lecture.

Il faut affirmer avant tout ceci : Jésus était un homme, avec toutes les limitations que cela suppose. Marcel Légaut, un penseur chrétien du siècle passé, les énumère[11] en constatant que nous sommes « *infimes, éphémères, façonnés de complexe et d'ambigu, limités, inachevés par nature, solitaires, livrés aux lois de la matière et de la vie, sujets au malheur, voués à la mort* ». Voilà comment était Jésus : façonné de complexe et d'ambigu, limité, livré aux lois de la vie, voué à la mort. Comme nous. Mais très tôt, dès la fin du premier siècle, les chrétiens ont voulu en faire

---

11. *Prières d'hommes*, Éditions Aubier, 1984.

un dieu. Ainsi, l'évangéliste Jean tout au long de son livre jusqu'à cette déclaration qu'il met dans la bouche de Thomas s'adressant à Jésus : « *Mon Seigneur et mon Dieu* ». Me revient en mémoire cette parole que j'ai entendue de la part du pasteur protestant Roger Parmentier qui ne mâchait pas ses mots : « *La plus grande couillonnerie qu'on ait faite à Jésus, c'est d'en avoir fait un dieu* ». Voilà qui me plaît bien. Car poser comme un *a priori* que Jésus était Dieu incarné et descendu sur terre réduit à rien son action d'homme. (Je sens que tu vas peut-être changer d'opinion en me lisant... Sacré Victor !)

Quelle était donc l'action de l'homme Jésus ?

Les évangiles disent que dès le début, il proclamait que « *Le Royaume de Dieu est tout proche* ». Le Royaume de Dieu ? Cette image du royaume a un petit goût passéiste qui n'est pas pour te plaire, Victor, toi qui es plutôt de tendance anarcho-quelque chose. C'est vrai, le royaume nous fait penser avant tout à la reine d'Angleterre. Un exégète protestant, Jean-Marc Babut, propose cette adaptation du mot royaume : le monde nouveau de Dieu. Un peu utopique, ce monde nouveau ! On croirait entendre des refrains de notre jeunesse : « *Un peu plus chaque jour, l'ordre est bouleversé. Le premier d'aujourd'hui, demain, sera dernier car le monde et les temps changent... Du passé faisons table rase ! Debout ! Le monde va changer de base... Changeons la vie ici et maintenant ! C'est aujourd'hui que l'avenir s'invente !* ». Tu reconnais là une chanson de Bob Dylan, un extrait de L'Internationale que toi et moi avons chantée dans des manifs et le chant du Parti socialiste vers 1980. Jésus et ses disciples vivaient une utopie. Une utopie libératrice. Mais quand certains pensaient libération du joug de l'occupant romain, Jésus, lui, pensait libération de l'humain : que chacune et chacun retrouve sa pleine humanité, sa dignité, sa liberté. L'utopie de Jésus n'était-elle que *Paroles ! paroles...* ? Si l'on en croit les évangiles, il parlait aux foules, qui dans la réalité devaient être assez modestes. Pour ce peuple des petites villes et des villages, pas de discours compliqués, pas de longues méditations plus ou moins mystiques comme se plaît à en écrire l'évangéliste Jean, mais des histoires toutes simples et pleines de bon sens, pétries d'expérience : les paraboles. Et aussi de rudes débats avec les gens de la religion, surtout les pharisiens, ces Juifs qui voulaient vivre la « Loi » avec exigence. Ça volait bas, parfois ! Mais il faut dire que les évangélistes en ont rajouté pour régler leur compte avec les Juifs de leur temps... Des paroles mais aussi des actes qui sont comme l'inauguration du Royaume annoncé. Ce sont les fameux miracles.

Les miracles ! Je t'entends d'ici, Victor, dire : superstition, magie, croyance archaïque, récits pour naïfs. Tu n'as pas tort car il y a une façon de « croire aux miracles » qui défie la raison... et même la foi chrétienne.

Si Jésus était un homme – et c'est la foi chrétienne – il ne pouvait ni marcher sur les eaux, ni multiplier les pains, ni guérir un aveugle-né, ni faire se lever un mort. Comme tout humain. Donner foi sans restriction aux récits de miracles relève de la crédulité ignorante. D'ailleurs, Victor, je vais t'étonner en te signalant que le mot miracle ne figure jamais dans les évangiles. L'évangéliste Jean parle de signes, ce qui est tout autre chose. Quant à moi, je maintiens cependant que ces récits de guérison et autre renvoient à la pratique réelle de Jésus. Pratique qui n'avait rien de miraculeux ou de magique. Mais voilà un homme qui va son chemin, portant à tous et spécialement aux plus tordus, aux plus abîmés par la vie, aux plus rejetés, une parole de vie pour leur aujourd'hui, une parole qui les relève. Son action : avant tout des gestes de compassion, de redressement de qui était au plus bas, de respect de chacun même le plus minable, Jésus de Nazareth a donné le salut à tout homme rencontré, il l'a salué, il l'a sauvé. Non par quelque miracle ou prodige, non par quelque pouvoir mystérieux qui émanerait de sa personne, mais par une relation fraternelle qui rétablit dans la dignité inaliénable de tout être humain. « *Ta foi t'a sauvé* » : voilà selon plusieurs récits évangéliques comment il remet debout les éclopés de la vie. Et il leur dit souvent : « *Va !* », mène ta vie dans ta liberté retrouvée. Il faisait cela sans tenir compte des règles religieuses dites *de pureté* en ce temps-là : il mangeait avec n'importe qui, ce qui scandalisait les bien-pensants, il fréquentait les infréquentables comme les femmes, les prostituées, les désaxés qu'on disait possédés par le démon. Et la religion n'était pas sa tasse de thé, comme on dit : on ne le voyait jamais au temple de Jérusalem pour une cérémonie ou un sacrifice (si l'on en croit les évangiles). Il allait jusqu'à annoncer que « *Tes péchés sont pardonnés* », ce qui passait pour un blasphème remettant en cause la religion, le culte du temple et la caste des prêtres : très dangereux !

Tu connais la chanson de Guy Béart : « *Le premier qui dit la vérité, il doit être exécuté* ». Dire et surtout faire la vérité est dangereux. Proclamer que les pauvres et tous les tordus ont une égale dignité avec tout autre est subversif. Arrive alors souvent que les forces conservatrices éliminent le gêneur. Ce fut le cas pour Jésus. Il pressentait le danger pour sa vie : plusieurs fois, il a échappé à la lapidation et s'est caché. Mais il est resté fidèle à son engagement de vie jusqu'au bout, quoi qu'il en coûte. Sans se renier lui-même. Crucifié ! En bon juif du premier siècle, il pensait sans doute que Dieu interviendrait en direct pour le sauver de la mort et établir avec éclat le Royaume annoncé. Mais rien ! Alors, en désespoir, « *il clama en un grand cri : Mon Dieu ! Pourquoi m'as-tu abandonné ? – et jetant un grand cri, il expira* » (Marc 15).

Vers l'an 55, soit une vingtaine d'années après cette mort, l'apôtre Paul écrit aux chrétiens de Corinthe : « *Je vous ai transmis ce que j'avais moi-même reçu : Christ est mort pour nos péchés, selon les Écritures* » (*1 Co* 15, 3). Voilà donc que la mort de Jésus change de sens : elle aurait eu pour cause nos péchés et pour but notre pardon. Ceci contredit le parcours de vie de Jésus qui est mort pour avoir enfreint les règles socio-religieuses et n'avoir jamais renié le souffle de sa jeunesse : il a tenu ferme son engagement quoi qu'il lui en coûte. Après Paul, bien d'autres écrivains chrétiens ont développé cette idée d'une mort expiatrice du péché. Cette explication théologique a mené à des excès dont il serait trop long de parler ici.

Mais, racontent les évangiles, il est ressuscité le troisième jour au matin de Pâques. Incroyable ! Incroyable, en effet, je suis d'accord, cher ami Victor. Incroyable qu'un homme mort revienne à la vie. Quand on est mort, c'est pour longtemps, dit un adage populaire. Or, pour beaucoup de chrétiens, la résurrection de Jésus ne fait aucun doute : il est sorti du tombeau qui a été découvert vide, ses disciples l'ont vu, il leur a parlé, il a même mangé avec eux et un jour, il est monté au ciel. Et l'on fait comme si les récits évangéliques eux-mêmes ne comportaient pas de différences ni d'incohérences entre eux (par exemple, pour Luc, l'ascension vers le ciel a lieu le jour même de Pâques à Jérusalem alors que pour Matthieu elle a lieu plus tard en Galilée : Lc 24, 50 et Mt 28, 16).

Étonnant : comme le mot miracle, le mot résurrection ne figure pas dans le Nouveau Testament. On trouve seulement : Jésus a été « réveillé de la mort » ou « relevé de la mort » ou « exalté près de Dieu ». Le nombre de livres d'exégèse et de théologie sur la résurrection dépasse la capacité de lecture de quiconque ! J'en ai lu pas mal. Pour en tirer quoi ? Une chose est sûre : la résurrection de Jésus n'est pas un fait historique comme le sont sa vie et sa mort en croix. Nul témoin, aucune preuve. Si l'on en croit les évangiles, le tombeau a été vu vide, ce qui laisse la porte ouverte à toutes les suppositions, lesquelles n'ont pas manqué. Chose bizarre : l'apôtre Paul, qui est le premier écrivain chrétien (vers l'an 50), ne parle jamais dans ses lettres du tombeau vide. Or, il dit avoir rencontré Pierre et les autres : ceux-ci ne lui en auraient pas parlé ? Sans doute parce que eux-mêmes n'en avaient jamais entendu parler. Les récits sur le tombeau trouvé vide sont des récits tardifs, de la fin du premier siècle, qui ont pour but de prouver la résurrection corporelle de Jésus (comme le récit de Luc 24, 41 disant que le Ressuscité a mangé du poisson). Par contre, ce qui est historique et fiable, c'est le témoignage de Paul et des autres écrivains du Nouveau Testament : ils disent avoir fait l'expérience intime de la rencontre du Ressuscité. Comment ? Difficile d'en dire plus.

Et me voilà, chrétien du XXIe siècle, appelé à vivre cette foi : il est ressuscité. Comment puis-je y croire ? Qu'est-ce que je dis en employant cette formule du credo ? La réponse est difficile à préciser. Il m'est arrivé de dire : si des archéologues trouvaient le tombeau de Jésus avec à l'intérieur... un squelette, le sien, je croirais quand même à la résurrection. Pour moi, Jésus le Christ est toujours vivant : il me fait vivre, il donne sens à ma vie. Sa parole, sa pratique de salut donné à tous, sa vie et sa mort ont valeur par-delà l'échec et la mort. J'ai « confiance dans la confiance qui était la sienne » – pour reprendre une expression de François Vouga[12]. Confiance qu'il accordait à celui qu'il nommait Dieu Père. Confiance qu'il donnait à tout homme rencontré. Cette foi n'est pas sans conséquence pour la pratique sociale. Pour le reste, le comment de la résurrection, le comment de l'expérience pascale des premiers disciples, je ne peux rien dire de sérieux.

Ma foi en la résurrection ne porte pas sur une après-mort, sur l'au-delà dont nul ne peut dire quoi que ce soit. Je te l'ai dit un jour, Victor : quand mon père est mort subitement à 59 ans (j'en avais 25), ma croyance en une vie *post mortem*, et donc en une résurrection des morts à la fin des temps (?), s'est définitivement effondrée. Et je ne prie jamais pour les morts, pour le repos de leur âme. Quand on est mort, on est mort ! J'aime bien cette phrase que l'on attribue à Pierre Rabhi : « *La question n'est pas de savoir s'il existe une vie après la mort mais plutôt s'il en existe une avant la mort* ». Si j'applique cela à Jésus, voici : la question n'est pas de savoir s'il est ressuscité après sa mort mais plutôt quelle vie il a mené avant sa mort.

Victor, je vais arrêter là (ou presque) car je crains de te fatiguer.

Tu l'as bien senti en lisant cette (trop ?) longue lettre, j'y crois, à l'autre pendu, pour reprendre tes mots : je peux dire qu'il est pour moi « l'icône de Dieu invisible », comme dit la lettre aux Colossiens. Si Dieu existe, on en trouve trace en Jésus. Mais, tu as pu sentir que l'expression de mon croire diffère quelque peu avec ce qui est la doctrine officielle catholique. Il y a même des jours où je me demande si je suis toujours catholique – si oui, disons catholique libéral. En tous cas je suis chrétien, disciple de ce Jésus de Nazareth qui s'est levé pour proclamer à temps et à contretemps que la religion n'est rien si elle demeure structure figée et alors oppressive. Et pour proclamer que tout homme ou toute femme, même le plus abimé par la vie, a droit à sa dignité et au respect. Je crois en Jésus, je lui fais confiance. Cette foi me donne du souffle, son souffle avec ou sans majuscule (le Saint-Esprit du dogme trinitaire). Par sa parole et

12. François Vouga, exégète suisse protestant.

ses gestes, il a révélé et inauguré ce qu'il appelait le Royaume, un Royaume où chacune et chacun aurait place même et surtout les plus paumés, les plus méprisés, les plus abimés par la vie ou la violence des autres et des structures politico-religieuses. Un Royaume où la religion et ses rites serait secondaire par rapport à la foi, à la confiance (*Ta foi t'a sauvé*). Il a montré que Dieu se révèle quand l'homme se relève. Sa mort au bout de son engagement est source de salut en ce qu'elle est le témoignage – le martyre – que la foi qu'il avait et en Dieu et en l'homme valait sa propre vie et donc sa mort. Après cette mort et grâce à elle, il n'y a plus à désespérer de l'humain, il n'y a plus à désespérer de soi-même. Il n'y a plus à désespérer de Dieu. Un espace où vivre est ouvert.

Allez ! Salut à toi, cher Victor !

9

Après vous

Yves GUÉGUEN*

Il est difficile d'être simple.

Une phrase simple ne me quitte plus. À un journaliste qui lui demandait de résumer sa philosophie en deux mots, Lévinas répondit : « Après vous ». Une réponse aussi brève, aussi juste, de la part d'un philosophe dont la lecture demande beaucoup d'attention m'avait étonné en même temps qu'elle s'inscrivait dans ma mémoire. Elle y condensait deux éléments : l'autre est plus important que moi, et je viens après tous ceux qui m'ont précédé.

Un chemin

Par son éducation, son milieu, son histoire, chacun est pris dans une toile d'a priori dont il n'aura jamais fini de se dégager. Pas sûr que la grande toile du « web » n'améliore la situation. Naissant en France, en

---

* Yves Guéguen est membre de CVX (Communauté Vie Chrétienne) depuis 25 ans. Il a fait partie de son comité national et il s'y est beaucoup impliqué dans la formation. Il y a été aussi assistant régional. Durant ses années d'apprentissage, deux figures ont beaucoup compté. D'abord, Jean Mambrino qui l'a ouvert à la poésie, puis Michel de Certeau qui lui a montré le chemin d'une parole de foi pour aujourd'hui. Divorcé, père de six enfants, il a été enseignant-chercheur et est actuellement en retraite. Il a publié dans *Christus* en 2010 *S'exercer à comprendre* (n° 226).

Bretagne, au milieu du XXe siècle, mes chances de naître chrétien, catholique plus précisément, étaient élevées. Il y a ce qui est donné à chacun, il y a ce que chacun en fait. Être simple est un chemin. Soixante-douze ans plus tard, je peux constater que l'Évangile demeure une source de vie, qu'il me fait vivre. L'Église n'est pas la source, mais je reconnais qu'elle m'a transmis des traditions spirituelles qui me font vivre. L'Église a connu tant de dérives, entraîné tant de personnes dans des impasses, commis tant de crimes, que je ne peux me fier à elle. Traversé, parfois de colère et révolte, parfois de tristesse, je n'accepte pas que mon Église ait pu tant déformer le cœur de son message. Je n'accepte pas que tant de ses familiers ne cherchent plus la vérité qui rend libre. Je vois, très près de moi, les destructions profondes, parfois totales, d'êtres dont le bonheur de vivre était si grand. L'insupportable pour moi est qu'elles soient intimement liées à l'inconscience et l'hypocrisie, voilées sous l'étiquette chrétienne. Je lutte à la limite de mes forces contre elles, bien tard. Me reviennent les paroles dures de « malédictions » rapportées par Matthieu (Mt 23, 2-36). Ce passage de l'évangile n'est jamais lu dans les églises. Seul le film de Pasolini (« L'évangile selon Saint Matthieu », 1964) les fait entendre. De quoi faire mettre ce type en croix.

Une parole de Jean me garde sur un chemin de liberté : « Je suis le chemin, la vérité, la vie » (Jn 14, 6). Mais je vais trop vite, car c'est en réalité une parole que Jean met dans la bouche de Jésus. Qui est « Jean » ? Probablement plusieurs personnes, une communauté réunie autour de Jean. Le quatrième évangile est signé du seul nom de Jean, qui n'est sans doute pas l'apôtre mais « Jean l'ancien ». On ne sait pas bien. Cet évangile est singulier par rapport aux trois autres. Il a été écrit plus tardivement, à la fin du Ier siècle. Il n'est pas un simple récit mais offre une méditation, une réflexion sur toute cette histoire qu'ont vécue les proches de Jésus.

Les mots et le langage symbolique

Les mots sont ceux du Jésus de « Jean ». Jean veut que chacun « aie la vie en abondance » (Jn 10, 10). Nos traductions utilisent le même mot, vie, pour trois mots grecs différents (bios, psuché et zôé). Les évangiles ont été écrits en grec, puis traduits en latin. Jésus ne parlait ni grec ni latin, quels mots étaient les siens ? Jean parle souvent de « la vie en abondance ». Il nous dit : soyez vivants. C'est ce qu'il a retenu. Il utilise « zôé » pour ce sens. F. Jullien (« Ressources du christianisme ») explique combien la vie absolument vivante qu'exprime « zôé » est bien plus que le simple être en vie qu'exprime « psuché ». Ainsi se comprend mieux la phrase connue : « Qui aime sa vie la perd et qui hait sa vie dans ce monde la conservera pour la vie qui ne meurt pas » (Jn 12, 25). Le premier mot vie est « psuché », le dernier « zôé ». La traduction de Chouraqui utilise ici « être » pour « psuché », ce qui nous aide car elle évite de faire une confusion de mots. Le troisième terme, bios, n'est pas utilisé par Jean.

Jean parle souvent de l'amour. Il nous dit : « Aimez ». Mais en grec, il existe trois mots pour le dire (éros, philia et agapé). Alors, lequel ? Le mot « agapé » est parfois traduit par « charité ». Avec le temps, c'est devenu dévalorisant (faire la charité). Jean nous dit « agapé » pour un amour non possessif, inconditionnel. Quand Jésus interroge Pierre (Jn 21, 15-17) : « M'aimes-tu ? », il utilise deux fois le verbe « agapaô » et Pierre répond avec « phileô ». La troisième fois, Jésus comme Pierre utilisent « phileô ». C'est une amitié d'affection qui s'exprime avec « philia ». Mais « éros » ? Mot qui est le plus fréquent aujourd'hui. Il porte la charge du désir. Lytta Basset souligne que Le Cantique des Cantiques inclut la dimension érotique de l'amour entre un homme et une femme (qui ne sont même pas mariés !). Elle écrit des pages étonnantes qui donnent d'entrevoir qu'il n'y a pas lieu d'opposer éros et agapé, mais qu'il s'agit d'« aimer sans dévorer », titre de son livre.

Enfant, j'ai appris les mots. Adulte, il m'a fallu longtemps pour apprendre à les utiliser. Plus longtemps encore pour apprendre leur sens quand ils étaient écrits il y a deux ou trois millénaires dans une civilisation et une langue disparues. Si le mot à mot m'était (et m'est toujours) difficile, il m'a été donné de pressentir tôt qu'au-delà des mots, il y avait une façon miraculeuse de s'en servir. J'ai su tôt (sans en avoir la conscience claire) que dans la Bible, il y avait beaucoup de contes et de poèmes. C'est vrai aussi des évangiles, bien que l'Église refuse de voir cette évidence. Comme si la vérité du poème ne pouvait être la plus haute !

Le dernier chapitre de Jean (Jn 21) cité plus haut en est un magnifique exemple. Il raconte une apparition de Jésus sur les bords du lac de Tibériade. Alors que leur aventure incroyable avec Jésus semble finie, les disciples sont retournés à leur travail quotidien de pêcheurs, mais leurs filets restent vides. Survient quelqu'un sur le rivage. Ils ne l'identifient pas, mais étrangement suivent ses conseils. Soudain, leurs filets débordent, ils regagnent le rivage et s'approchent de l'inconnu qui les invite à partager le pain et le poisson. Les disciples n'osent pas demander à celui qui est en face d'eux qui il est, mais ils savent que « c'est le Seigneur ». Avec ce petit récit très symbolique, Jean fait comprendre que, non seulement rien n'est fini, mais tout commence. La « vie en abondance » (zôé) est devant nous, dans notre quotidien. Rien dans ce récit ne relève de faits historiques qui puissent être vérifiés. Pourtant « Jean » (ce chapitre a été rajouté à la fin de l'évangile) nous transmet ainsi sa foi la plus profonde.

Le langage symbolique touche au plus profond. D'autres, après Jean, l'ont bien compris. Il est reconnu que le récit de « la femme adultère » (Jean 8, 1-11) est un ajout ultérieur à l'évangile, un récit symbolique. Le Titien le donne à voir dans un merveilleux tableau qui montre à l'horizontale Jésus avec six personnages : cinq hommes et une femme. Ils sont au même niveau, pas de figure d'un Dieu tout-puissant qui dominerait tous les humains. Jésus est à l'extrémité gauche. Proche de lui et à la même hauteur, deux hommes le regardent intensément. Leur regard nous « parle », c'est un appel, un appel au jugement, à la condamnation. L'un des deux, au centre, tient la femme par le bras. Seule la femme baisse les yeux et regarde à terre. Les regards sont tous à la même hauteur ou presque, accentuant la dominante horizontale du tableau. Jésus regarde avec douceur celle qu'on lui a amenée. La lumière de son vêtement répond à celle qui éclaire la femme. Un pan vertical, bleu teinté d'ocre, de son manteau renvoie au bleu du ciel, teinté d'ocre aussi, au-dessus de la femme. La parole adressée par Jésus est d'égal à égal, donc à l'horizontale. Pas de jugement ni de condamnation : « Celui d'entre vous qui est sans faute, qu'il jette la première pierre ». Lytta Basset écrit : « À vous seuls de décider, à l'horizontale, des relations entre vous… Dieu n'est pas pris en otage... en désamorçant l'esprit de jugement, Jésus permet à chacun de se confronter à sa propre vérité... chacun sort de cet enfer qu'est l'esprit de jugement ».

Un autre exemple encore, toujours dans Jean : « l'entretien avec la Samaritaine » (Jn 4, 1-42). Vers midi, Jésus s'est assis sur le bord d'un puits (pas n'importe lequel ! le puits de Jacob), il a chaud et soif après avoir marché. Une femme vient chercher de l'eau comme elle le fait sans doute chaque jour. Une femme, une Samaritaine, une double raison pour qu'un homme, juif de surcroît, l'ignore. Or Jésus lui adresse la parole pour lui demander à boire. Un étonnant dialogue s'engage : en partant de l'eau du puits, indispensable à la vie, la Samaritaine entrevoit la « vie qui ne meurt pas » (zôé). Puis elle court au village dire qu'elle vient de rencontrer le Messie, devenant au passage la première à annoncer l'évangile. Comment dire mieux que Jésus s'adresse à tous ? Le récit symbolique est vivifiant !

Toute la Bible est semée de tels récits. Dans le deuxième livre des Rois (2 R 4, 42-44) nous est raconté pour la première fois le miracle de la multiplication des pains. Élisée nourrit la foule. Comme dans les évangiles qui ont repris la scène, il ne s'agit pas d'événements historiques. Leur vérité est plus profonde : « On mangera et il y aura des restes » dit Élisée.

Sur notre chemin spirituel, sont les contes de la Bible. Combien de rencontres inattendues ne rapportent-ils pas ? Saül parti à la recherche des ânesses de son père, découragé car il reste « sans trouver ». Après des jours, « toujours rien ». Mais l'inattendu se produit : Saül rencontre Samuel qu'il ne cherchait pas, rencontre qui changera sa vie et celle de tout son peuple.

La vérité vous rendra libres

À la suite de l'appel « Je suis le chemin, la vérité, la vie », j'ai avancé sur un chemin de liberté. La liberté m'a été donnée très tôt. Que ce soit par mes parents ou par mes éducateurs. Cela m'a été donné. Je n'y suis pour rien. Je ne peux que rendre grâce. Transmettre le goût de la liberté est par suite ce qui m'est essentiel. Plusieurs moments de ma vie de professeur me reviennent.

Une étudiante travaillant depuis deux ans avec moi, m'apparaissait à la fois brillante et oscillante, une année voulant s'orienter dans une direction, une autre dans une autre direction. Je ne comprenais pas, tout en respectant ses choix. Un jour, après une semaine d'échange passée avec de nombreux autres collègues, elle est venue me trouver et m'annoncer qu'elle avait trouvé sa voie, qui n'était aucune de celles dont elle m'avait parlé avant. Voyant mon air interrogateur, elle m'a affirmé que cette fois c'était clair. Puis elle m'a expliqué, et là, j'ai reçu d'elle une leçon. Elle m'a dit que tout simplement, jusqu'à présent, elle n'avait jamais fait de choix libre. Elle avait suivi ce qu'on lui avait dit (le « on » étant ses parents, la société...). C'était finalement simple de suivre ainsi, c'était rassurant. Car, me dit-elle, elle avait peur de choisir, elle avait peur de décider librement. Elle manquait de confiance en elle (ce dont je ne me doutais pas, car elle donnait le change). Alors que s'était-il passé ? Les échanges de la semaine avec d'autres lui avaient fait découvrir que d'autres s'intéressaient à son travail, en voyaient la valeur. Elle était reconnue. Tout d'un coup lui est alors venue la confiance. La peur est tombée. La décision libre a suivi très vite.

Lors d'un colloque, l'une de mes anciennes étudiantes a dit publiquement (c'était en anglais) que non seulement je laissais les étudiants libres, mais que je les « rendais » libres. Elle m'a, sans le savoir, profondément touché. Dans un autre contexte, une autre étudiante, chinoise, venait de soutenir sa thèse à Pékin. Lors du repas amical qui nous réunissait ensuite avec les collègues chinois (une vingtaine), je lui ai demandé devant tous (j'ai ensuite regretté mon imprudence, mais elle n'a pas eu de conséquences) ce qu'il y avait eu de mieux pendant ses années parisiennes. Alors a jailli comme un cri : « Freedom » (elle était vive et spontanée).

Jean écrit : « La vérité vous rendra libres » (Jn 8, 32). Chacun peut l'expérimenter. Je ne crois qu'en ce que j'ai expérimenté. La croyance n'est pas la foi. Je ne fais pas une profession de foi scientiste ! Loin de là. C'est l'appel à expérimenter dans sa vie, y compris sur le plan intérieur, spirituel. Les doctrines toutes faites ne font pas vivre. Elles enferment.

La science et l'art

La science a beaucoup compté dans ma vie. L'attitude fondamentale du scientifique s'appuie sur sa capacité de raisonner. Observer les faits, tenter de remonter aux causes. Déchiffrer le réel, le rendre lisible d'abord. Le rendre compréhensible ensuite. Voir, observer, n'est pas immédiat. Le plus souvent, il y a la médiation d'un instrument. Puis l'amélioration de la précision des instruments, la découverte de nouveaux instruments, donnent accès à plus. D'autres réalités apparaissent, le chercheur voit bientôt ce qui n'est pas visible directement. Il dispose de télescopes, de microscopes. La mise à distance du monde qui l'entoure s'accroît. Simultanément s'accroît l'exigence d'un apprentissage, d'une discipline, de rigueur. Le chercheur semble s'éloigner du monde. Paradoxalement, ce sont l'éloignement, la prise de distance qui lui permettent d'y avancer. Rendre intelligible le réel, c'est accepter un langage codifié, abstrait. Le langage mathématique, via des développements toujours plus abstraits aujourd'hui, sert le scientifique dans sa quête d'intelligibilité du monde. Recours à un langage abstrait, écart au réel qui le rendent plus proche. Paradoxe.

Ce qui a été décrit, comment s'assurer que cela est compris ? L'expérience vient mettre à « l'épreuve » ce que les concepts ont articulé en théorie. La théorie construite sur les faits observés va-t-elle résister ? Aussi longtemps qu'elle résiste aux épreuves toujours plus sévères auxquelles elle est soumise, aussi longtemps qu'elle est capable de prédire ce qui est attendu, elle demeure notre lecture – toujours incomplète – de la réalité. Travaillé par le doute, le scientifique se doit de rester modeste. Son savoir est provisoire. Il sait surtout qu'il ne sait pas. Pour lui, pas de vérité absolue, pas de dernier mot. Sommes-nous pour autant dans un relativisme intégral ? Pas de référence ? Tout se vaut ? Bien au contraire, tout ne se vaut pas, tout n'est pas équivalent. Il y a un critère. Il est de pouvoir rendre compte des faits avec honnêteté. Il faut toujours les relire, et relire nos interprétations. Celles-ci sont « validées » si elles prédisent des effets qui sont observés. Lorsque les faits ne s'accordent pas avec la prédiction, la théorie est remise en cause. Travail de la raison. En réalité le doute décape, il interdit tout fondamentalisme. D'un même mouvement, le doute méthodique construit l'avancée des sciences et la désigne comme provisoire. Paradoxe.

Parmi tout ce que la science m'a apporté, deux éléments surgissent devant mes yeux. La science m'a appris à douter. Elle m'a appris à remettre en question ce que je croyais connaître. Elle m'a appris qu'il faut un long chemin avant de voir, un peu, clair. Elle m'a appris que l'échec est souvent sur le chemin. Je n'apprends que par l'échec – je l'ai répété souvent à mes étudiants. Elle m'a appris l'exigence, la rigueur. Elle m'a appris la joie d'arriver à un résultat qui résiste à l'épreuve. En même temps, la science m'a appris la possibilité d'un langage commun, dans lequel je peux échanger avec mon collègue chinois, russe, japonais, ou américain. Ces deux éléments – le doute et le langage universel – sont un trésor. Un trésor qui s'agrandit dans le partage. Les partages multiplient. Renverser la division en multiplication, c'est le vrai miracle de la « multiplication des pains » rapportée dans les évangiles. Et si vous partagiez ? Vous allez voir qu'il y en aura assez pour tous, et il en restera. Les disciples de Jésus n'ont pas compris, nous, pas plus qu'eux. Il n'y a aucune opposition entre science et foi. « La vraie définition de la science, c'est qu'elle est l'étude de la beauté du monde » écrivait S. Weil.

L'art me nourrit en m'aidant à contempler « la beauté du monde ». Je ne suis pas musicien mais je ne peux vivre sans musique. Lorsque, plus jeune, j'étais débordé par les tâches professionnelles et familiales, je me souviens qu'écouter Debussy, ou Bach, était vital. Mon unité intérieure en dépendait. J'ai une reconnaissance éperdue pour les musiciens, interprètes et compositeurs. Ils m'ont tout simplement permis de vivre. Aujourd'hui, cela reste vrai.

L'émotion d'une après-midi lointaine reste vive. « Entendre » l'Hymne à la Joie est une expérience que j'ai vécue à Strasbourg. C'était un jour de juillet de la fin des années 80 ou début 90. Strasbourg accueillait les rencontres européennes des chorales. Dans ces matins de début d'été, la ville résonnait par toutes ses rues de chants et de musique. Une ville transformée en immense conservatoire ! L'air était léger, le cœur en attente. Il y eut un concert final au Wacken. Il rassemblait deux mille chanteurs, j'y étais. Mitterrand et Kohl étaient là. Il y avait d'abord Poulenc, puis la 9e. Le Wacken était rempli. Cette salle n'est pas une salle de concert mais un hall de foire. Comment s'y était introduite une si grande attention ? Après plus d'une heure de musique monta l'Hymne à la Joie. La joie emplissait l'espace. Deux mille chanteurs ensemble. Pour un moment, unique et précieux, j'étais, à l'unisson avec tous, dans un monde fraternel.

Écouter, dans le silence matinal de Paris du mois d'août, ce chant : « As with rosy steps the morn advancing, drives the shadows of night ... ». Merveille. L'oratorio le moins connu de Haendel, son plus grand échec, Theodora. Un rôle secondaire, Irène, confidente de Theodora. Au-delà de l'échec et par le rôle secondaire, une merveille. Haendel ouvre le chemin de l'intériorité, lui si connu pour « frapper le tympan ». Tout commence à l'aube d'un premier matin du monde : « Avec des pas rosés le matin avance... ». Profondeur lumineuse, émerveillement. Écouter ce chant, c'est se donner une chance de croire – comme l'écrit un critique américain – « qu'après tout, le monde mérite d'être sauvé ». C'est, à l'aube, prendre le temps de contempler le monde qui nous est donné. « Le matin avance, chasse les ombres de la nuit. Éveille nos espoirs de lumière infinie... ». La musique de Haendel transfigure ces paroles. Une ligne ascendante, à peine visible/audible accompagne nos yeux endormis. Merveille de l'interprétation. Lorraine Hunt Lieberson, chanteuse exceptionnelle disparue il y a quelques années. Le choix des œuvres qu'elle a interprétées dit son itinéraire. Intériorité, retenue, sensibilité. Altiste passée au chant parce qu'on lui avait volé son alto. Comme Théodora, ou Lucrezia qu'elle a aussi interprétée, Lorraine Hunt Lieberson a connu et assumé une fin tragique et prématurée. Elle nous laisse l'émerveillement, l'ad-oration.

J'ai la même reconnaissance pour les peintres. Je les connais mal. Contempler un tableau demande du temps, de l'attention. C'est une nourriture. Ainsi, à Rennes, devant le tableau célèbre de Georges de La Tour, « Le nouveau-né ». La lumière est au centre du tableau. Elle nous aveuglerait s'il n'y avait une main protectrice qui caresse le visage du bébé et éclaire celui des deux femmes. La main verticale est légèrement recourbée et bordée d'un liseré orange qui touche presque la robe orange de la maman. La main horizontale au centre tient le bébé avec toute la délicatesse du doigté d'une artiste. Émerveillement. Comme Jacob un matin à son réveil, je suis bouleversé : « Vraiment, Dieu est ici, et je ne le savais pas » (Gn 28, 16).

Dans un autre tableau et une toute autre scène de rencontre de Jacob avec Dieu, Delacroix, au fond de l'église Saint-Sulpice, nous interroge. Jacob avait rencontré Rachel au puits. Après un long séjour chez Laban et des duperies réciproques, il était reparti en chemin. Il avait peur. Il a fait passer les siens au gué du Jaboc. « Jacob restait seul. Alors quelqu'un a lutté contre lui jusqu'au point du jour » (Gn 32, 23-32). Qui ? Quel combat et quelle issue ? Jacob a déposé les armes, glaive, lance, bouclier. La lutte est une empoignade qui couvre le premier plan, à gauche. Sur la droite, on voit la caravane des siens. Ils sont passés. Mais Jacob ne lâche pas le combat : « Je ne vais pas te lâcher que tu ne m'aies béni », « Et là, il l'a béni », « Au lever du soleil, Jacob boitait de la hanche ». Au milieu du tableau de Delacroix, un arbre, immense. En diagonale, un chemin. Jacob et les siens ont été bénis. « Tu as lutté contre Dieu et tu as eu le dessus ». La toute-puissance de Dieu n'est pas celle que l'on croit. Mais comment le Dieu d'Abraham, d'Isaac, et de Jacob, Dieu de la promesse, Dieu de bonté et de miséricorde, comment pourrait-il ne pas *dire du bien*, bénir.

Les livres, les films, le théâtre m'ont beaucoup nourri aussi. Au sortir de la représentation du « Partage de midi », j'ai pris conscience d'une proximité avec les autres que je ne connaissais pas : « ...Incroyable, le recueillement dans la salle ce soir... » chuchotaient des spectateurs que je frôlais. Claudel nous dit que la vie ne peut être que partagée, car l'autre m'attend et me fait vivre. Quatre êtres violents et fragiles traversent l'océan, trois hommes et une femme, Ysé. Sur le bateau, solaire et désirante, Ysé paraît forte, solide. Elle s'expose alors que son mari est en retrait. Ysé est au midi de sa vie et Mesa l'attire comme un aimant. Face à l'horizon illimité de la mer, sous le soleil de midi, les limites étroites du bateau craquent déjà. Les mots de Claudel éclatent comme des fruits au soleil. Il regarde le mari, l'amant assoiffé d'éternité, la femme vibrante comme une voile tendue dans les cordages. La Chine est au bout du voyage (celle de Claudel qui croit être rejeté de Dieu, diplomate du début du XXe siècle, car cette histoire est celle bien réelle de sa vie). Plus d'un an après, Ysé n'est plus avec Mesa qui est abandonné, seul, blessé, en danger de mort. Tout semble fini, alors que tout commence. Dans un long monologue, comme un poème qui serait aussi une prière, Mesa ouvre son cœur. Faible, seul, démuni, Mesa est en prière. C'est Claudel qui prie devant l'abîme. Mesa semble ne pas percevoir que bientôt d'autres paroles lui répondent. Une voix, une voix qui s'avance dans la nuit, une voix se fait proche. Proche d'une intériorité de cœur à cœur. Proche d'une intériorité jamais connue. Proche du don : Ysé est revenue.

Dans l'un de ses livres, Maurice Zundel souligne que l'évangile de Matthieu commence par un drame : Joseph découvre que sa fiancée est enceinte et veut la répudier. Le poète Pasolini le montre sans parole en quelques images. C'est l'une des scènes les plus bouleversantes de son film « L'évangile selon Saint Matthieu » : Joseph regarde Marie et voit qu'elle est enceinte. Suit un échange de regard entre Marie et Joseph. Le visage de Joseph marque l'étonnement et l'incompréhension alors que Marie exprime une inquiétude chargée de détresse. Après quelques secondes qui paraissent une éternité, le regard de Joseph s'éclaire. En réponse la joie illumine le visage de Marie, et la musique du film devient allégresse.

Les livres peuvent aussi cacher des trésors derrière l'humour. La lecture d'un roman très drôle de Paasilinna m'a fait découvrir un pasteur luthérien finlandais qui s'appelle Huuskonen – ou comment frère ours réunit un pasteur et une scientifique, comment d'un village finlandais à une croisière toujours au bord du naufrage, les trois compères naviguent vers une destination finale imprévue au cœur de la forêt, attentifs aux paroles des arbres et des galaxies, pour entendre enfin un message sidéral et sidérant. La dernière ligne du roman décode enfin le message extra-galactique 2, 4, 14, 6 : « Je suis le chemin, la vérité, la vie ». La parole de Jean garde ceux qui sont perdus au fond de la forêt.

La vulnérabilité et l'humilité

J'ai « raté » ma vie. J'avais la cinquantaine, j'étais conduit au divorce après trente-deux ans de mariage et six enfants. J'ai vécu cet échec douloureusement. Ce à quoi je tenais le plus disparaissait. Je me retrouvais seul et démuni. Plus de sens, une impasse. Tout ce qui m'avait fait vivre, ce qui était le plus important s'effondrait. Il n'y avait plus que des questions : qu'est-ce que la confiance ? pourquoi fait-on confiance ?

Sans que je l'ai vu venir, et sans m'y attendre, j'ai alors reçu deux appels très différents auxquels il me fallait répondre. L'un était professionnel : j'étais appelé à des fonctions de direction. L'autre était associatif : j'étais appelé à participer au comité national de la structure dans laquelle j'étais engagé. J'ai décidé de partir sur le chemin de Saint Jacques pendant l'été (cette marche s'est poursuivie pendant six ans). Peu à peu, j'ai découvert qu'il y avait « ce à quoi je tiens » et « ce qui me tient ».

Peu à peu, j'avançais vers « le chemin, la vérité, la vie ». La merveilleuse méditation de Jacques sur la petite chapelle du Puy m'avait imposé comme une évidence de partir de là. Je voulais voir cette chapelle, enracinée comme elle peut sur son piton. Je voulais repartir de là où j'en étais, quelles que soient les fondations. Comme pour cette chapelle, je ne pouvais construire que sur le socle qui m'avait été donné.

Le chemin décape et il n'est pas possible en quelque sorte de le quitter. Il s'agit de le vivre autrement, dans la vie. Les claires paroles de F. Muckensturm me l'expliciteront plus tard : « Dans la brèche s'est laissé apercevoir le mensonge ; nous sommes devenus étrangers au monde qui était le nôtre... ce monde où l'on se maîtrise et s'ajuste, où l'on prend sur soi, ... fait de rapports de force ou de ruse pour asseoir son pouvoir ou pour aménager les possibilités d'être reconnu et privilégié... Ainsi se découvre un sentiment que l'on ne connaissait pas. *Désirer, pour quelqu'un, non que disparaissent ses fautes mais qu'il vive, cela s'appelle aimer* ».

Tant d'histoires personnelles entrevues sur le chemin. Celle d'une jeune suisse qui s'est assise spontanément en face de moi lorsque, au milieu de la Cazalda brûlante, après deux heures de paysage vide, je m'étais arrêté sous l'un des rares arbres pour un bref déjeuner. Griselda est arrivée, seule comme moi sur cette ancienne voie romaine, à l'heure de midi. Elle s'est arrêtée. Elle parle d'elle avec simplicité. Elle a démissionné de son « job » pour partir deux mois sur le camino. Décision étonnante et libératrice. Elle avait trop de « paquets » à porter (problèmes, veut-elle dire). Son responsable de service (elle était secrétaire) lui avait parlé, un an plus tôt, du camino dont elle ne connaissait rien. À présent, c'était elle qui posait un temps de rupture dans sa vie de jeune femme. La veille au soir, Griselda a échangé longtemps avec l'hospitalero du gîte où elle était. Elle sait par lui que les jeunes femmes d'une trentaine d'années – comme elle – sont nombreuses sur le chemin. Pourquoi ? Trouvent-elles difficilement une place dans la société ? Sont-elles plus exigeantes sur le sens ? S'interrogent-elles, plus que les hommes, sur la direction à prendre une fois arrivées à l'âge adulte ?

La vulnérabilité est au centre. Je le savais, inconsciemment, depuis longtemps. Ma petite sœur, trisomique, me l'avait appris enfant. Être humain, c'est être vulnérable. C'est accepter de perdre. L'une de mes filles m'avait écrit (elle avait dix ans) : « Perds, ce mot il fait gagner ». Pourtant ce n'était pas sur mon horizon. Devenir humain, c'était accepter ma vulnérabilité, c'était accepter de souffrir et de perdre. J'ai découvert en grande partie grâce au chemin de Saint-Jacques, que chacun est surpris, au moins une fois dans sa vie, par un événement imprévu qui l'assaille. Il se peut que l'événement mette la personne à terre. La violence est si grande, l'impréparation si totale que la personne ne s'en relève pas. Il se peut aussi que la personne se protège par le déni. Le déni est une protection efficace. Le coût est élevé, c'est celui de la perte de la vérité. Parfois, quelques-uns traversent l'épreuve. Ils acceptent, toujours difficilement, de regarder l'événement en face. Ils ont éprouvé leur grande vulnérabilité, ils ont expérimenté la profonde fraternité qui s'enracine là. Après la traversée, leur vie n'est plus la même. Leur regard est lumineux, leur parole juste. Ils ont reçu, et ils transmettent la vie en abondance. L'appel vient de loin. C'est celui lancé sur les chemins de Galilée par un jeune rabbin juif, il y a deux mille ans.

Toujours Jean : « Celui qui fait la vérité vient à la lumière, afin qu'il soit manifesté que ses œuvres sont de Dieu » (Jn 3, 21). Dieu d'abord, pas moi. Pas de chemin vers la vérité sans humilité. Je ne suis pas l'origine, je ne suis pas le maitre de tout. Mon expérience humaine converge avec ma pratique scientifique. Je ne sais pas grand-chose, mais je sais qu'il n'y a pas de vérité sans les autres. Je n'ai pas la vérité. Tout scientifique fait une expérience analogue. Il ne travaille pas seul. Non seulement pour des raisons techniques. Il y a plus : la fécondité des échanges est à la fois une réalité que le chercheur expérimente, et une joie qu'il vit. Diriger les premiers travaux de plus jeunes est l'une des activités les plus passionnantes qui soient. La créativité et la vigueur de l'étudiant-chercheur s'allient au recul, à la connaissance plus large du chercheur confirmé. Qu'un résultat nouveau (parfois pris d'abord pour une erreur), qu'une idée nouvelle, émerge de cette confrontation est un vrai bonheur. Qui dirige l'autre est parfois incertain. Le rôle du senior n'est-il pas de rendre possible de nouvelles émergences, et de s'effacer ? D'accompagner ? Michel de Certeau a résumé cette expérience fondatrice à sa manière : « Tout éducateur le sait fort bien, avant même d'en avoir reconnu la portée : l'intelligence d'un savoir naît avec l'expérience du lien qui nous unit à d'autres ».

L'amitié

L'amitié m'était naturelle, si bien que je n'ai pas perçu avant longtemps combien elle était précieuse. J'ai beaucoup reçu de mes amis. L'amitié est « inconditionnelle ». Elle transcende les goûts, les opinions. Il m'aura fallu connaître des moments très difficiles pour constater combien, sans qu'ils comprennent ou même qu'ils sachent, mes amis me portaient. Un jour, j'ai lu ce qui suit :

> « *L'amitié ou la mort. C'est dans le Talmud. Sans amis, l'existence est vide, stérile, superflue. Sans amis, la vie manque de chaleur, de sève, de soleil. Plus que l'amour lui-même, l'amitié compte dans la vie d'un homme. Elle est plus stable que l'amour, plus désintéressée aussi. Il arrive*

que l'on tue par amour, mais pas par amitié. Caïn tue Abel parce qu'Abel n'était que son frère, alors qu'il aurait dû être aussi son ami... Pour faire l'éloge de Dieu, le célèbre Rabbi Pinhas de Koref disait : Dieu n'est pas seulement le père de notre peuple, le roi de l'univers, le juge de tous les hommes ; il est aussi leur ami ».

Les paroles d'Élie Wiesel accompagnent celles de Jésus (Jn 15, 15) : « Je vous appelle amis ».

La foi

La vie est relation. Je l'ai expérimenté dans toutes les dimensions de mon existence : intime, amicale, professionnelle, sociale. « La foi doit être cette relation qui différencie des interlocuteurs en les ouvrant à leur existence. Tel était le sens de la parole dans l'Évangile » écrit M. de Certeau.

La foi est une relation. Je n'ai pas de croyances, je ne crois pas à l'enfer ou au paradis, je n'adhère pas à un « credo ». J'ai foi en Dieu. Une confiance sans moyens, sans pouvoir. Je me reconnais dans ce qu'écrivait Grégoire de Nysse : « Abraham partit sans savoir où il allait. Et c'est parce qu'il ne savait pas où il allait qu'il savait qu'il était dans la Vérité ». Pas de preuves, pas d'assurances. Le territoire du connu, c'est celui des croyances, ce n'est pas celui de la vie. À la suite d'Ignace de Loyola, le sens de ma vie est de louer et servir Dieu, parce que c'est un chemin de liberté. Louer parce que j'ai beaucoup reçu, et parce que chaque jour me donne plus. Il y a beaucoup de souffrances et de malheur dans le monde. Il ne s'agit pas de le nier. Je reconnais là un mystère qui me dépasse. Une phrase de Jean Sulivan me ramène à l'Évangile : « Jésus est ce qui arrive quand Dieu parle sans obstacle à travers un homme ». Servir : Ignace a repris ce terme après bien d'autres. « Après vous » dit Levinas. Je viens après les autres. Ma rencontre avec le cardinal Duval m'a permis de garder un lien, ténu, avec l'Église, le cardinal Duval (seul cardinal que je n'aie jamais fréquenté), son dénuement, sa simplicité, son sourire. Ce qui l'émouvait le plus, m'a-t-il confié le jour où, baptisant l'une de mes filles, il l'accueillait dans l'Église d'Algérie, c'était de donner le baptême. Le cardinal Duval avait choisi l'Algérie indépendante et dénoncé la torture. Il vivait une Église sans pouvoir. Il ne survivra pas à l'assassinat des moines de Tibhirine.

L'évidence qu'une autre voie existe. La chance à seize ans d'avoir reçu le petit livre de Maurice Zundel « *Recherche du Dieu inconnu* » comme l'ouverture d'un chemin inépuisable. J'ai toujours gardé ces simples notes, recueillies par l'une de ses auditrices quand M. Zundel était lui-même un inconnu. C'est bien après sa mort (1975) que son rayonnement secret devint visible. Comment rechercher un Dieu connu ? En affirmant qu'il est Inconnu, Zundel touchait avec profondeur et simplicité ce qui peut faire vivre l'homme. Ce que l'on appelle le mystère de la Trinité était avec lui d'une évidente clarté. Ce n'est pas un dogme, mais l'affirmation que Dieu est relation.

J'en ai trouvé un jour au Japon, à Nara, une merveilleuse expression :

Deux mains pour se recueillir, dans l'unité et la paix
Deux mains pour accueillir l'autre
Deux mains pour louer, car le ciel est plus grand que moi.

10

L'espérance qui conduit à la foi

Georges HEICHELBECH*

L'espérance nous indique un chemin vers la foi

Nous sommes bien conscients que notre chemin de foi est personnel, affiné par nos expériences de vie et de rencontres avec les autres. Il est cependant subjectif, ce qui limite la portée d'un témoignage. Mais comme le dit Lytta Basset dans son livre, *La Source que je cherche*, Dieu n'évoque rien du tout quand la personne qui en parle n'en est pas habitée et se réfugie derrière la langue de bois religieuse. Sa rencontre peut être la conséquence d'une expérience positive ou négative, mais Dieu n'est en aucun cas une création *ex nihilo*, sortie de mes fantasmes ou de mes désirs inassouvis. Il s'agit d'une recherche toujours inachevée, en cheminant et en me confrontant avec d'autres, des personnes, des communautés ou des institutions. Cela n'a pas beaucoup de sens de dire que l'on est croyant tout seul. Il s'agit aussi de se décentrer et d'admettre qu'il y a une dimension transcendante qui vient de plus loin que moi.

---

* Georges Heichelbech, ancien président de la *Fédération des Réseaux du Parvis*, est aujourd'hui membre du comité de rédaction de la revue *Parvis*. Ancien professeur de mathématiques, il était aussi formateur à l'ÉDACE (École diocésaine d'animateurs de communautés ecclésiales) et était en charge de la préparation au mariage et de l'animation liturgique. Il a été au comité directeur de l'*Action des chrétiens pour l'abolition de la torture* (ACAT). Il est actuellement à la *Commission de théologie*, à la commission *Sensibiliser les Églises* et suit depuis de très nombreuses années les cours de théologie pratique à la Faculté de théologie protestante de Strasbourg.

Y a-t-il antinomie ou synchronie entre foi et religion ?

Dans son livre *Croire quand même*, à la question « À quoi bon rester dans l'Église catholique ? », Joseph Moingt répond :

> « *J'ai quantité d'amis qui me posent cette question et je leur réponds : si vous le pouvez, restez pour faire évoluer les choses. En faisant des communautés qui ne soient pas de simple adhésion mais aussi de contestation, en se rappelant que, linguistiquement, "contestation" est lié à "attestation". On conteste l'autorité pour attester l'Évangile. Que des chrétiens ne puissent plus vivre dans l'institution, je le comprends, mais s'ils sont seuls, ils ne peuvent plus faire grand-chose. C'est en groupe qu'on peut faire des choses importantes, et il est difficile à un chrétien de vivre isolé surtout quand on pense que le christianisme est une religion incarnée et communautaire, non une pure philosophie. Vous ne changerez pas le monde en restant seuls chacun dans votre coin, et puisque vous voulez vivre en chrétiens, pensez aussi à changer l'Église, donc à rester en lien* ».

L'histoire des religions est particulièrement riche en développements inattendus, qu'il s'agisse de surgissements nouveaux, de réveils ou de ruptures. Elle rend illusoire toute conception linéaire du cours de l'histoire. On pensait que l'avenir de la religion était compromis à cause d'une sécularisation irréversible, comme conséquence de la modernité. Encore faudrait-il préciser s'il s'agit du déclin de l'appartenance aux Églises, de la participation aux rituels religieux ou de la foi individuelle. Et ne pas se contenter d'observer ce qui se passe en Europe, qui n'est plus le centre de gravité de la chrétienté. Mais l'histoire nous enseigne qu'en Afrique du Nord, le christianisme s'était implanté vers le IIᵉ siècle et a été supplanté par l'islam à partir de la fin du VIIᵉ siècle, et y a disparu au XIIᵉ siècle. Ce qui n'a pas du tout signifié qu'il ait disparu de la surface de la terre.

La modernité est passée par là

Une des caractéristiques de la modernité est le primat de l'individu, les institutions devenant secondes, avec comme corrélats la liberté de conscience et la liberté de penser par soi-même. Le moteur n'est plus une vérité officielle à laquelle il faut adhérer sous peine d'être taxé d'hérétique. Ceci a aussi mis en lumière que la vérité n'est pas une, immuable, indiscutable. Cela signifierait-il l'absence de points de repère, un relativisme prônant que toutes les vérités se valent ? Et pour ses détracteurs, de stigmatiser l'individualisme, parfois assimilé à l'égoïsme, au narcissisme, à la perte de valeurs telles la solidarité, la fraternité, l'altérité, l'option préférentielle du « je » sur le « nous ». Et de telles dérives existent, s'exprimant sous diverses formes de populismes, de nationalismes ou de xénophobies. Les réseaux sociaux, sans qu'on puisse les réduire à cela, en sont des catalyseurs et des révélateurs.

Après la modernité où des développements technico-scientifiques, sanitaires, économiques, politiques, culturels et éducatifs ont apporté des améliorations sensibles des conditions de vie et ont nourri de fortes espérances séculières dans les bienfaits du progrès, nous sommes désormais entrés dans l'ultramodernité. Dans ce nouveau régime, les espérances séculières se trouvent elles-mêmes désenchantées et des logiques d'incertitudes ont pris le pas sur les certitudes modernistes. Nous avons quitté l'ère de la chrétienté et l'ère des certitudes. Prenons-en conscience pour développer une réflexion crédible pour notre temps.

Le talon d'Achille de notre époque est la subjectivité, de se centrer sur soi, de voir le monde avec ses propres lunettes, de penser que mes opinions que je considère comme ma vérité sont La Vérité, beaucoup plus fiable que celle que d'autres peuvent énoncer. L'histoire nous montre que cette logique, poussée à l'extrême, est source de violences, de guerres, d'inhumanité et ne peut mener qu'à des impasses. Inutile de développer. De nombreuses études ont déjà été faites sur ce sujet.

D'autre part, il est illusoire de s'imaginer pouvoir vivre sur une ile déserte, sans interdépendance avec les autres et que toutes mes idées, je les ai découvertes par moi-même, sans relation avec celles des autres. Nous sommes conditionnés par notre passé, notre vécu, nos expériences heureuses ou malheureuses, nos rencontres, nos lectures, nos prédispositions à être plutôt optimistes ou plutôt pessimistes, notre caractère, notre ouverture plus ou moins grande au monde, aux témoignages qui nous fascinent ou nous rebutent, aux tentatives d'endoctrinements sous prétexte de nous former ou de nous informer. Ne négligeons pas nos besoins de sécurité, nos peurs ou nos craintes plus ou moins conscientes, nos interrogations sur le sens de notre vie et notre devenir. Il est illusoire de vouloir faire table rase de tous les acquis de notre humanité, de les ignorer, de vouloir créer un système de pensée sans fondations et sans racines.

Conscient de tous ces écueils et de toutes ces dépendances, essayons de nous frayer un chemin que nous sommes amenés à construire nous-mêmes permettant de donner sens à notre vie. Ceci ne sera possible que si nous nous décentrons de nous-mêmes. Il est déjà illusoire de croire, comme ce fut le cas par le passé que notre terre est le centre de l'univers, et carrément ridicule de s'imaginer qu'on en est le centre, que tout tourne autour de soi. Lorsque des personnes m'ont demandé d'où venait mon dynamisme, il m'est arrivé de leur répondre que cela venait de plus loin que moi, qu'il m'est arrivé de dire ou de faire des choses où je me suis surpris moi-même à observer que cela venait de moi. Un esprit un peu plus charismatique aurait répondu que c'est l'Esprit Saint qui agit en moi. Mais avec mon approche rationnelle, cette conclusion me paraît hâtive et hasardeuse. Il n'en reste pas moins que cela permet de réaliser, c'est moi qui le dis d'une façon subjective, que la réalité semble dépasser ce que nous voyons, les contingences matérielles et donne droit de cité à un monde parallèle invisible, mystérieux, difficilement contrôlable par notre raison et que, si nous avons un peu d'imagination, nous pourrions peupler de concepts et d'êtres fort divers.

Il est classique d'affirmer que, sans le contrôle de la raison, il est possible de concevoir n'importe quoi. Depuis bien longtemps, cet espace a été investi, en particulier par les religions. Une critique semble tout à fait nécessaire, mais méfions-nous des discours idéologiques dont le but est de défendre ou d'attaquer les religions prédisant à court terme leur fin. Nous avons quitté l'ère positiviste, convaincus que tout ce qui faisait le fonds de roulement des religions trouverait des explications avec le développement des sciences et des techniques. Mais on a dû se rendre à l'évidence que la fin imminente des religions n'a pas eu lieu. À l'époque moderne, la foi et la religion ont été taxées de superstition irrationnelle, par opposition à la raison et à la science. Interpellation pertinente néanmoins, car des formes de superstition peuvent parfois se glisser subrepticement dans la pratique religieuse. Elle est effectivement une « attitude religieuse », au sens où elle se rapporte au sacré, mais sans que ce dernier soit toujours clairement identifié. Il peut s'agir d'un « surnaturel » anonyme, du destin, de la chance, du hasard. Mais également d'un dieu ou de Dieu... que l'on tente de se rendre favorable, ou que l'on cherche au contraire à éloigner, à travers des gestes, des rites, des paroles prêts à l'usage. Un usage qui se transmet souvent de génération en génération, sans que l'on s'interroge sur son fondement.

Souvent associée à la croyance, la superstition peut également découler de la non-croyance. Lorsque l'on n'a pas foi en Dieu, la tendance religieuse humaine se reporte parfois sur les choses les plus banales : jouer à la loterie un vendredi 13, éviter de passer sous une échelle, ou toucher du bois pour que tout continue d'aller bien. La superstition peut aussi se traduire dans des pratiques très élaborées, comme on en trouve dans des civilisations du passé, mais également aujourd'hui. Elle manifeste alors une conception magique du rapport de l'humain au monde du surnaturel ou du divin. En accomplissant certains rites, en particulier des sacrifices, on pense agir sur la divinité, qui est alors censée réagir en accédant à nos demandes de toutes sortes, dans une logique de donnant-donnant. Parfois, le rituel est même considéré comme efficace en soi, provoquant automatiquement le retour favorable du divin. Mais la superstition n'est pas l'apanage des idolâtres non chrétiens. Tout comme une vraie foi peut être vécue en dehors du monde chrétien. Les apparences de la piété peuvent cacher une tournure d'esprit superstitieuse, tout comme certaines pratiques qui nous semblent douteuses peuvent receler une foi authentique. Tout cela devrait nous mettre en garde : l'expression de notre foi relève d'un autre ordre que la superstition. Cependant une attitude rationaliste, sans transcendance, ne peut combler la quête de sens de l'être humain.

Foi, religion et chemin d'humanisation

En 2002, Yves Burdelot publia le livre *Devenir humain* où il s'était posé la question : si l'on pouvait encore penser le christianisme, confronté aux valeurs et aux attitudes contemporaines. Face à elles, la proposition chrétienne ne peut revendiquer ni privilège ni dispense sauf à se vouer elle-même au musée des idées mortes. Et aucun parapet doctrinal ne permet au croyant, s'il se veut de son temps, d'esquiver la question. Yves Burdelot affirme que pour le christianisme, l'attitude religieuse devrait être seconde par rapport à son souci d'humanité. Cette hiérarchisation est difficile à faire entrer dans la réalité et la tentation de mettre le religieux au premier plan et d'en faire le point de départ est constante.

Et là, la critique de l'évasion dans le religieux est facile. Cela ne signifie pas que le croyant doive renier sa foi, mais par sa façon d'être et d'agir, il se doit de montrer que sa première préoccupation est son ouverture et sa solidarité vis-à-vis de tout être humain, sans se soucier de son appartenance à telle ou telle communauté de croyants ou de non croyants. C'est ce que découvrent les chrétiens qui militent pour les droits de l'homme. Dans un premier temps, ils se « convertissent » aux droits de l'homme par devoir de solidarité, mais ils comprennent vite, au fil de leur engagement, que ce sont en fait les droits de l'homme qui les convertissent, qui leur font découvrir ou redécouvrir le christianisme. Telle est par exemple la conception de Caritas et son conflit avec la hiérarchie catholique provient du fait que cette dernière considère que le premier but d'un mouvement caritatif catholique est d'évangéliser et si possible même faire de nouveaux membres. La tentation existe aussi de préférer se réfugier dans la dévotion, le ritualisme et donc de fuir la réalité plutôt que de privilégier la relation humaine. Ne confond-on pas souvent foi et religion ? Dans l'attitude religieuse, l'homme veut se faire valoir devant Dieu. La religion devient ainsi une initiative, une action de l'homme sur Dieu en vue de provoquer une réaction de Dieu, si possible favorable et utile à l'homme. Ce qui compte, c'est l'obligation de se soumettre à un certain ritualisme, à vouloir se justifier devant Dieu. Et parce que l'homme est faible et que le Puissant est exigeant, voilà que s'accumule le péché, cette action de l'homme qui provoque la réaction menaçante de Dieu. Avec le péché montent aussi la peur et l'angoissante tentative, jamais achevée, de payer pour le passé, de gonfler la valeur des sacrifices, pour pouvoir un jour, peut-être, satisfaire aux exigences du Puissant. La religion, considérée dans ce sens, aliène donc l'homme et ne peut en aucun cas être une bonne nouvelle pour l'humanisation du monde. D'un autre côté, si croyants ou non, nous cherchons à nous humaniser, à créer un contexte favorable pour que chacun puisse échapper à la part d'inhumain qui nous guette, nous créons un contexte favorable au bonheur. Et de ce côté une coïncidence forte est possible entre les demandes profondes de notre culture sécularisée et l'affirmation chrétienne. Notre époque s'interroge sur les conditions qui permettraient à chaque personne d'être réellement libre, en ne prenant plus pour base ni la domination, ni le conformisme, ni l'effacement des singularités ou des divergences. Et là, la foi en un Dieu qui fait valoir l'homme sans aucune considération de mérite ou de démérite, qui nous aime en premier, sans condition, tels que nous sommes et où il n'est nul besoin de vouloir l'amadouer pour qu'il daigne enfin nous écouter et nous accorder ses faveurs, est un stimulant pour nous tourner vers les autres. Dans une société sécularisée, la référence chrétienne se joint à la référence humaniste mais sans annuler celle-ci ni s'y substituer. Notre comportement doit pouvoir se nourrir non seulement d'une motivation humaniste commune, mais aussi de toutes les motivations spirituelles qui peuvent l'enrichir et lui donner force. Une vision authentique de la collaboration entre des mouvements d'approches diverses devrait se faire en approfondissant ensemble leur vision et leur compréhension de la dignité humaine.

Et Dieu dans tout cela ?

Il est plus facile de dire ce que Dieu n'est pas que de dire ce qu'il est. Dieu n'est plus une évidence ni une nécessité dans notre monde occidental, progressivement sécularisé depuis le siècle des Lumières. On ne peut plus adhérer à des affirmations et à des représentations de Dieu qui datent d'époques culturellement révolues. Sont en effet problématiques celles qui présentent Dieu comme tout-puissant, omniscient, clé de voûte du monde, maître de l'histoire, ayant un projet sur les sociétés et sur chacune des vies humaines, révélant ses volontés aux hommes.

On veut nous faire croire que la conception de Dieu ne peut être que celle présentée par la théologie dogmatique des différentes Églises et que c'est Dieu lui-même qui s'est défini ainsi. Ne confondons pas ce que Dieu est censé dire et ce que l'on veut lui faire dire. Une étude historique montre d'ailleurs que la perception de Dieu a fluctué à travers le temps et que ce n'est que tardivement que l'on en a eu une conception monothéiste ; au début, chaque peuple avait son Dieu. La construction du monothéisme est un phénomène de longue durée et non le fruit d'une révolution. C'est un processus unique, par lequel on alloua peu à peu à YHWH les fonctions et les attributs d'une multitude d'autres dieux jusqu'à tous les remplacer.

Mais bien évidemment, pour chaque personne, Dieu dont elle parle est le vrai Dieu et les autres sont de faux dieux. Seulement voilà, chaque religion prétend que c'est le sien qui est le vrai, mais devrait admettre que ses enseignements, y compris les messages de leurs fondateurs, ont été élaborés dans des contextes historiques et culturels particuliers, ce qui appelle à chaque époque un travail de réinterprétation. Sans quoi, comment éviter les dérives du fondamentalisme et du dogmatisme qui bétonnent la prétention à détenir la Vérité ?

Aujourd'hui, nous comprenons mieux qu'autrefois qu'il n'est plus possible de parler d'une « vraie religion », car toutes les religions, d'une certaine façon, le sont. Comme toutes les religions, d'une certaine façon, sont également fausses, car toutes contiennent leur lot d'erreurs, de superstitions, de fautes, d'attitudes et de comportements répréhensibles et souvent inhumains. Aujourd'hui, il ne fait donc plus sens de parler d'une religion qui serait « supérieure » aux autres, ou « meilleure » que les autres, comme la religion chrétienne l'a fait pendant deux millénaires. Il faut que chaque croyant reconnaisse que tout autre croyant lui est semblable, ni inférieur, ni supérieur, mais distinct, inscrit dans une tradition différente, un frère dans la foi.

Sans nier qu'il puisse y avoir en tout homme un pressentiment de « Dieu », sans non plus négliger le fait que notre culture soit marquée par les siècles où la foi au « Dieu chrétien » allait de soi, le christianisme, aujourd'hui, gagnerait à s'interdire de partir de « Dieu », d'une idée de « Dieu » si épurée soit-elle, et d'en venir seulement ensuite à éclairer les démarches humaines. Il doit s'enraciner dans l'humanité et y chercher des indices de « Dieu », des traces, si l'on veut.

Et qui est Dieu pour moi ?

Dieu ? Je pense qu'il faut en parler le moins possible. D'abord, parce que son nom est mis à toutes les sauces pour justifier et sacraliser des comportements simplement humains, liés, par exemple, à des traditions culturelles ou sanitaires, ou à des enjeux de pouvoir et de domination plus ou moins violents. Ensuite, parce qu'il est l'Indicible, perçu confusément au cours des millénaires à travers les religions, mais dont je peux seulement dire qu'il est « l'au-delà de l'Homme ». Jésus qui parle de son Père, qui se dit, qui nous dit tous fils et filles de ce Père, c'est d'abord pour moi non une histoire d'incarnation et de rédemption, mais la fulgurance d'un homme qui comprend et veut faire comprendre que cet « au-delà de » que l'on nomme Dieu se rencontre sur le chemin de la fraternité et de la bienveillance, pour les autres mais aussi pour soi-même. Une phrase dit pour moi l'essentiel, dans l'évangile de Luc : « Ils l'avaient reconnu à la fraction du pain ». Et je crois que nous écrivons des pages d'évangile chaque fois que nous partageons – du pain ou autre chose –, et que la vie de Jésus y est bien plus présente que dans le rite quasi magique de la consécration.

Personnellement, j'ai foi en un Dieu qui fait valoir l'homme sans aucune considération de mérite ou de démérite, qui nous aime en premier, sans condition, tels que nous sommes. C'est Jésus qui m'a fait comprendre cela. Mais celui qui prétend aimer Dieu et n'aime pas ses frères est un menteur, car « tout ce que vous avez fait à l'un de ces plus petits qui sont mes frères, c'est à moi que vous l'avez fait », dit-il. Donc, c'est une évidence, je rencontre les visages de Jésus et de Dieu dans tous les visages humains que je croise et avec qui je partage, ne serait-ce qu'un sourire. J'ose dire que, si la prière est un lien avec Dieu, c'est par exemple dans le tram ou le bus que je « prie » le mieux, en regardant tous ces gens si différents avec la conviction que chacun porte en soi, malgré les apparences, le désir du partage et de l'amitié. Cela me permet aussi de relativiser de plus en plus les rites, les dogmes, les croyances et les formulations diverses. Peu importe la manière de croire (ou non) et de prier, les pages de l'évangile pour le temps présent s'écrivent autrement : par exemple, en étant actif dans des associations de défense des droits humains, telles l'ACAT (Action des chrétiens pour l'abolition de la torture) ou dans la Fédération des Réseaux du Parvis avec des personnes ayant des sensibilités religieuses très variées et où nous avons comme devise : « À l'écoute de l'Évangile, libres et unis dans la diversité des Réseaux du Parvis, nous partageons nos recherches et nos convictions, et nous sommes engagés avec les femmes et les hommes de tous horizons qui travaillent à bâtir un monde plus juste et plus fraternel ». Mais cela s'élargit aussi aux rencontres interreligieuses et aux rencontres interconvictionnelles.

Les spécialistes des sciences humaines considèrent la diversité des religions comme l'un des plus précieux trésors produit par l'esprit de l'homme. À travers cette quête multiforme de Dieu, les humains ont manifesté, tout au long de leur histoire, la sublimité de leurs aspirations, la profondeur de leur sensibilité, ainsi que la puissance extraordinaire de leur inventivité.

Les multiples voix des religions du monde ont toujours servi de relais aux humains pour répercuter la variété infinie des efforts et des babillages par lesquels, ceux-ci, dans un effort angoissé, parfois pathétique mais toujours admirable, depuis la nuit des temps, ont cherché à dire quelque chose de sensé sur la nature de Dieu et son Mystère.

Les efforts que, par la diversité des religions, l'homme religieux déploie pour dire Dieu, s'ils sont peut-être inutiles d'un point de vue cognitif, sont cependant très efficaces pour bâtir la qualité humaine et spirituelle de sa personne. Ces efforts creusent sa sensibilité et sa profondeur, et permettent à son esprit et à son cœur de se rapprocher davantage du Mystère ultime et, d'une certaine manière, de l'apprivoiser et de le ressentir comme une présence ineffable, certes, mais familière, aimante et réconfortante qui l'aide à vivre une meilleure existence.

Cheminons ensemble, en dialoguant, à la recherche de Dieu

On veut évoquer des vocables comme rencontre, recherche, partage, communauté, expérience. Mais, c'est le mot dialogue qui connut, à coup sûr, la fortune la plus durable. Pourtant, nous constatons à l'usage que le dialogue est plus difficile à pratiquer qu'à préconiser. Il suppose d'abord que les interlocuteurs acceptent de se situer sur un pied d'égalité. Entrer en dialogue, c'est s'exposer à la parole de l'autre ; c'est laisser venir à soi des questions qui risquent d'ébranler des certitudes acquises. Le dialogue me conduit à entendre une vérité différente de la mienne, et cette confrontation peut constituer pour ma cohérence spirituelle une épreuve redoutable. Les deux partenaires ne tardent pas à s'apercevoir que le dialogue est faussé aussi longtemps que chacun cherche à convertir l'autre à ses propres vues. Quiconque s'engage à fond dans l'expérience du dialogue découvre au surplus que celui-ci ne se réduit pas à un échange de discours. Entendre en vérité la parole de l'autre, c'est se laisser questionner par son existence tout entière, sa manière de vivre, ses solidarités naturelles, ses références éthiques, la lumière et la force qu'il tire de ses croyances. Or, ceux qui sont allés le plus loin dans cette voie finissent par tenir des propos étonnamment modestes.

Il est important que chaque partenaire ait préalablement pris la mesure de sa position et de la tradition qu'il assume. Faute d'un enracinement reconnu comme tel de part et d'autre, le dialogue se réduirait à un échange verbal et se solderait par une connivence dans la médiocrité. Est-ce que je suis bien conscient de ce qui sous-tend ma position et est-ce que je connais aussi le pourquoi de la position de mon interlocuteur ? Pour prendre une comparaison biblique, on peut penser soit à Babel, soit à la Pentecôte. À Babel, tout le monde fait pareil, parle pareil. C'est du totalitarisme. Et l'uniformité est la caricature de l'unité. À la Pentecôte, tous entendent le même message, mais chacun dans sa propre langue, donc dans sa propre culture. À chacun d'écouter comment cela est dit dans les autres cultures et langues, pour découvrir ce qu'il ne peut pas découvrir dans la sienne propre. C'est ensemble que nous pouvons avancer, c'est ensemble que nous pouvons nous soutenir, c'est ensemble que nous pouvons retrouver l'espérance qui nous permet de tracer un chemin vers la foi.

Pourquoi cette désespérance ?

Les médias ou les échanges avec bon nombre de nos contemporains nous abreuvent de discours sur le désespoir. La déprime caractérise notre société, notre époque de mondialisation, notre civilisation avancée où les crises politiques, économiques, migratoires, climatiques se succèdent et paraissent immaîtrisables, où l'on ne sait pas comment refermer la boîte de Pandore de la violence pour la violence, où les conflits atteignent une cruauté extrême avant de s'assoupir dans de fausses paix ou des guerres larvées. Cela reflète la maladie chronique des crises économiques, du monde qui change, des interrogations sur notre identité, de la remise en cause de notre culture suite aux immigrations. De plus, le christianisme quitte la culture commune, concurrencé par l'islam. Il faut reconnaître que notre société où tout évolue très vite, où les repères et les références deviennent plus flous, est en quête profonde de sens. Et cela conduit plus facilement au pessimisme qu'à l'optimisme.

Que mettons-nous sous le mot espérance ?

En français, plusieurs synonymes permettent d'approcher sa signification la plus entière. Chacun d'entre eux contient une partie du projet espérance que chacun est appelé à bâtir. Ils donnent des réponses progressives, ou complémentaires à nos insatisfactions ou à nos angoisses du lendemain. On parle selon les situations de « désir », de « prévision », « d'attente », « d'espoir », de « rêve », de « confiance ». Le désir peut porter en germe l'espérance qui fait vivre. Prévoir, c'est vouloir se mettre en position constructive devant l'avenir, anticiper pour construire demain tel que nous le souhaitons. Le sens de la prévision s'acquiert dans l'éducation. Attendre quelqu'un, attendre la réalisation d'un projet, attendre l'événement qui changera le cours de notre vie. Que peut espérer une personne qui n'attend plus rien, ni personne. Faire confiance, c'est espérer l'autre, être attentif à l'éclosion de ses talents, contempler ce qu'il a de sacré en lui, avoir foi en la réalisation des projets qu'il s'est donnés. Le philosophe Michel Serres a déclaré un jour : « J'ai perdu tout espoir, mais j'ai gardé l'espérance ». Cette belle formule ne doit pas nous faire oublier d'être réalistes et concrets. Nous pouvons trouver des raisons spirituelles d'espérance. L'espoir est en quelque sorte l'incarnation de notre espérance. Mais nous sommes bien avancés si elles n'aboutissent pas à des actions concrètes qui redonnent espoir aux êtres humains ! Tout homme, croyant ou non, est capable d'espérance. L'espérance est élan de vie, aspiration au bonheur, inspiration d'initiatives aimantes, respiration plus ou moins consciente de nos activités quotidiennes.

Espérance et faux espoirs

Mais ne confondons pas espérance, synonyme de courage, avec optimisme qui peut être une illusion. Il faut accepter de renoncer aux faux espoirs, comme vouloir revenir en arrière vers un passé souvent idéalisé, ou se retirer dans sa petite forteresse, pensant se protéger du monde en méprisant les valeurs qui le font tourner et ne pas succomber à la tentation de se considérer comme victime. L'espérance ne consiste pas à dire que tout ira mieux demain. Parce que de demain, par définition, nous ne savons rien. Affirmer que l'avenir, par nature, apportera des solutions est une profession de foi charmante, mais parfaitement gratuite. Si nous regardons dans notre passé tous les demains qui se sont succédé jusque-là, force est de constater que rien n'est moins sûr. Nous avons connu des demains merveilleux, mais aussi des demains catastrophiques. Tout bien considéré, du reste, l'histoire de l'humanité a compté bien plus de désillusions que de lendemains qui chantent. Combien d'espoirs brutalement douchés, combien de doux rêves qui ont fini en cauchemars ! On est donc tenté de ranger l'espérance au rayon des accessoires théologiques tombés en désuétude. Il y a déjà bien assez à faire avec la foi et la charité pour remplir un programme de vie chrétienne.

Que nous apprend la Bible ?

Adrien Candiard, dans son livre *Veilleur où en est la nuit ?*, pour parler d'espérance, propose de nous inspirer de l'attitude du prophète Jérémie. Alors que beaucoup attendaient une intervention miraculeuse de Dieu, Jérémie annonce que Jérusalem ainsi que son temple seront détruits et le peuple déporté à Babylone. Cela va permettre une radicale purification de leur espérance. Dieu ne promet pas à Jérémie de le tirer d'affaire, ni que les soucis du pays vont s'arranger, mais qu'il sera avec lui, ce qui n'est pas une meilleure consolation sentimentale. L'apôtre Paul nous dit : « Soyez joyeux dans l'espérance, patients dans la détresse, persévérants dans la prière, Christ Jésus est notre espérance ». L'espérance chrétienne espère contre toute espérance. Espérer, c'est croire que Dieu nous rend capables de poser des actes éternels, non comme une récompense pour notre bonne conduite, ni un refuge contre le mal et la finitude de notre univers. Espérer, c'est croire que l'amour est plus fort que le reste.

L'espérance nous dit que nous pouvons changer le mal absolu en bien inestimable. Par exemple, la croix tue et fait souffrir. Elle ne sauve pas en tant que telle mais parce que Jésus en a fait le lieu du plus grand amour. Reprenons à notre compte la question qui a été posée au prophète Isaïe (21, 11) : « Veilleur, où en est la nuit ? » et soyons conscients d'être des sentinelles qui peuvent regarder la nuit sans effroi, parce qu'au fond de nous-mêmes, il y a assez de lumière pour ne pas douter de l'existence du matin.

Sommes-nous des passeurs d'espérance ?

L'espérance, c'est la prière, la parole nue, le serviteur inutile, l'apprentissage du oui, la guérison du mythe de l'efficacité, le sens du gratuit, l'inverse du principe économique qui vise à la proportionnalité entre investissement et résultats. L'espérance et l'exercice de l'espérance, c'est aussi se soutenir mutuellement. En d'autres termes, c'est prendre conscience que nous ne sommes pas capables, tout seuls, de régler les problèmes. C'est avoir l'humilité d'accepter que nous avons besoin d'être soutenus par d'autres. On ne peut donner que ce que l'on a ou, d'une façon plus précise, que ce que l'on est. Il est impossible d'être un passeur d'espérance si par notre comportement nous ne rayonnons pas une certaine espérance. Au lieu de voir un verre à moitié vide, voyons un verre à moitié plein.

Ce n'est pas en étant morose, en nous lamentant parce qu'il n'y a pas assez de croyants convaincus ou que les personnes qui sont là, sont à nos yeux trop mollement engagées, que nous améliorerons la situation. Sans tomber dans le travers de la naïveté ou de l'autosatisfaction, reconnaissons néanmoins que, dans notre monde et dans l'Église, il y a pas mal d'actions positives et ce n'est pas parce que l'on ne peut pas tout faire qu'il ne faut rien faire. Sans vouloir être fatalistes, ne soyons pas trop impatients non plus. On peut même encore aller plus loin en disant qu'aujourd'hui l'opposition entre optimisme et pessimisme est dépassée. Le problème ne se pose plus ainsi, mais on devrait plutôt s'interroger si on est prêt à découvrir ceux qui œuvrent pour que les hommes vivent plus humainement ou si on n'y est pas prêt. L'espérance n'est ni un trait de caractère, ni une doctrine, ni une force objectivement décelable. Elle est avant tout un choix, un regard tourné vers l'autre, un pas fait avec l'autre, simplement pour marcher ensemble afin que la vie soit plus humaine. Mais c'est à chacun de trouver son chemin. Il y a diversité de dons, mais c'est le même Esprit. À l'un est donné un message de sagesse, à l'autre un message de connaissance, selon le même Esprit. Et je pourrais ainsi reprendre tout un passage de la première lettre de Paul aux Corinthiens.

Témoignons-nous assez que le message de l'Évangile est un message de libération et d'espérance ? Jésus avait pour souci de mettre l'homme debout et pas de le considérer comme un ver de terre rampant. Ceci n'est pas très compatible avec une vision salvifique de la souffrance, une insistance excessive sur l'homme pécheur, qui doit se prémunir d'un Dieu gendarme le menaçant des foudres de l'enfer, le culpabilisant et lui faisant perdre confiance alors qu'il ne cesse de l'aimer envers et contre tout. Notre plus grand message d'espérance, c'est que le péché et le mal n'auront pas le dernier mot. Christ a vaincu la mort et, comme le dit l'épître aux Romains, « si nous avons été totalement unis, assimilés à sa mort, nous le serons aussi à sa résurrection ».

En guise de conclusion

Comme dit au début, mon chemin de foi est personnel, donc subjectif. Un dogmaticien aurait bien des réserves à formuler, mais ce n'est pas ma préoccupation. Cependant, pour ne pas se transformer en équilibration en dépit du bon sens, il est éclairé par de multiples rencontres, témoignages et lectures. Le croyant persévère à chercher la vérité car c'est par amour de la vérité qu'il refuse de posséder une vérité définitive. Pour découvrir Jésus, témoin privilégié de ma démarche, certes on n'a pas besoin des religions mais elles en parlent aussi. Il est vrai qu'avec le mille-feuille d'affirmations dogmatiques qu'elles y ont ajouté, elles s'en sont parfois éloignées ou ont même trahi son message. D'où la nécessité, pour pouvoir être chrétien dans la modernité, de réinterpréter l'héritage pour qu'il soit crédible, comme le dit Jacques Musset dans un de ses livres, mais aussi se poser la question « Jésus est-il la voie ou une voie ? » Ou, comme d'autres, « Peut-on concevoir un christianisme sans religion ? ».

Certains ont besoin d'une Église ecclésiastique qui est, comme d'autres institutions, une digue symbolique derrière laquelle on se protège de la menace du réel. Ne méprisons pas cette possibilité. L'Église n'est pas un club de parfaits, dont les trublions, les aveugles et les boiteux seraient exclus. On peut aimer l'Église, même quand elle se trompe et confond la pastorale avec la politique ecclésiastique. Car, malgré ses imperfections, elle nous transmet l'Évangile, dont elle témoigne par ses prophètes et ses saints du quotidien. C'est l'Église hôpital de campagne chère au pape François, capable d'une parole de miséricorde et de tendresse, celle qui choisit les périphéries de l'histoire, qui va aux frontières sans demander de passeport ou de certificat de bonne conduite.

Quand on se demande ce que c'est que « croire » et « faire croire », on tombe invariablement sur la question de la volonté : jusqu'où ai-je envie de croire ? Est-ce moi qui crois ou me le fait-on croire ? La passivité est la forme la plus courante du rapport à la croyance. Mais on peut aussi avoir une croyance plus active, qui permet d'organiser notre volonté. Par exemple, les Indiens d'Amazonie qui racontaient des mythes à Lévi-Strauss n'étaient pas passifs du tout. Dans le continent américain, le chamane avait une capacité prodigieuse à fabriquer de l'imaginaire, ce qui revient à dire qu'il avait un rapport extrêmement actif au mythe et à la croyance. Les mythes ne sont somme toute que des paroles particulières, transmises de génération en génération, qui se sont fixées selon un certain nombre de choix validés par la société, tout en se retrouvant avec quelques variantes, dans différentes cultures. Ils sont devenus plus difficiles à déchiffrer depuis qu'ils ont été dénigrés au profit des vérités immuables, défendant une métaphysique de l'être et de l'identité qui plane encore aujourd'hui sur la pensée occidentale.

Loin d'être une réponse toute faite, la foi est une autre manière de questionner le réel et de se laisser questionner par celui-ci. Le doute est constitutif de la foi. Puisque la foi n'est ni certitude ni négation, elle se trouve entre les deux. Le doute va sans cesse la creuser, et ainsi la faire grandir. Avoir la foi, c'est croire en ce que nous ne voyons pas.

Si par impossible, à mon lit de mort, il m'était manifesté avec une évidence parfaite que je me suis trompé, qu'il n'y a pas de Dieu, ce que personne ne peut prouver, je ne regretterais pas d'avoir cru en Lui. Je penserais que je me suis honoré en croyant que l'univers n'est pas idiot, qu'il faut lui donner un sens et que la Vie aura le dernier mot. C'est l'espérance qui nous indique un chemin vers la foi.

11

« Le Christ existant comme communauté ». Un lien social au défi de la sécularisation

Bernard LAURET*

En introduction : du lien social et de l'Église

Le titre de cette contribution est emprunté à Dietrich Bonhoeffer (1906-1945), ce théologien protestant largement adopté par les catholiques et les anglicans pour son sens aigu de la nécessaire annonce de l'Évangile dans le contexte contemporain, celui marqué par la modernité et la sécularisation. Son nom vient spontanément à l'esprit dans la situation qui est celle de la « génération mutante » des baby-boomers, – la mienne –, celle qui est passée très rapidement d'un environnement marqué par une pratique sacramentelle majoritaire à un univers culturel largement sécularisé, fortement contrasté. Celui-ci se signale par un décrochage très net de la « pratique religieuse traditionnelle » et une progression inédite

---

* Bernard Lauret, né en 1940, veuf, un enfant, est tributaire de la famille dominicaine, notamment par le Saulchoir et les éditions du Cerf. Licencié en droit et en philosophie, docteur en théologie (Munich), ancien directeur littéraire aux éditions du Cerf, il est engagé dans la paroisse Saint-Pierre de Charenton (catéchèse, liturgie et entr'aide). Parmi ses publications : *La culpabilité et la question de Dieu chez Nietzche et Freud*, *Christologie* (avec J. Doré et J Schmitt), *Initiation à la pratique de la théologie* (dir.), contributions sur le messianisme, la religion populaire, la laïcité et l'histoire de la théologie (*La théologie. Une anthologie, t. V : la modernité*) et des traductions (Theissen, Harnack, Rahner, Bonhoeffer).

des « sans religion » (les « nones »). La situation actuelle nous invite donc à tenter d'exprimer, au moins pour nous-mêmes, comment « la foi a ses raisons... » dans cette situation où l'Église est socialement minoritaire, formant une communauté autour du Christ, mais en relation avec l'ensemble de la société.

Trois réalités entrent donc en compte : le Christ – la société – et l'Église comme communauté appelée à rassembler, à faire lien. C'est ce que l'on peut attendre de chrétiens comme « sel de la terre » ou, selon l'épître à Diognète, pleinement membres d'une société tout en y apportant un supplément d'âme, et cela en faisant corps avec le Christ. Quand on a rencontré le Christ comme celui qui nous a tout donné pour nous réconcilier avec Dieu et entre nous, nous trouvons en lui les « raisons » de notre foi et de notre place dans la société, même si cela peut paraître déraisonnable ou folie pour beaucoup. Comme l'écrit Paul aux Corinthiens : « Si nous avons perdu la tête, c'est pour Dieu ; si nous sommes raisonnables, c'est pour vous. En effet, l'amour du Christ nous saisit quand nous pensons qu'un seul est mort pour tous, et qu'ainsi tous ont passé par la mort ». (2 Co 5, 13-14).

Notre génération n'a peut-être pas le même enthousiasme missionnaire de Paul, mais, intimement, elle sait que le Christ peut à la fois diviser et faire lien dans la société.

Notre situation mise au défi de la sécularisation (quelle que soit la manière dont on l'interprète) crée ainsi une *double responsabilité* de l'Église 1. à l'égard de la société et 2. comme communauté spécifique. Il n'est pas question de reprendre pour autant la distinction entre Église *ad intra* et Église *ad extra*, dans une déliaison artificielle, parce que la réalité de l'Église est une et elle est autant « missionnaire » quand elle célèbre réunie en assemblée ou lorsqu'elle est dispersée en diaspora.

Cette responsabilité de l'Église est donc double, chacune étant inséparable de l'autre :

1. *D'abord pour l'Église à l'égard de la société civile* marquée par la laïcité, du point de vue juridique et par la sécularisation au plan culturel (voire une « exculturation » relative de la religion (cf. Olivier Roy et Danièle Hervieu-Léger). *La sécularisation*, comme la laïcité, peut cependant être une opportunité pour donner un sens nouveau au lien social grâce à l'Église comme communauté. La définition de l'Église comme « société parfaite », du point de vue du droit civil ecclésiastique interne ou externe, ne signifie donc plus l'extranéité ou la supériorité de l'Église par rapport à la société civile, comme ce fut le cas lors des rivalités entre

Sacerdoce et Empire ou avant le ralliement à la République, mais son autonomie relative par rapport à l'État. Dans une société libérale démocratique qui garantit la liberté religieuse, l'Église ne devrait plus se situer en rivale mais comme actrice dans la recherche du *bien commun et donc comme participante au lien social*. Elle y participe aussi bien dans la religion d'un point de vue spirituel que dans l'action sociale, l'enseignement, la jeunesse, les aumôneries (hôpitaux, EHPAD et prisons) et, particulièrement, auprès et avec des exclus.

De fait, dans l'État démocratique et libéral, qui ne peut répondre à toutes les attentes des citoyens concernant le sens de la vie, comme l'avait montré Tocqueville dans la *Démocratie en Amérique*, l'Église peut et doit apporter sa pierre à une vie humaine accomplie.

2. En même temps, cette autonomie réelle de l'Église dans la société crée par sa présence *une responsabilité pour elle-même* comme communauté et pas seulement comme institution. Ici, c'est le lien social à l'intérieur de l'Église qui est en question. On constate en effet une déliaison nouvelle entre l'Église comme institution et nombre de chrétiens et de citoyens, ce qui rend urgent de mieux comprendre l'Église comme lien social communautaire faisant place en lui-même à un processus institutionnel dépendant du Christ et de l'Esprit : le « Christ existant comme communauté » et pas seulement comme association de fait.

Nous sommes donc invités à prendre d'abord acte de la déliaison, voire d'un décrochage, entre Église et société civile à partir des chiffres de la « pratique religieuse » et des interprétations qui en sont données. Nous pourrons ensuite évoquer une expérience de l'Église comme lien social spécifique à partir d'une communauté instaurée et restaurée.

Le constat d'une déliaison entre Église et société : sécularisation et religiosité

Les chiffres et les valeurs

Rappelons d'abord quelques statistiques bien connues concernant la « pratique religieuse », mais sans en rester à des chiffres bruts.

La foi vécue des « fidèles » est, certes, difficile à appréhender, surtout quand certains « fidèles » se déclarent « croyants » mais pas « pratiquants ». Et d'aucuns se demandent même si la religion est un « objet socialement pertinent »[1]. Mais les enquêtes donnent à penser, lors même que la foi en ses œuvres ne se réduit pas à la pratique sacramentaire en lien avec une communauté. Même si environ moins de 50 % de la population en France en 2021 (dont des catholiques !) dit ne pas croire en Dieu et si 50 % reconnaît encore un lien avec l'Église catholique, ce lien ne se concrétise plus par une pratique sacramentelle même très espacée, comme c'était encore le cas de la génération précédente avant les années 60, y compris pour le « troisième cercle de la pratique » réduit à des « rites de passage ». La baisse spectaculaire des baptêmes et des mariages à l'église suit la baisse massive de la participation aux assemblées dominicales (mesurée maintenant à l'échelon mensuel et non plus hebdomadaire comme au temps des enquêtes du chanoine Boulard et de Hervé Le Bras). Comme on le sait, cette participation est passée de plus de 60 % dans certaines régions (25 % pour la pratique hebdomadaire en 1950) à 5 % (mensuel), voire moins de 2 % (hebdomadaire) de la population depuis quelques années, alors que 19 % adhèrent à des associations sportives ou culturelles (mais Jean Chrysostome se plaignait déjà au IVe siècle de cette concurrence !).

Il y a donc un véritable *décrochage des générations* et il s'est accentué brusquement avec « la rectangularisation de la courbe de survie » qui fait que la seconde génération des papy-boomers, celle qui partageait encore une certaine culture catholique, est au bord d'une disparition prochaine et non plus progressive comme les générations précédentes. Ce décrochage est particulièrement net « en France, parmi les 16-29 ans, où 23 % se considèrent comme catholiques, 2 % protestants, 10 % musulmans et 64 % sans religion », même si le catéchuménat adulte se renforce de manière significative. Il y a bien eu une accélération prononcée de la déliaison avec l'Église à partir des années 60 que C.B. Browne, pour l'Angleterre, a appelé la « décade de la sécularisation ». Ce que G. Cuchet a présenté, après coup, comme *L'anatomie d'un grand effondrement* sous le titre choc : *Comment notre monde a cessé d'être chrétien* (2018). Ceci cependant est à resituer dans l'histoire longue : l'évocation d'une fin renvoie symétriquement à un commencement qui est reconstruit dans différents ouvrages (par exemple avec Harnack, Baslez ou Paul Veyne *Comment notre monde est devenu chrétien* (2007) qui se réfère principalement au tournant constantinien finement analysé. Et nul ne peut dire si le

1. Patrick Michel, « La "religion", objet socialement pertinent ? », in *Revue du Mauss*, 2003/2, p. 158-170 (https://www.cairn.info/revue-du-mauss-2003-2-page-159.htm), voir cependant : Pierre Lassave, *Les sociologues des religions et leur objet*, *Sociologie* [En ligne], N° 2, vol. 5/2014.

christianisme est entré dans une décroissance continue ou s'il est au bord de renouveaux, comme d'autres fois dans l'histoire, notamment après la Révolution française et la « déchristianisation » d'alors.

Surtout, entre le début et le déclin présent, *peut-on dire que le monde ait jamais été vraiment chrétien ?* N'y a-t-il pas toujours eu un énorme écart entre les valeurs de l'Évangile – disons la charte des béatitudes et l'amour du prochain, allant jusqu'au pardon et au refus de la violence – et le comportement des États ralliés au christianisme ou celui de beaucoup de chrétiens pris individuellement et globalement. Il n'empêche que l'Église elle-même se reconnaît aujourd'hui comme « minoritaire » dans les pays de tradition chrétienne (cf. le rapport Dagens de 1996), mais cette minorité est à resituer dans l'ensemble des pratiques dont le christianisme peut se revendiquer. Le caractère « minoritaire » peut même être considéré comme un oxymore, si les chrétiens convaincus n'ont jamais été qu'une minorité et si la sécularisation marque le pas (cf Jean Duchesne, *Le catholicisme minoritaire ? Un oxymore à la mode*, 2016). On peut même se référer par mode de comparaison au début du christianisme : les 5 % de la population reconnue comme plus ou moins « pratiquante » aujourd'hui sont assez proches du chiffre – de 5 à 10 % maximum – des chrétiens dans l'empire romain qui comprenait environ 70 millions d'habitants à la veille de la conversion de Constantin vers l'an 310. L'écart entre l'Église comme communauté et la société globale est net.

Notons cependant *l'exception des funérailles* qui restent célébrées à l'église dans presque 70 % des cas (même si celles-ci se déroulent souvent sans messe et avec des participants extérieurement passifs). La place donnée à *la mort*, analysée dans ces mêmes années 60 et 70 par les historiens, reste marquante dans une génération où beaucoup, même chez des catholiques, disent ne pas croire à une « vie après la mort » et à la « résurrection ». Et si on doit se garder du « Dieu bouche-trou », on peut penser que la mort ne cesse d'évoquer un manque, donc une ouverture, en posant à la finitude humaine la question du « sens de la vie », et peut-être de la vie éternelle avant la mort. Cette situation indique ainsi une autre déliaison, celle entre des valeurs : le temps et l'éternité, le lien entre société et communauté transgénérationnelle. C'est pourtant au moment des *funérailles*, dans une *communauté* d'occasion, que l'on prend conscience du destin des personnes à la fois dans leur itinéraire personnel comme au sein des relations familiales, amicales et sociales, si distendues aient-elles été à un moment donné. C'est là aussi, devant une assistante recomposée et disparate, que la foi chrétienne témoigne le plus clairement d'un lien social inaliénable – qu'il s'agisse des défunts rassemblant familles et amis mais aussi des SDF, des victimes du terrorisme ou de dérives meurtrières –

car seul le mystère de Dieu, aussi indéfini soit-il, reste encore celui que l'on peut invoquer, ou simplement évoquer, en considérant la destinée ultime d'un chacun et la question de la justice en faisant mémoire des laissés pour compte de l'histoire.

Toutefois, les chiffres indiquent bien une déliaison entre Église et société quand on se rappelle que 90 % de la population française se reconnaissait encore comme catholique au début des années 1960 avec 80 % des enfants faisant leur communion solennelle (même si déjà ce « rite de passage » pouvait précéder la sortie de la pratique sacramentaire). De plus, la baisse vertigineuse de la fréquentation du catéchisme est corrélative d'un manque de participation de la nouvelle génération des parents – dont beaucoup se trouvent parfois en porte-à faux du point de vue institutionnel (non mariés à l'Église, voire divorcés) – à cet itinéraire d'intégration à une communauté paroissiale. Là aussi l'écart entre société globale et communauté est flagrant. Or, le baptême des enfants, plus encore que celui des adultes, suppose que ce soit la *communauté locale* qui se porte garante de l'éveil à la foi et que les parents ne délèguent pas à l'*institution*, perçue trop souvent comme lointaine, le soin de familiariser les enfants avec une tradition rituelle, réflexive et caritative. Le désengagement parental trahit une autre sorte de déliaison : celle entre la priorité donnée aux besoins de la vie active et le christianisme où l'Église institutionnelle est reléguée en marge des préoccupations.

On pourrait ajouter une déliaison interne concernant aussi bien une sécularisation intérieure à l'Église (Fr. Isambert), sauf dans la « piété populaire » qui résiste à la sécularisation ambiante et dont le nom à lui seul est le signe, provisoire, d'une relation différente entre clercs, moins nombreux et surchargés voire dépassés (la question du « cléricalisme » des clercs comme des laïcs), et des fidèles davantage laissés à eux-mêmes sauf dans des assemblées plus motivées.

Le défi de la sécularisation

Les chiffres et les changements évoqués ci-dessus manifestent bien une *déliaison* sociale et culturelle, qui n'est pas que factuelle, entre société globale et Église. On peut les interpréter sous l'angle de la sécularisation, qui consiste à pouvoir se passer de Dieu ou de la religion pour justifier ses choix reposant sur un raisonnement sans référence à une tradition religieuse (ainsi Kant dit pouvoir remplacer le précepte évangélique de l'amour des ennemis par l'impératif catégorique). On doit cependant en relativiser certains aspects par la prise en compte de la nébuleuse intitulée

« retour du religieux ». Celui-ci se comprend mieux en lien avec deux autres affirmations apparemment opposées mais jumelles : le christianisme comme « religion de la sortie de la religion » (Weber, Gauchet) et celle du « christianisme a-religieux » (Bonhoeffer).

En fait, la sécularisation ne conduit pas à considérer la déliaison entre société civile et Église comme une opposition entre elles, car elle peut être aussi le signe d'une contribution à un lien social global non fondé sur la violence, fût-elle symbolique. Ce qui peut alors faire mal à beaucoup de croyants d'aujourd'hui, ce n'est pas seulement ou d'abord la question des chiffres évoqués plus haut ou celle des liens ou des déliaisons entre États et religions au pluriel (ce qui fut l'objet de la paix de Westphalie en 1648 et de la première sécularisation, celle de certains biens d'Église), ni celle entre Églises et État, qui remonte bien au-delà de la loi de 1905 en France qui lui a donné un statut juridique plutôt satisfaisant en principe et même légitimé jusqu'à un certain point par la distinction entre ce qui est dû à César (et sa composante politique) et ce qui est dû à Dieu (religion). Ce qui interroge davantage aujourd'hui c'est une *déliaison intérieure* à la religion elle-même quand elle ne semble plus faire lien social. Ce fut l'objet d'une prise de conscience assez brutale et spectaculaire dans ma génération. Comme si la religion n'était plus créatrice d'un lien social ayant sa positivité propre dans une société démocratique et sécularisée. On a vu alors se poser des questions radicales comme celle du « troisième homme » (F. Roustang, 1966, réédité en 2019), ce chrétien qui quitte l'Église sur la pointe des pieds, voire *Le Christianisme va-t-il mourir ?* de J. Delumeau (1977) ou, plus justement, la constatation d'un *christianisme éclaté* avec M. de Certeau et J.-M. Domenach (1974) qui mettaient déjà en garde contre une certaine « folklorisation » du christianisme mais sans prendre assez en compte le rôle de la « religion populaire » dont on a pris conscience dans les années d'après concile, notamment avec Serge Bonnet.

Doit-on en conclure qu'il y aurait alors un « christianisme a-religieux » au sens où celui-ci serait devenu incapable de créer les liens qu'implique une religion (religare) ou de se réduire à des convictions privées, comme si le Royaume de Dieu n'était qu'une utopie et non plus une promesse.

Un christianisme « a-religieux » ?

En ce sens, il est bon de revenir à Bonhoeffer pour comprendre ce qu'il a voulu dire par « christianisme a-religieux » et le « Christ existant comme communauté ». Pour les jeunes apprentis théologiens de ma génération, les *Lettres de prison* de Bonhoeffer publiées en 1963 (et rééditées en 2006) sous le titre *Résistance et soumission*, furent et restent – encore plus après coup – un jalon dans la prise de conscience d'une situation nouvelle. À l'époque, et dans le maelstrom de ces années 60 riches en bouillonnement tant religieux, avec le concile Vatican II (1962-1965), que social, culturel et politique, où le mot d'ordre culturel après la perte de crédibilité du marxisme soviétique puis chinois et des idéologies était celui de la « déconstruction » des systèmes (à la suite de Heidegger) et du sujet (le structuralisme), ces *Lettres de prison* étaient témoin d'une question nouvelle pour nous : dans un environnement qui s'éloignait du christianisme, que pouvait signifier un « christianisme a-religieux » ? Christianisme sans Église ? car il y a bien eu « Des chrétiens sans Église » (Kolakowski) ? Christianisme purement séculier, mais en quel sens ? Remise en question d'un langage religieux décalé et inaudible ? Fidélité au monde dans le sens de l'Ancien Testament différent en ce sens de l'atmosphère eschatologique du Nouveau Testament ? Invitation à se représenter autrement la présence de Dieu dans notre monde ? Aujourd'hui, avec du recul, ces *Lettres* sont à rapprocher du texte de jeunesse de Bonhoeffer d'où est tiré le titre de cette contribution : *Sanctorum communio* (1927).

Un an avant sa mort, Bonhoeffer fait part de ses convictions et de ses doutes à son ami Eberhart Bethge qui s'est engagé comme pasteur dans l'Église à l'époque tragique du IIIe Reich. Dans ses dernières lettres, il revient au « Christ existant comme communauté » : « Il faut vivre quelque temps dans une paroisse pour comprendre comment "le Christ prend forme en elle" (Ga 4, 19) ». C'est sa conviction de toujours. Et, en même temps, après la lecture de Dilthey, il pose la question d'un christianisme a-religieux, suite à l'expérience de la modernité comme autonomie de l'être humain sorti de la « minorité » pour atteindre sa majorité. « Ce sera un langage nouveau, peut-être tout à fait a-religieux, mais libérateur et rédempteur, comme celui du Christ (...), ce sera le langage d'une justice et d'une vérité nouvelles, qui annoncera la réconciliation de Dieu avec les hommes et l'approche de son royaume » (Mai 1944). Toujours un lien social. Il ajoute : « Je travaille à cerner peu à peu l'interprétation non religieuse des concepts bibliques. Pour l'instant, je vois bien mieux le problème que sa solution. L'aspect historique : c'est *une* grande évolution qui mène le monde à son autonomie ».

En fait, Bonhoeffer a énoncé la solution dès sa jeunesse – « le Christ existant comme communauté » (le lien) – avant de poser le problème – la sécularisation (la déliaison). Il relie ainsi une approche sociologique de la culture contemporaine à une argumentation théologique encore en chantier. L'expérience chrétienne se vit dans la complexité des situations que traverse dans l'Ancien Testament la relation à Dieu. Bonhoeffer n'hésite pas à parler des mensonges, des ruses et même des adultères chez les ancêtres du peuple juif et donc aussi du christianisme. L'être humain historique, en effet, n'est pas une humanité abstraite soumise à un « idéal du moi » ou un « surmoi » culpabilisant – ni naturellement bon (Rousseau), ni foncièrement un « loup pour l'homme » (Hobbes) – mais un être fondamentalement pécheur et appelé à la sainteté (« Simul justus et peccator »). Voilà ce qui distingue les chrétiens des païens. Les chrétiens ne croient pas à une nature humaine neutre, mais bien à une aventure marquée à la fois par la convoitise et le désir de bonheur dans le monde réel que le Christ s'est approprié par sa vie pour les autres au prix de la *croix* qui doit surmonter toute déliaison interne à l'histoire humaine. Il faut être présent dans les fractures du monde, disait P. Claverie. Bonhoeffer avait écrit : « C'est le renversement de tout ce que l'être humain religieux attend de Dieu. L'être humain est appelé à vivre avec Dieu la souffrance de Dieu pour le monde sans Dieu. Il doit donc vivre réellement dans le monde sans Dieu et ne pas essayer de camoufler, de transfigurer religieusement l'état sans Dieu de ce monde ; il doit vivre "séculièrement" et participer par-là justement à la souffrance de Dieu ; il *a le droit* de vivre de manière séculière, c'est-à-dire être libéré de toutes les fausses attaches et des inhibitions d'ordre religieux ». On retrouve chez Madeleine Delbrêl ce sens fort de la souffrance, voire de la douleur, chez les « gens de la rue ».

Ainsi, les chrétiens se tournent vers Dieu présent aux bonheurs et à la souffrance pour réconcilier l'humanité déliée en elle-même, et célébrer avec confiance et même joie le salut ainsi inauguré. L'expression « christianisme a-religieux » s'oppose donc à une « religiosité » individualiste et déconnectée du monde réel et non à la religion comme vertu ressortant à la justice à l'égard de Dieu (s. Thomas). Il s'agit de se démarquer d'un christianisme qui reposerait sur trois facteurs tous étrangers à la modernité et à la religion comme lien social.

1. Le premier concerne *une transcendance purement extérieure au sujet* selon une certaine métaphysique traditionnelle définie en termes de causalité instrumentale et extrinsèque, au lieu de la vivre dans l'expérience d'un accomplissement et d'une libération intérieure confiée à la grâce de Dieu. On doit au Père de Lubac de l'avoir démontré dans *Surnaturel* dont le lien est évident avec l'approche transcendantale de Blondel, donc liée à la modernité, dans *L'Action*. Le Dieu intérieur est remis au centre chez Maurice Zundel.

2. Le deuxième facteur étranger à la modernité est *le fondamentalisme religieux*, fut-il celui d'une Parole de Dieu purement transcendante hors histoire et hors connexions philosophiques ou interreligieuses. Pour Bonhoeffer, c'est dans l'*horizontalité* même de la vie de Jésus que se découvre la transcendance de sa Personne – le Christ est transcendant comme Fils en étant là « pour les autres » de manière absolue pour les réconcilier avec Dieu Père. Bonhoeffer évoque aussi dans ce contexte des « Chrétiens anonymes », comme K. Rahner du côté catholique.

3. Le troisième facteur, en revanche, met en question la tendance de la modernité à justifier *une « religiosité » trop subjective voire individualiste* que l'on rencontre aujourd'hui sous l'étiquette de « spiritualité », notamment dans la méditation centrée sur le bien-être personnel, aussi désirable et nécessaire soit-il, ou par une immersion dans la nature (comme dans l'écologie profonde). Cette expérience subjective peut et même doit relier à d'autres (par la protection de la nature commune et la juste répartition des ressources, ce que met en valeur l'encyclique *Laudato si'*), mais elle peut dériver aussi vers une théorie où le sentiment à l'égard de la nature mère exclut tout monothéisme apparenté à un patriarcalisme. Face à une tendance individualiste, subjectiviste ou dépersonnalisante, l'expérience biblique et chrétienne met en valeur la relation personnalisante avec un Tu et un Nous communautaire.

« La religion de la sortie de la religion »

L'hypothèse d'un « christianisme a-religieux » recoupe la thèse de Max Weber sur le « désenchantement du monde » ou le « polythéisme des valeurs » et celle de Marcel Gauchet présentant le « christianisme comme religion de la sortie de la religion ». Ce sont les deux faces d'une même perception. Dans le premier cas, chez Bonhoeffer, ce « christianisme a-religieux » vise le dépassement d'une religion de type individualiste et fondamentaliste, contraire à la modernité et à l'Évangile faisant lien social par une *communauté*. Dans le second cas, c'est la rupture par rapport à la *société* globale qui est en cause chez Weber et Gauchet : la religion chrétienne comme émancipation est distinguée d'une religion qui voudrait imposer ses propres normes et valeurs à l'ensemble de nos sociétés démocratiques. Cette présentation risque toutefois d'accentuer une option individualiste qui ne tient pas compte de la religion comme lien (ce que Gauchet corrige dans sa postface à l'encyclopédie *Après Jésus*, 2020).

En fait, dans chacune de ces perspectives – christianisme a-religieux, religion comme sortie de la religion ou spiritualités hors religions constituées – toute configuration religieuse ou spirituelle, du fait de son inscription dans la société globale – même dans le cas de l'érémitisme extrême – a une composante sociétale qui va au-delà de la « communauté émotionnelle » ou d'un amour entre soi. Le « christianisme a-religieux » tend à *faire lien* par une communauté d'un type particulier, dépendant de la Parole Dieu, et dont la morphologie entre dans le cadre des religions instituées. Et même après la « sortie de la religion » englobante, la religion comme communauté d'un type particulier ou les spiritualités hors religions monothéistes ne peuvent en rester à une approche individualiste. *Il s'agit toujours de faire lien, de dépasser la sécession communautariste ou un paresseux multiculturalisme pour entrer dans une interculturalité.* C'est bien le rôle de la religion de « relier » (religare) et pas seulement de répéter des rites (relegere) : Augustin privilégiant ce second sens du mot religion par rapport au premier défendu par Cicéron. La question est alors de savoir de quels *liens* il s'agit. Comment la religion chrétienne, comme « religion de l'Évangile » (Cl. Geffré), fait-elle lien aujourd'hui dans la société ? Le lien « communautaire », fondé sur le Christ, n'est-il pas d'une autre nature que le lien purement « sociétal » et pourtant indispensable à une société ouverte à un au-delà de ses propres liens forcément limités, voire contraignants ? Dans toute perspective religieuse ou spirituelle, sauf dans le cas de sectes au sens péjoratif et manipulateur, il s'agit aujourd'hui de conjuguer lien social et liberté réfléchie.

La religion se trouve donc inséparable d'une *inscription sociale* créant des *liens nouveaux* à partir d'une communauté restreinte aussi bien dans l'emprise sociale que dans le *manque qui est constitutif du désir* des individus.

Autrement dit, si Dieu lui-même ne fait pas lien naturellement pour la société, peut-il faire communauté ? « Dieu n'est pas tout », a dit Lacan, même s'il détermine ce tout comme un Autre inatteignable d'un désir qui reconnaît son manque. Tout se passe pour nombre de nos contemporains comme s'il y avait un trop-plein de Dieu dans le monde, un trop d'une Église opposée à une « majorité » réfléchie. Mais, pour les croyants, il s'agit de vivre avec ce manque de Dieu dans le monde pour rejoindre Dieu pour le monde, un Dieu qui ne serait pas contraire à l'âge de la majorité. C'est aussi le sens de la formule « Dieu est mort » de Nietzsche dans Zarathoustra sous la forme d'un « meurtre » nécessaire, mais quelque peu angoissant, du Dieu moral, d'un surmoi envahissant qui priverait l'être humain de la liberté et de ses risques liés à sa finitude. On écoute alors le psalmiste prier en secret : « Brisé, écrasé, à bout de forces, mon cœur gronde et rugit. Seigneur, tout mon désir est devant toi, et rien de ma plainte ne t'échappe » (Ps 37, 9-10). « Tu ronges comme un ver son désir ; l'homme n'est qu'un souffle. Entends ma prière, Seigneur, écoute mon cri ; ne reste pas sourd à mes pleurs. Je ne suis qu'un hôte chez toi, un passant, comme tous mes pères » (Ps 38, 12-13).

Paradoxalement, il nous faut « vivre devant Dieu et avec Dieu sans Dieu » (Bonhoeffer). La foi revient alors à partager la présence cachée de Dieu au monde dans un lien communautaire où l'Église se rend présente à la société.

Le Christ comme communauté, une Église toujours en réforme

La joie d'un lien social accordé par pure grâce

Pour les croyants convaincus, la foi au Christ comme communauté est source de paix intérieure, voire d'une joie profonde, parce que nous croyons que le Christ « en sa chair » – par son existence vécue avec les faiblesses et les espoirs de la finitude humaine enfin réconciliée avec l'Auteur de la vie – « a supprimé la haine » (Ep 2, 14), à commencer par le « mépris de soi ». S. Bernard a raison de dire que l'amour de Dieu débute par l'amour de soi, au sens où c'est dans la certitude d'être aimé et pardonné que nous nous reconnaissons nous mêmes et les autres devant Dieu, tels que nous sommes dans notre identité la plus authentique. C'est aussi le sens du second commandement semblable au premier : « tu aimeras ton prochain comme toi-même ». À la suite de Luther, nous pouvons penser que nous nous distinguons personnellement devant Dieu non par nos mérites, si estimables soient-ils par ailleurs chez les autres (cf. la parabole des talents), mais par nos fautes et celles-ci comme sujettes au pardon, pour passer de l'isolement à un lien communautaire. Pascal fait même de l'amour le fondement du moi relié à un corps plus large alors que le moi isolé est « haïssable ». « Celui à qui on pardonne peu, aime peu ». La perspective du pardon, le refus de juger autrui, rendent tout possible.

Ce lien nouveau ouvert par le pardon ne signifie pas que l'amour mutuel se limite à la communauté chrétienne visible. Il est fondateur d'un lien social ouvert à l'universalité, parce que le chrétien convaincu en vient à poser, grâce à la prière, un regard amical sur chaque personne rencontrée, même inamicale ou indifférente. La fraternité, inscrite dans la devise de la République, semble factuellement d'origine chrétienne comme le pense Mona Ozouf dans son *De Révolution en République. Les chemins de la France* (Paris, Gallimard, 2015, art. *Fraternité*). Cet argument de la fraternité, comme débordant la légalité républicaine, a encore été avancé par une juridiction administrative à propos de personnes ayant aidé des réfugiés, rejoignant ainsi la parabole du bon samaritain. Cette disposition va au-delà des règles du cosmopolitisme conçu par la modernité kantienne pour l'accueil des étrangers soumis, à bon droit, à l'autorisation de l'État. Encore faut-il tenir compte de la distinction légitime établie par P. Ricœur entre le *socius*, passant par les médiations politiques, et le *prochain* qui se situe dans une relation demandant une réponse immédiate (cette distinction n'est pas pleinement prise en compte dans l'encyclique *Fratelli tutti*). C'est dans le Christ qu'il n'y a plus « ni Juif ni Grec, ni homme ni femme ».

La fraternité universelle en ce sens n'est pas une loi, mais un don reçu dans la conversion à Dieu comme Père de tous. Il est source des « liens qui libèrent ». En effet, il ne nous sera pas possible de vivre en paix tant qu'il y aura de la haine, voire simplement du mépris ou de l'intolérance agressive entre des citoyens ou des étrangers comme nous en faisons souvent l'expérience dans la vie publique.

En modernité, avec Kant, nous reconnaissons que la « pathologie » de la liberté est de céder à la passion, ce qui constitue le « mal radical », contraire à la raison pratique fondée sur le postulat de la liberté comme fait de la raison commune à tous. Et il n'y a pas de communication authentique sans écarter tout ce qui l'empêche par des intimidations ou des distorsions inconscientes ou publiques (J. Habermas). La « seconde naïveté » chrétienne, c'est de croire à la réconciliation possible et nécessaire pour rétablir le lien social là où il a été rompu. C'est ce qui a été mis en œuvre notamment par la commission *Vérité et réconciliation* en Afrique du Sud, dans un processus encore inachevé lancé par Nelson Mandela et Desmond Tutu en 1994 ; voir les commissions *Vérité et justice* en Centrafrique et en d'autres pays d'Afrique ou d'Amérique latine notamment avec Sant'Egidio et des succès divers. Le Royaume de Dieu en travail, ce sont les Béatitudes : heureux les pauvres, les doux, les pacifiques, les cœurs purs, les persécutés pour la justice... À chaque fois, c'est un lien social qui est en cause.

Habités par cette conviction, les croyants s'interrogent quand la communauté chrétienne ne semble plus faire lien dans la société – y compris par le rejet de liens qui asservissent – et même parfois en elle-même par suite d'un appauvrissement du lien entre institution, société et communauté. Il nous faut donc évoquer d'abord le lien entre communauté et personne, avant de nous demander si le message souffre peut-être moins de l'usure de mots que d'une grammaire obsolète et non pragmatique (au sens sémiologique).

Communauté et personne

Après avoir noté les limites d'une « religiosité » vague et individualiste, voire fondamentaliste ou manipulée, nous devons éviter deux autres malentendus concernant l'individualisme et la communauté en insistant sur le sens de la personne.

– Une personne n'est pas un individu isolé

Un certain individualisme, inhérent à la modernité et au « droit d'inventaire » revendiqué par un certain individualisme chrétien contemporain par rapport à l'Église comme institution, réduit la communauté chrétienne à une association de libre-service. Or, une communauté chrétienne suppose des personnes libres et autonomes, mais à une condition : ne pas réduire celles-ci à n'être que des individus parfaits et assujettis à une structure impersonnelle ou des individus juxtaposés sans lien entre eux comme le suppose un certain « hyper individualisme ». Celui-ci a été dénoncé par Gilles Lipovetsky dans *L'ère du vide. Essai sur l'individualisme contemporain* (1983), en stigmatisant ainsi la tyrannie de l'éphémère, un certain indifférentisme qualifié de « postmoderne » et marqué par l'absence de projets collectifs pouvant faire lien entre les individus. C'est pourtant une évidence que chacun d'entre nous est « soi-même comme un autre » (P. Ricœur), tant l'individu se personnalise par un échange social, familial, éducatif, amical, qui le constitue intimement tant par son récit personnel que dans la psychologie profonde (le surmoi notamment), la langue et les relations quotidiennes, professionnelles et communautaires (le soi-même), l'État providence, tout en ayant la possibilité de s'en *dissocier* si sa liberté est menacée. C'est ce que défendait déjà le « personnalisme » d'Emmanuel Mounier, dans *Feu la chrétienté* en 1950, en prenant indirectement ses distances par rapport à une identification entre civilisation chrétienne et des systèmes politiques comme celui de Maurras, les totalitarismes ou les individualismes libertaires, fût-ce au nom de la foi. Pour lui, la foi dans un Royaume de Dieu se vit dans le temporel, dont il est « tout entier le sacrement », « sans séparation ni confusion ».

En même temps, sous prétexte de critiquer l'individualisme de la modernité, on ne peut confondre société et communauté en méconnaissant la particularité chrétienne fondée sur le Christ comme communauté. En effet, l'expression « le Christ existant comme communauté » vient tout droit de la Philosophie de religion de Hegel. Mais Bonhoeffer l'interprète dans un sens *personnaliste et communautaire* à la fois : il reproche au philosophe de Berlin d'avoir sacrifié la personne individuelle à l'« esprit objectif » qui n'est autre que l'histoire de l'Esprit absolu divin comme Sujet, mais au détriment de la notion de personne. Le Sujet divin qui se révèle au terme de la dialectique est « impersonnel » en aboutissant à une communauté historique que d'aucuns ont cru pouvoir confondre par la suite avec l'État ou la société sans classes. En effet, malgré sa bonne foi théologique, Hegel ne « relève » (*aufhebt*) pas vraiment le caractère *personnel* du Christ pas plus que celui du Père ou de l'Esprit, puisque le Père disparaît dans la mort du Fils lors du « Vendredi saint spéculatif » pour ressusciter dans l'Esprit comme *communauté*, alors que la condition de la résurrection est que le Père, comme *personne*, existe éternellement comme Père pour endurer la mort du Fils et le ressusciter en étant celui qui réconcilie l'humanité comme communion avec lui dans l'Esprit Saint. La distinction subsistante des personnes non réduites à une substance devenue Sujet collectif ayant dépassé toute différence personnelle est la condition de la communion qui fonde la communauté chrétienne comme Église. L'iconographie chrétienne l'a illustré par le thème du « Trône de grâce » où le Père soutient de ses deux bras le Christ en croix avec le concours de l'Esprit. Cette représentation ne répond pas entièrement à la vision chrétienne de la Trinité irreprésentable, mais elle affirme sans réserve l'unicité dynamique de Dieu ; elle a le mérite de mettre en valeur les différents modes de donation de Dieu comme Fils et Esprit à partir du Père révélé historiquement dans le Fils. On le retrouve dans la représentation très ancienne du Christ Pantocrator. Cette « représentation » n'est pas celle de l'entendement du mauvais infini (*Vorstellung*) en deçà de la raison unifiante absolue, mais celle de la raison même de Dieu qui se communique dans le Fils et l'Esprit par une « auto-donation » que l'on reçoit dans la célébration liturgique. Dieu a ses raisons – illimitées – que la raison humaine – limitée – ne connaît pas. L'icône n'est pas une représentation limitative, mais révélation reçue dans une attention esthétique et liturgique à la fois. Le Pantocrator, c'est, dans le credo, le Père, celui qui « tient tout » en ses deux mains : le Fils et l'Esprit. La croix et la résurrection du Christ nous montrent que le Père est solidaire de l'histoire de la souffrance pour vaincre l'injustice et la mort reconnues dans toute leur densité impitoyable.

– Une adhésion personnelle au Christ comme communauté

La communauté chrétienne suppose l'adhésion *personnelle* de ses membres et le *partage d'une volonté commune* de faire communauté grâce à la Parole reçue et partagée.

On en voit un exemple concret dans l'assemblée chrétienne grâce aux deux temps de l'eucharistie (ce qui est bien discerné aussi par Bonhoeffer) : 1. celui de la *Parole* proclamée et prêchée à tous les présents, sans que leur adhésion personnelle soit nécessairement manifestée individuellement sinon de manière muette, et 2. celui de la *communion* où chaque personne témoigne de sa foi personnelle en s'avançant individuellement et librement vers la table pour recevoir et devenir le Corps du Christ, mais à une condition : s'être réconcilié avec ses frères (Mt 5, 20-26), car « celui qui dit aimer Dieu qu'il ne voit pas et qui n'aime pas son frère est un menteur » (1 Jn 4,20 et Mt 5, 20-26). Cette réconciliation doit même déborder le cadre de l'assemblée eucharistique puisque le Christ est présent dans celui qui a faim, qui est malade, prisonnier, exclu d'une manière ou d'une autre (Mt 25). *La religion ainsi vécue doit faire lien pour la communauté comme pour la société*. Le Christ est comme cela : il n'est jamais seul.

Nouveau vocabulaire ou nouvelle grammaire ?

Nous pouvons en venir finalement aux traits fondamentaux du lien social en tant que lien religieux communautaire et sociétaire propre à l'expérience des croyants. En effet, on ne peut répondre à une certaine perte de crédibilité du discours chrétien, en pensant qu'il suffirait de changer les mots pour que le message chrétien soit entendu dans notre monde sécularisé. Ce qui est en question, c'est un certain mode de présence au monde ou, comme le dit Ch. Theobald, « le christianisme comme style », donc une grammaire pas seulement rhétorique mais pragmatique. Certes, certains mots semblent usés et dévalués ou tout simplement incompris, mais tout sondage d'opinion à ce propos nous laisse sur notre faim. Que veut dire par exemple qu'un peu moins de 50 % des Français croiraient en Dieu. En quel Dieu ? Les mots révélation, salut, rédemption, résurrection, charité, etc., n'en restent pas moins irremplaçables, mais pris hors de la dynamique biblique ils sont piégés. Le Nom de Dieu lui-même renvoie à une *grammaire* universelle des personnes comme sujet et communion. La distinction entre Je-Tu-Il ou Elle, voire nous-vous-ils ou elles se retrouvent dans toutes les langues du monde connu, si l'on en croit W. von Humboldt à partir de son étude du kavi sur l'île de Java située au confluent des routes et des langues en Orient et en Occident. On sait comment F. Rosenzweig et M. Buber dans leur traduction de la Bible hébraïque en allemand se distinguent volontairement de Luther en rendant le Nom de Dieu par « Je-Tu-Il » selon les cas, ce qui correspond d'ailleurs à l'énigme de la révélation du nom de Dieu à Moïse dans Ex 3 : « *Ehyeh asher Ehyeh* ». Dieu ne se donne pas à connaître de manière objectivable dans un sens métaphysique substantivé hors histoire, mais il fait lien par une communication dans l'histoire.

Dans ce qui suit à propos de la grammaire interprétative et reconstructive, nous faisons librement référence aux réflexions de J. Habermas et plus précisément de Jean-Marc Ferry sur la religion comme communication à l'époque contemporaine en distinguant schématiquement trois époques du lien religieux à Dieu considéré comme objet (période grecque), comme sujet (Bible et théologie) et comme verbe (parole et communication)[2]. La première période du lien religieux comme objet se réfère à la philosophie grecque ancienne *cosmocentrique* où le divin fait partie du monde comme *objet* de la connaissance ou Bien. La période suivante (judaïsme antique, période médiévale et jusqu'à la modernité) est qualifiée de *théocentrique* au sens où Dieu se présente en *Sujet comme volonté, comme « puissance constitutive »* et Norme ou loi face au monde, rendant possible une *histoire opposée à la nature*. Cette conception repose sur un « fond émancipateur » comme projet, au point que l'être humain a pu se l'approprier au risque de prendre la place de Dieu comme sujet en tant que sujet historique et fini (sécularisation). Cette deuxième période, définie globalement autour du Sujet divin ou du sujet humain, pose alors un problème nouveau : celui du *lien* entre les différents sujets en termes de communication. D'où une troisième période qualifiée par le *Verbe, « principe de la liaison entre sujet et objet », parole et communication* typique de la période contemporaine. Il peut s'agir tout d'abord d'un « logos sécularisé », délié en principe de la relation à l'Autre absolu, mais qui n'en pose pas moins la question du lien social : comment des individus isolés peuvent-ils « coordonner des intérêts divergents » selon un « intérêt général », sans le réduire à un « contrat social » (Rousseau), précaire malgré tout, ou s'en remettre à la « main invisible » d'une économie libérale (Smith) ? Si l'on veut dépasser le décisionnisme, le positivisme, le scientisme, voire l'existentialisme, il faut poser la question d'un

2. J.-M. Ferry, *L'ancien, le moderne et le contemporain*, dans *Esprit* 133/12, p. 45-68 et *La question de la religion. De l'identité narrative à l'identité reconstructive*, dans *L'individu, le citoyen, le croyant*, Bruxelles, Saint-Louis, 1993.

consensus différencié nécessaire au vivre en commun en distinguant trois rapports différents à la vérité en général : le *descriptif* le plus objectif possible du monde comme objet de connaissance constatable, le *normatif* des règles et lois contribuant au vivre ensemble et, enfin, l'*authenticité* d'une vie vraie avec sa composante *dramatique* où se joue toujours la distance entre ce que l'on voudrait faire ou être et ce que l'on est authentiquement. Il s'agit à chaque fois « d'ex-communier » la violence pour rendre possible le lien social. Le religieux comme communication en acte devient alors le lieu d'un lien qui dépasse les intérêts purement individuels ou les normes imposées, en faisant droit à une « transcendance » par « des actes de communication » qui relient des sujets par la réception d'un sens commun à reconnaître entre tous. En pensant alors à la communauté chrétienne, on peut considérer que l'Église se constitue comme Église par des processus liés à la Parole et aux sacrements dans son exercice liturgique, au sens cultuel comme au sens social, où le pauvre ou l'exclu est lui-même sacrement qui empêche toute clôture sur l'institution.

Des processus sociaux institutionnels et communautaires

Notre propre expérience nous conduit d'abord à rendre grâces pour tout ce que nous avons reçu et continuons de recevoir par la fréquentation de maîtres, de frères, d'amis, de paroissiens, de croyants différents et de « sans religion » pour comprendre un peu moins mal le « Christ existant comme communauté » ouverte. L'Église est bien une communauté humaine sui generis en lien avec la reconnaissance d'un Dieu qui appelle au rassemblement dans une communauté libre et pérenne, à la différence d'autres types de socialisation plus précaires comme le cercle amical, l'association ou le club, voire la congrégation. Mais si l'Église est vue ainsi, malgré ses faiblesses, comme « sacrement du salut », c'est-à-dire comme communauté qui restaure le lien rompu entre les humains et avec Dieu, c'est aussi parce qu'elle propose des « processus de réconciliation » qui font lien dans une société divisée ou individualiste. On se réfère ici, notamment à un « processus sacramentel » institutionnel (H. Dombois) ou à des « processus instituants » (Y. Congar) qui sont fondateurs de la communauté grâce à l'écoute de la Parole de Dieu, le baptême, la Cène, la pénitence et le prochain et donc aussi une intériorisation personnelle comme autre caractéristique de l'institution vivante (Maurice Hauriou). La réhabilitation des processus *synodaux* dans l'Église catholique depuis plusieurs années et la réunion du Synode en cours sont des signes de cette prise de conscience nouvelle de l'importance communautaire. Selon les mots du P. Congar, le modèle de l'Église n'est « pas purement paternel, ce qui favoriserait une autorité patriarcale et paternaliste ; pas purement christologique, ce qui pourrait mener à une vision pyramidale et cléricale ; mais aussi pneumatologique, ce qui fonde la participation de tous/toutes à la construction du Corps du Christ, et un régime de sens synodal (conseils, etc.) » Et il écrivait : « En ce qui concerne l'Église, l'institution est inséparable de processus instituants tels que la confession de foi et les sacrements ».

Alors que se poursuit le synode des évêques précisément sur cette réalité synodale de l'Église, nous pouvons évoquer brièvement trois « processus sacramentaires » de l'Église comme communauté instituée : la confession de foi, l'eucharistie et l'hospitalité ou les « pauvres comme sacrement » (Jean Chrysostome, Lacordaire). Ce sont trois « lieux théologiques » de l'expérience croyante qui concrétisent cette grammaire de la communication à travers le Verbe et l'Esprit. L'Église tout entière est ainsi appelée à devenir sacrement comme signe du Royaume de Dieu.

1. L'énonciation de la foi

Dès les premières années de l'Église, l'énonciation de la foi a fait l'objet d'un processus synodal par la correspondance entre Églises locales grâce aux lettres d'apôtres et d'évêques et par des synodes locaux ou œcuméniques visant à rassembler l'ensemble des Églises locales dans un cadre communicationnel parfois houleux, voire dramatique, mais conclu par une confession liturgique sous l'invocation de l'Esprit.

On doit remarquer ici que les premières énonciations du credo sont formulées à la première personne du pluriel, que ce soit à Nicée en 325 ou à Constantinople en 381 : « nous croyons ». Le cas du « symbole des apôtres » (IIe siècle), énoncé à la première personne, est reconnu comme une formulation baptismale romaine où chaque baptisé se devait de confesser individuellement la foi de l'Église. Or on remarque actuellement deux choses : d'abord que l'énoncé de la foi dans l'Église latine, en dehors de la vigile pascale, se formule à la première personne – « credo : je crois » – mais aussi que le rôle et la personnalité de l'Esprit saint se trouve individualisée de deux manières : 1. d'abord par le « Filioque » ajouté par les latins lors du concile de Tolède en 589 et invoqué en 1054 pour justifier la séparation entre Rome et Constantinople (excommunication de Photius par le légat romain). Ce n'est pas le lieu d'entrer ici dans les controverses sur le Filioque – l'Esprit saint procédant selon les latins du Père *et* du Fils et non du Père seul selon la majorité des Orientaux – mais on reconnaît sans peine aujourd'hui que la conjonction « et » du

Filioque réunit de manière ambiguë le plan de la « procession » éternelle de l'Esprit par le Père (distinguée de la génération du Fils) et le rôle de l'Esprit dans l'économie du salut qui est de rappeler et d'intérioriser l'œuvre du Fils de manière individuelle *et communautaire* : « Lui (l'Esprit) me glorifiera, car il recevra ce qui vient de moi pour vous le faire connaître. Tout ce que possède le Père est à moi ; voilà pourquoi je vous ai dit : L'Esprit reçoit ce qui vient de moi pour vous le faire connaître » (Jn 16, 14). L'Esprit se voit ainsi reconnaître une rôle historique fondamental dans la formation de la communauté chrétienne : il personnalise et communautarise la Parole de Jésus. De la sorte, l'Église est toujours à réformer pour être fidèle communautairement à la Parole de Dieu.

Remarquons également que la conclusion du Credo peut être mieux comprise si on ne met pas sur le même plan la foi en l'Esprit Saint – de même condition divine que le Père et le Fils – et le nous croyons « *en* une seule Église catholique et apostolique ». En ce sens, il faudrait plutôt traduire comme me l'a suggéré un ami originaire de l'Église d'Orient en se fondant sur le texte syriaque : « nous croyons en l'Esprit saint qui est Seigneur et donne la vie, qui procède du Père, qui avec le Père et le Fils est co-adoré et co-glorifié, qui a parlé par les prophètes et *par* une seule Église, catholique et apostolique ». Nous nous rappelons aussi que catholique signifie qu'il y a une communion permanente entre les Églises locales en conformité avec le processus synodal de la réception des conciles. Mais comprendre que l'Esprit parle aussi par l'Église et non que l'on croit en l'Église, c'est rejoindre ce que dit l'épître aux Hébreux, « la foi est une façon de posséder ce que l'on espère, un moyen de connaître des réalités qu'on ne voit pas » (Hb 11, 1). Or, si nous ne voyons pas l'Esprit en personne, nous voyons et reconnaissons l'Église comme communauté visible, dispensatrice de la Parole du Fils, effigie du Père, et qui devrait nous parler en elle comme il l'a fait par les prophètes.

Selon la grammaire évoquée ci-dessus, une certaine forme de modernité contemporaine conjugue la relation à l'objet comme vérité, celle du sujet comme authenticité et celle du Verbe ou de la communication (que nous rattachons à l'Esprit qui intériorise en nous la Parole du Christ vivant comme communion au Père et avec nous). Ainsi, on ne peut en rester à un credo qui se réduirait à un « tenir pour vrais » des énoncés objectifs, il faut aussi une adhésion personnelle à ces énoncés vérifiés en communauté et un partage effectif de ces paroles. La pratique actuelle des « maisons d'Évangile » va en ce sens, sans remplacer pour autant l'assemblée paroissiale instituée. C'est ce qui fait droit à une approche pragmatique du langage qui ne se réduit pas à un énoncé en soi (une proposition), mais considère son aspect illocutoire et perlocutoire, celui d'une parole adressée à quelqu'un et menant à un agir. 2. En minimisant la joie ressentie dans la participation à des échanges entre croyants et une assemblée communautaire. Grâce à elle, nous relativisions nos doutes individuels, et nous sommes heureux de nous retrouver en communauté pour prendre soin les uns des autres et partager leur foi en y reconnaissant l'Esprit qui nous rassemble dans la charité et l'espérance. Comme le dit la devise du synode diocésain de Créteil (2013-2016) : « En lui nous prenons soin les uns des autres pour annoncer à tous la joie de l'Évangile ». Et le Credo se termine sur la foi comme « attente » de la résurrection et du monde à venir. La communauté fait fond alors sur la « *communio sanctorum* » à travers les âges dans le Christ « jusqu'à ce qu'Il revienne ».

2. L'eucharistie

L'eucharistie constitue sans aucun doute le cœur du processus institutionnel de la communauté chrétienne comme participation aux « choses saintes » (Parole et Corps du Christ) selon la formule traditionnelle – « les choses saintes aux saints ». Et là encore nous sommes invités à conjuguer une réalité objective (la Parole et le corps du Christ), une authenticité personnelle et une procédure de communication dans la communauté et entre communautés, par l'institution de ministères, dans une ouverture à l'ensemble de la société.

La liturgie latine a tendance, depuis le XIe siècle, à faire de la consécration par le prêtre le point culminant de la prière eucharistique, au risque de l'isoler de l'ensemble du processus sacramentaire proprement communautaire comme œuvre de l'Esprit rappelée par l'épiclèse. Atomisée, la consécration correspond également à l'idée d'incarnation réduite au moment de l'Annonciation – rappelée aussi par une génuflexion en disant le « *incarnatus est* » du credo, – sans voir non plus dans l'incarnation le rôle de l'Esprit dans l'ensemble de la vie humaine de Jésus comme dans la naissance de l'Église à la Pentecôte. Le prêtre, représentant à la fois du Christ et de l'Église, est vu facilement dans une différence de degré supérieur par rapport au sacerdoce commun des fidèles dont il participe et non dans une différence de nature ou de fonction comme service ou ministère. De plus, on risque de minimiser la présence du Christ dans la Parole proclamée (l'évangéliaire est pourtant élevé aux yeux de tous comme lors de l'élévation) et donc présent dans l'assemblée avant même que cette présence se concrétise comme assemblée par la communion. C'est comme « pain rompu » en manque de réunification symbolique – au sens de « mettre ensemble » – que le pain est consacré ou partagé, ce qui veut dire que la réalité du corps du Christ comme personne est destinée à la communion des fidèles qui forment ainsi le Corps du Christ ressuscité, recomposé, et dans l'attente de son retour.

Ainsi, outre la vérité « objective » du Christ rendu ainsi présent, il y a un processus de communication qui non seulement doit rassembler l'assemblée présente, mais aussi les autres communautés chrétiennes évoquées dans le mémento. De plus, le Christ ne devient pleinement présent comme Corps recomposé qu'après la reconnaissance d'une réconciliation entre tous les participants et même tous ceux ou celles qui auraient été blessées par notre comportement, sous peine de « ne pas discerner le Corps du Christ » (baiser de paix). Ainsi, outre la vérité objective de la présence réelle du Christ par sa Parole et les espèces consacrées après invocation de l'Esprit, la prière eucharistique exige l'authenticité subjective de chaque participant en lien profond avec l'authenticité subjective de l'humanité du Christ lui-même qui était de faire la volonté du Père. Le mot même de « transsubstantiation » nous invite à passer de la substance au sujet. En effet, s'il y a transsubstantiation, c'est qu'il y a eu une dé-substantiation qui correspond sur le mode de l'incarnation à la kénose du Fils qui fait de sa condition divine l'ouverture à notre propre condition « hormis le péché » qui divise. Quand nous recevons le corps du Christ incorporé à un infime morceau de pain, nous sommes invités à faire nôtre ce que dit Paul aux Philippiens : « Ayez en vous les dispositions qui sont dans le Christ Jésus : le Christ Jésus, ayant la condition de Dieu, ne retint pas jalousement le rang qui l'égalait à Dieu. Mais il s'est anéanti, prenant la condition de serviteur, devenant semblable aux hommes. Reconnu homme à son aspect, il s'est abaissé, devenant obéissant jusqu'à la mort, et la mort de la croix » (Ph 2, 5-8). C'est un moment d'une grande densité spirituelle lorsque chacun s'avance pour communier et demander au Christ serviteur qui s'est fait si petit dans l'hostie – l'eucharistie étant liée aussi au lavement des pieds –, de nous aider à nous désapproprier de nous-mêmes pour que nous soyons habités par lui, qu'il vive en nous personnellement et comme communauté. C'est alors que nous comprenons que toute la vie chrétienne se réalise dans ces petits gestes inspirés par l'amour que Thérèse de Lisieux mettait au centre de tout : « La charité me donna la clé de ma vocation. Je compris que si l'Église avait un corps, composé de différents membres, le plus nécessaire, le plus noble de tous ne lui manquait pas ; je compris que l'Église avait un Cœur, et que ce Cœur était brûlant d'amour. Je compris que l'Amour seul faisait agir les membres de l'Église ».

3. L'hospitalité : réconciliation et reconstruction

Il est une troisième dimension de cette grammaire de la foi comme communication et communion : l'hospitalité. Elle est déjà à l'œuvre dans la confession de foi d'origine synodale et l'eucharistie qui suppose le don mutuel de la paix dans un processus de réconciliation entre tous, inséparable d'une pratique pénitentielle. Mais elle a besoin d'être exprimée et vécue aussi dans le rapport entre l'Église comme communauté et la société dans son ensemble pour faire lien, en particulier avec les exclus. Le prochain est vraiment un sacrement vivant dans lequel le Christ se donne à nous pour constituer la communauté du Royaume des cieux comme le dit le jugement dernier en Mt 25.

Nous avons déjà évoqué cet apport des communautés chrétiennes au lien social, notamment par l'engagement de proximité, les œuvres dites caritatives, l'enseignement, ou tout simplement les activités professionnelles et le voisinage d'un chacun. Mais on peut aussi souhaiter ardemment que l'Église comme institution fasse davantage droit aux processus communautaires dans l'appel aux ministères, la charge épiscopale, la réforme de l'Église comme l'y appelait récemment un manifeste, mais aussi dans la communication au sens courant (si elle ne se réduit pas à des « éléments de langage » qui ne trompent personne). Ainsi, c'est une chose de « condamner » le divorce, l'avortement, l'homosexualité et, plus rarement, les injustices sociales, et c'en est une autre d'exprimer avant tout une empathie avec les personnes qui ont traversé de grandes souffrances en montrant que la « justice de Dieu est sa miséricorde » et en proposant, le cas échéant, des procédures de réconciliation avec la communauté chrétienne témoin de l'Évangile comme bonne nouvelle. La réconciliation, cœur du salut, suppose en outre des procédures de reconstruction en faisant place à l'expérience de celles et ceux qui ont pu se sentir légitimement discriminés ou blessés par l'histoire de l'Église (missions sans inter-culturalité reconnue, inquisition, l'esclavage trop tard dénoncé, compromissions, un vrai dialogue œcuménique et inter-religieux qui ne soit pas purement diplomatique, sans même rappeler la place faite aux femmes). La reconstruction, ce n'est pas seulement la « repentance », c'est un travail de mémoire et d'interaction pour partager une hospitalité sincère et vraie.

1er octobre 2021

12

Lettre à des amis athées sur ma foi chrétienne

Jacques MUSSET*

Chers amis,

Devant vous qui, paisiblement me semble-t-il, pensez et vivez votre existence sans référence à « Dieu », je choisis aujourd'hui de faire le point, en vue de répondre à la question que je me pose depuis de longues années : pourquoi, dans notre monde européen largement détaché de la foi chrétienne, continué-je personnellement à croire en « Dieu », et plus précisément au « Dieu » de Jésus ? Je mets et mettrai au long de ma lettre le mot Dieu entre guillemets, car il n'a pas de soi une unique signification. Le sens existentiel que je lui donne est le mien.

Vous vous étonnez que je m'adresse à vous ? En voici les raisons. D'une part, nous sommes liés par une estime et une amitié confiante qui rend possible de nous entretenir de tout en vérité et dans le respect mutuel. « *Rien d'humain ne nous est étranger.* » Quelques-uns parmi vous avez

---

* Prêtre catholique, Jacques Musset fut successivement aumônier de lycée puis animateur de groupes bibliques dans son diocèse de Nantes (1962-1984). Son ministère interrompu par son mariage, il est devenu formateur à l'accompagnement des malades en milieu hospitalier (1985-1997). Toujours passionné par l'expérience chrétienne, il a notamment écrit : *Être chrétien dans la modernité* (Golias, 2012) ; *Marcel Légaut. L'appel à vivre vrai* (Golias, 2020) et *Jésus a fait sa part, faisons la nôtre. Pour une fidélité créatrice* (Golias, 2021).

autrefois partagé avec moi la voie chrétienne, avant que vous ne vous en éloigniez lentement et que vous tiriez définitivement l'échelle. Mais notre relation profonde ne s'est pas évaporée, bien au contraire. Nous avons toujours un grand plaisir à échanger sans tabou. D'autre part, je constate qu'au cours de notre compagnonnage, vos objections et vos positions ont soumis à l'épreuve mes convictions chrétiennes et m'ont obligé à me demander si elles pouvaient raisonnablement tenir debout à mes propres yeux. En ce sens, vous m'avez rendu de fiers services. Et je vous en remercie. Je n'ai nul désir de vous « convertir » à ce dont je témoigne, seulement le souhait que vous compreniez ce qui me fait dire que je me sens dans le vrai de mon existence en me disant chrétien et heureux de l'être.

Le déclic de mon déplacement

Ma foi chrétienne actuelle est le fruit d'une longue maturation. Elle est l'aboutissement d'une recherche personnelle qui m'a conduit, dans une démarche que je pense être d'honnêteté et d'intégrité intérieure, là où j'en suis présentement, loin des représentations et du langage catholique traditionnels dans lesquels j'ai été élevé et que l'on m'a enseignés au cours de mes études cléricales, dans le but non pas d'apprendre à penser mais à répéter.

C'est tardivement, à l'âge de trente-deux ans, que j'ai émergé des langes catholiques, que j'ai commencé à « me mettre à mon compte » et à faire preuve d'esprit critique vis-à-vis de l'héritage intégré sans questionnement. En 1968, durant le fameux mois de mai – j'étais aumônier de lycée – un collègue et ami, un peu plus âgé que moi, m'aida, au cours de longues conversations, à comprendre les enjeux des événements. Plus lucide et perspicace que je ne l'étais sur la signification de ce mouvement de fond – il avait lu les ouvrages de Paul Ricœur et d'autres philosophes –, il entreprit mon éducation au cours de ces longues conversations. Ainsi me montrait-il qu'avec l'avènement des sciences humaines (sociologie, histoire, psychanalyse, structuralisme, ethnologie), nous étions entrés dans une ère nouvelle, celle du soupçon porté sur les antiques représentations dont on croyait jusque-là qu'elles exprimaient la vérité de ce qu'est la réalité. Je l'entends encore prononcer ces « gros mots » : « *le socle épistémologique est désormais définitivement ébranlé* », ce qui revenait à dire que le monde ancien des certitudes bétonnées était révolu et qu'il y avait un immense travail de réinterprétation à opérer. Chantier dont n'étaient pas exclues nos propres références religieuses marquées, elles aussi, par des cultures et des langages qui étaient irrémédiablement périmés. En écoutant mon collègue développer les perspectives toutes neuves qu'il m'ouvrait et qui auraient pu me paraître iconoclastes, je fus au contraire comme saisi d'un vif appétit d'en savoir plus, car elles relevaient chez lui d'une exigence intellectuelle authentique. Sans doute étais-je intérieurement prêt à entendre ses propos bouleversants. En effet, les aurais-je trouvés crédibles si je n'étais pas déjà secrètement en recherche ! Qui peut dire ce qui s'inscrit et se féconde mystérieusement à l'intime d'un être humain au long de ses rencontres, de ses interrogations, de ses insatisfactions et qui appelle un jour une naissance ?

Désormais, avec ce sérieux pas de côté que je venais de poser, je ne pouvais plus retourner en arrière sans me mentir à moi-même. Impossible de me réfugier frileusement sur mes façons de penser antérieures, il me fallait inventer, à nouveaux frais et à mes risques et périls, un nouveau chemin, mon propre chemin d'homme et peut-être aussi d'homme chrétien. Il y a dans la vie des seuils que l'on franchit irréversiblement. Par tempérament, j'étais ouvert à me lancer dans cette aventure inconnue mais j'étais loin de réaliser à quelle révolution copernicienne ce déplacement allait m'entraîner, sinon qu'il était irréversible. Dans les mois suivants, je commençai à percevoir les failles béantes qui ébranlaient les fondations de mon édifice intérieur, c'est-à-dire ce qu'était jusqu'alors mon identité humaine, chrétienne et sacerdotale.

Le peu que je découvrais des maîtres du soupçon (Marx, Nietzsche, Freud) me révéla les conditionnements multiples (psychologiques, sociologiques, politiques, économiques, culturels, religieux) dans lesquels j'étais enserré comme tous mes semblables. Cette prise de conscience me conduisit à relativiser ce qui m'avait été présenté comme des socles d'une solidité à toute épreuve. Par exemple, ma liberté de choix et de manœuvre m'apparaissait bien plus limitée que ce que l'on m'en avait dit. Quel humain pouvait assurer qu'il décidait et agissait « en pleine conscience et avec plein consentement » ? En conséquence, la conception catholique du péché si tatillonne et intrusive qui enferme le chrétien dans une culpabilité malsaine ne pouvait que s'effriter. Pareillement, la notion de vérité, entendue comme un absolu qui descend du ciel et s'impose de l'extérieur ne me semblait plus admissible. Sous l'affirmation « Dieu parle », je devinais que c'était en réalité des humains qui parlaient. Quant aux affirmations dogmatiques traditionnelles de la foi catholique, résumées dans les credo, concernant Dieu tout puissant et omniscient, la Trinité en trois personnes divines, Jésus le Fils unique de « Dieu », le péché originel, la résurrection de la chair, la Présence réelle du Christ dans l'eucharistie, le prêtre conformé au Christ, etc., elles se lézardaient elles aussi. Basées sur des postulats invérifiables et remis en question depuis le XVIe siècle par les découvertes scientifiques, ces doctrines s'avéraient comme des élaborations historiquement situées dans des cultures périmées. En outre, l'imposition aux croyants de ces doctrines par voie d'autorité, sous prétexte que le pape et les évêques étaient la voix même du Christ, ne m'était plus recevable.

En même temps, du fait de la médiocrité et même de l'insignifiance de mes études exégétiques sur le Nouveau Testament au grand séminaire, je ne pouvais plus lire la majeure partie des évangiles, faute de clés pour en interpréter la signification. Des pans entiers m'étaient incompréhensibles : les récits mythiques de l'enfance de Jésus, les récits de miracles, tous plus époustouflants les uns que les autres, les récits surréalistes et contradictoires annonçant la résurrection du crucifié et rapportant ses apparitions à ses apôtres et ses disciples, enfin la formule récurrente « *comme c'était écrit* » laissant entendre tout au long des pages que Jésus n'avait eu qu'à réaliser un plan déjà annoncé dans les Écritures bibliques ; tout cela sentait le merveilleux et le préfabriqué. Dans les décombres où j'étais, j'aurais pu tourner carrément la page de mon histoire chrétienne. Ce qui m'en a empêché, c'est que certaines paroles de Jésus restaient pour moi sublimes : les béatitudes, les paraboles et bien d'autres comme celles-ci : « *La loi est faite pour l'homme et non le contraire ; dans l'accomplissement d'un acte, ce n'est pas le respect de la lettre qui compte mais l'esprit avec lequel on l'accomplit ; la vraie religion se pratique en esprit et vérité ; rien ne sert de gagner l'univers si c'est pour perdre son âme ; la véritable grandeur humaine, c'est de servir autrui ; la lampe de ton corps est ton œil ; si ton œil est sain, ton corps tout entier est dans la lumière, etc.* ». De plus, constatant la cohérence des actes de Jésus avec ses paroles, j'étais en admiration vis-à-vis de ses comportements courageux orientés vers l'accueil et l'accompagnement des marginalisés, des laissés-pour-compte afin de leur redonner confiance et dignité. J'avais en effet vérifié dans ma propre expérience quotidienne que les paroles et les engagements du Nazaréen étaient vraies et sonnaient justes. En m'efforçant de les mettre en pratique, j'observais qu'elles produisaient des fruits de vie. Je le constatais de même chez ceux qui s'y exerçaient autour de moi et dans le vaste monde. Les témoignages du passé l'attestaient. C'est dans ce maigre mais précieux bagage tiré des évangiles que je puisais pour accompagner les lycéens.

Ma rencontre avec Marcel Légaut

Il me faut maintenant parler d'une seconde rencontre déterminante, peu après la précédente, qui a orienté d'une manière décisive mon existence d'homme chrétien. Ce grand spirituel du XXe siècle quasi inconnu jusque-là venait de publier début 1970 son premier grand livre après trente ans de silence : *Introduction à l'intelligence du passé et de l'avenir du christianisme*. En le découvrant par hasard, j'eus immédiatement à sa lecture le sentiment d'avoir trouvé un trésor. Cet ouvrage tombait à point nommé par rapport à mes interrogations intimes : une révélation ! Le livre se présentait comme la réflexion d'un homme qui tentait « *d'atteindre le vrai par le chemin de l'authenticité* ». L'ouvrage se voulait cohérent non par systématisation intellectuelle, mais parce qu'il reflétait avec une exactitude suffisante comment son auteur comprenait le christianisme à travers sa propre expérience. Celui-ci analysait la crise religieuse qui commençait à sévir dans les pays de l'ancienne chrétienté au point de mettre en péril l'existence même du christianisme. Il montrait comment cette crise exigeait non pas un simple *aggiornamento* mais une radicale mutation. « Fruit d'une vie », le livre l'était aussi d'une expérience communautaire de quarante-cinq ans au cours de laquelle l'auteur avait cheminé spirituellement avec de nombreux compagnons et compagnes. Les thèmes m'émoustillaient. L'approche de Jésus de Nazareth par le biais de son cheminement intérieur, traversant mille conflits au cours de sa vie brève et mouvementée, la naissance du christianisme à partir de l'expérience des disciples, témoins de l'itinéraire de leur maître, la foi en Jésus liée au mûrissement et à la maturation humaine du croyant, la recherche d'un visage de « Dieu » qui soit crédible dans le contexte de la modernité, la découverte par l'homme de la présence agissante mais infiniment discrète de ce « Dieu » au cœur des choix qui l'humanisent, les notions de religion d'autorité et de religion d'appel, etc., tous ces chapitres éveillaient en moi un vif intérêt.

À travers le propre cheminement de l'auteur, je trouvais des réponses aux questions qui me taraudaient sur le mystère de l'homme et le sens de sa vie, sur l'identité de Jésus perçue par les premiers disciples, sur une manière intellectuellement acceptable de se représenter « Dieu » et de croire en Lui, sans verser dans le piétisme ni dans l'idéologie religieuse (j'y reviendrai plus précisément), sur ce que pouvait être une véritable communauté de croyants, enracinée dans la mémoire vivante de Jésus et de la pratique qui fut la sienne. Ce qui me frappa d'emblée, c'était la démarche de l'auteur qui approchait ces questions à la fois avec un souci méticuleux d'exigence intellectuelle et dans une perspective existentielle et non pas théorique. Faire preuve d'intégrité de l'esprit dans le traitement d'interrogations vitales qui étaient des enjeux de vie ou de mort spirituels, c'était exactement la méthode que je recherchais. Je venais de trouver « un maître » qui, en décrivant son propre chemin, m'invitait à tracer le mien.

Je fis sa connaissance durant l'hiver 1970. Je découvris le personnage : un homme de soixante et onze ans, au regard doux et vif, coiffé de son inséparable béret, et rayonnant sous ses allures discrètes de la flamme intérieure qui l'habitait. Son parcours m'impressionnait. Ancien normalien, devenu professeur de mathématiques à l'université de Rennes puis de Lyon, de 1927 à 1940, il s'était très tôt, sous l'impulsion du père Portal, l'aumônier de la rue d'Ulm, et avec quelques camarades, engagé dans une aventure spirituelle exigeante, inspirée par l'Évangile. Ce qui l'avait conduit par la suite à animer à travers la France un vaste réseau d'enseignants chrétiens de l'École publique. En 1940, marqué par l'expérience de la guerre qui lui montrait combien les intellectuels, comme lui, pouvaient être désarmés quand ils étaient confrontés aux réalités cruelles de la vie, il avait renoncé, à quarante ans, à sa carrière protégée d'universitaire. Il s'était marié et s'était établi paysan et berger dans la Drôme qu'il ne quitterait plus. Loin de vouloir fuir le monde, il avait fait ces choix pour répondre à une exigence de cohérence intérieure. Pendant trente ans, il s'était enraciné silencieusement dans sa vie de cultivateur et de père de famille – sa femme et lui eurent six enfants –, tout en poursuivant une recherche spirituelle exigeante, en lien avec les compagnons de toujours qui le rejoignaient durant l'été dans son hameau de montagne. Au terme de cet austère retour à la terre, il livrait le fruit de sa maturation intérieure. Témoignage personnel de son cheminement, vécu à un tel niveau de profondeur qu'il pouvait parler à d'autres êtres empruntant des itinéraires différents du sien. C'est bien ce que j'avais ressenti lors de la lecture de son livre et que j'éprouvai de nouveau au cours de cette première rencontre avec lui. Avec cet homme qui avait l'âge d'être mon père et dont l'expérience humaine de la vie était autrement plus profonde que la mienne, je consonais intérieurement. La vérité de ses paroles issues de son propre fonds me révélait ce à quoi j'aspirais confusément.

L'année suivante, en 1971, sortit le second livre majeur de Marcel Légaut qui, normalement, aurait dû être publié avant le précédent puisqu'il en posait les fondements : *L'homme à la recherche de son humanité*. Ce fut un nouvel éblouissement. De nouveau, je me retrouvais de plain-pied avec les perspectives développées par l'auteur. Pour lui, trouver le sens de sa propre vie, ce n'était pas recevoir passivement de l'extérieur un sens préfabriqué et soi-disant valable pour n'importe qui. Il s'agissait au contraire de le découvrir personnellement en s'appropriant son vécu quotidien et en en faisant la matrice de sa maturation intérieure. De là découlaient les notions capitales de « foi en soi et de foi en l'autre », creusets de la « foi en Dieu » et de la « foi en Jésus ». Impossible en effet pour Légaut de croire en « Dieu » si cette foi ne s'enracine pas dans un travail d'approfondissement humain mené à longueur de vie. De même, impossible pour lui de percevoir quelque chose du mystère de Jésus si l'on se contente simplement d'adhérer à une doctrine sur Jésus, sans chercher à être fidèle aux exigences qui montent en soi. Ce renversement copernicien de la démarche croyante – non plus d'abord croire en « Dieu » pour croire en l'homme mais découvrir pas à pas, au fil des années, le secret et la valeur de sa propre humanité afin d'y pressentir la trace d'une mystérieuse Présence – m'enchantait et m'enchante toujours. Pour le croyant que je suis devenu aujourd'hui, c'est la seule voie possible qui me permette, dans le même mouvement, de chercher le sens de mon existence, de deviner ce qui animait Jésus de l'intérieur et de pressentir l'action de cette indicible Réalité qu'on appelle « Dieu », action à l'œuvre au plus intime de tous les êtres humains en marche vers leur humanisation progressive.

Depuis plus de quarante années, les paroles du berger des Granges de Lesches-en-Diois ne cessent de m'inspirer. Que serais-je devenu si je n'avais pas été, au temps favorable, éveillé par lui à ce que je cherchais obscurément ? Aujourd'hui, au-delà de sa mort, sa démarche intérieure continue d'être un ferment pour beaucoup. Toute sa vie, il a exercé une paternité spirituelle avec désintéressement, modestie, discrétion et un infini respect de l'itinéraire d'autrui. J'en suis l'un des nombreux bénéficiaires.

Mon compagnonnage de Jean Sulivan

Durant les années 70, je découvris aussi Jean Sulivan. Il arrivait à point nommé pour être aussi un compagnon précieux sur mon chemin de renaissance, en même temps que Bernard Besret, Gérard Bessière, Joseph Moingt et Maurice Bellet pour n'en citer que quelques-uns. Que disait Sulivan dans ses livres qui rejoignait tant mes profondes attentes ? C'est qu'il pourfendait sans ménagement « *la figuration sur les théâtres d'ombre* », les faux-semblants, les apparences, l'inconscience, le suivisme, les mensonges, les petits et gros arrangements, tant dans la vie de tous les jours que dans la vie chrétienne. Et il appelait sans cesse à l'ouverture, au questionnement, à la naissance à soi-même, à la recherche de la justesse avec soi-même et avec autrui, à la cohérence entre son dire et son vivre, à la désertion du dérisoire, « *l'écume de la vague* ». J'ai été particulièrement sensible à ses dénonciations permanentes d'une identité chrétienne frelatée et à ses incitations à prendre au sérieux la parole évangélique sans fard ni masque. Elles courent à travers tous ses ouvrages. J'en suis profondément marqué. Certaines de ses paroles vives sont gravées à jamais en mes profondeurs.

Je me souviens notamment de son combat récurrent contre le discours dogmatique chrétien d'origine grecque datant des conciles des IVe-Ve siècles, structuré en concepts et exprimé dans les catégories grecques d'être, de personne et de nature, incompréhensibles pour nous modernes. Cette doctrine officielle lui paraissait tout à fait opposé au message évangélique. Celui-ci, au contraire, issu de l'enseignement et de la pratique libératrice de Jésus, est essentiellement d'ordre existentiel. Il s'agit avant tout d'une invitation à prendre au sérieux son existence, à ne pas la fuir ni la subir, à écouter les exigences qui sourdent au plus intime de sa conscience, et à y répondre autant que faire se peut dans ses limites et ses défaillances, mais sans jamais s'arrêter de chercher, d'expérimenter, même au prix d'égarements. « *Le bonheur est dans l'incessante marche* ». Ici et là, dans *Matinales* et *La Traversée des illusions* (et ailleurs aussi), il y a des pages protestataires qu'il faudrait placarder à la porte des cathédrales et des églises, comme Luther le fit en son temps pour dénoncer la religion des indulgences.

Ma réappropriation des évangiles

Après l'aumônerie du lycée, j'ai eu la chance d'être nommé en 1975 au service diocésain de catéchèse, grâce à l'intervention bienveillante de son directeur, un ami à qui j'avais confié mon cheminement. Il me chargea de la formation biblique des adultes. J'allais pouvoir à plein temps me livrer d'une manière minutieuse à l'étude des textes bibliques et notamment évangéliques que je n'avais fait qu'entamer. Pour cela, je me suis plongé avec enthousiasme dans leur exégèse à partir des meilleurs travaux des spécialistes afin de comprendre comment ils avaient été écrits, pour quels publics, dans quelles cultures et en vue de délivrer quels messages. Par ailleurs, la perspective de partager ce que je découvrais avec des laïcs désireux, eux aussi, de lire intelligemment ces textes de l'Ancien et du

Nouveau Testament était un stimulant de taille. C'est ainsi que j'ai inauguré neuf nouvelles années de ma « carrière » ecclésiastique. J'ai une reconnaissance éternelle à celui qui m'avait offert de travailler à ses côtés.

Durant mes neuf années au centre catéchétique diocésain, j'ai donc pu travailler à loisir sur le chantier des textes bibliques. J'avais du temps et j'étais rempli d'énergie. J'avais beaucoup à décrypter ce qui concernait la Bible juive. Je compris pourquoi on considérait comme « Parole de Dieu » des paroles humaines. Celles-ci, issues du tréfonds de la conscience particulièrement lucide et clairvoyante de croyants, cherchaient à exprimer le sens de leur propre histoire à un moment historique donné. Pour que les paroles bibliques puissent être « révélation » pour des lecteurs d'aujourd'hui, il fallait d'abord les replacer dans le contexte qui les avait vu naître. Ainsi convenait-il de voir comment ces textes étaient apparus, comment ils avaient emprunté à d'autres traditions tout en faisant œuvre originale, comment ils avaient été cent fois remaniés au cours de lectures et de relectures incessantes, quels étaient les langages employés et, parmi eux, que signifiaient les langages symboliques utilisés si fréquemment. Mon appropriation des Évangiles s'est faite de la même manière. Les clés que me fournissaient les exégètes m'ont permis de découvrir que ces textes étaient avant tout des professions de foi des premiers chrétiens, c'est-à-dire leurs interprétations croyantes de l'événement Jésus. S'il n'était pas possible de restituer une biographie du Nazaréen, on pouvait cependant faire apparaître les grands traits de sa personnalité historique, de son message et de sa pratique. Quelle révélation !

Parallèlement aux réunions bibliques qui étaient l'essentiel de mon travail, je participais à l'équipe d'animation du CERF (Centre d'Études et de Recherches sur la Foi) que venait de créer le responsable du centre catéchétique. Cette instance de réflexion proposait sur une année des parcours théologiques consistants, portant sur des questions fondamentales : « *Dieu, mais quel Dieu ?* », « *Jésus, mais quel Jésus ?* », « *La résurrection* », « *L'Église* », etc. Dans le parcours sur Jésus, en écoutant mon responsable (mon ami si doué) décrire comment on en était arrivé, à travers mille péripéties d'ordre religieux et même politique, à proclamer les grands dogmes christologiques des IVe-Ve siècles, notamment le premier qui définissait solennellement la nature divine de Jésus, je trouvais confirmation à mes doutes. La partie qui l'avait emporté aurait pu perdre tout aussi bien. La vérité dogmatique n'était-elle pas finalement très relative ? Au nom de quoi affirmait-on de manière péremptoire l'identité divine de Jésus, avec des formules aussi décisives : « *Je crois au fils unique de Dieu, engendré, non pas créé, de même nature que le Père et par lui tout a été fait* » ? En regardant vivre le Galiléen, comment pouvait-on tirer pareilles conclusions ? Comment l'humble prédicateur du royaume pouvait-il être la seconde personne de la Sainte-Trinité (représentation impensable en milieu juif) ? En lui décernant des titres si prestigieux, n'allait-on pas faire oublier ce qu'avaient été son message et sa pratique de libération, invitant les êtres à vivre debout et à croire qu'un avenir est toujours possible ? Toutes ces grandioses affirmations n'étaient-elles pas que des représentations d'une réalité insaisissable, élaborées dans le contexte particulier de la culture grecque ?

À la vérité, je penchais intérieurement plutôt du côté de l'approche d'Arius qui avait été condamné au concile de Nicée (325). Pour lui, Jésus n'était qu'un homme, mais quel homme ! De lui rayonnait d'une manière fulgurante une lumière venue d'ailleurs. Comme le théologien de Constantinople, j'étais hérétique au vu de la doctrine qui était désormais la norme de l'orthodoxie, mais il m'était impossible de penser et de croire autrement. J'ai toujours aimé la formule du théologien Christian Duquoc : « *Jésus, visage humain de Dieu* ». Celle de Marcel Légaut : « *Jésus est de Dieu* » et celle de Stanislas Breton : « *Jésus est l'un de nous, avec une intensité d'exception* » suscitent tout aussi pleinement mon adhésion. La figure de Jésus, que j'aidais mes auditeurs à redécouvrir à travers les évangiles et dont ils étaient passionnés, était d'abord celle du Nazaréen, arpentant les routes de Palestine et prêchant le Royaume, et non celle, hypothétique, du Fils éternel de Dieu, conçu du Saint-Esprit dans le sein d'une vierge et descendant du ciel pour notre salut ! Je ne bradais pas son « Dieu » pour autant, bien au contraire. Car Jésus, se référant à Celui qu'il appelait son Père, témoignait par ses paroles et ses actes d'un visage de « Dieu » étonnant. Il me faudra encore du temps pour penser raisonnablement ma foi en Dieu dans ma propre vie, selon l'approche de Légaut. J'en rendrai compte au terme de cet article.

Que devient « Dieu » dans ma vie quand je n'en parle plus ?

Mon travail biblique qui me passionnait tant se termina quand en 1986 celle qui est devenue ma femme et moi-même avons décidé de lier nos existences et de le faire publiquement. Je commençais une existence totalement civile. Où me conduirait mon errance intérieure qui, après m'avoir engagé sur des voies « pas très catholiques », me faisait tomber du piédestal clérical, et me renvoyait à la condition commune ? C'était l'épreuve de vérité. De ce qui m'avait occupé « professionnellement » durant vingt-deux ans et que j'avais accompli de mon mieux, malgré mes limites, quelles traces allait-il rester dans ma vie maintenant que je n'étais plus « missionné » pour parler de « Dieu » et de l'Évangile ? Qu'allait devenir « Dieu » dans ma vie ? Quel crédit mon discours sur Jésus qui avait mobilisé mes énergies conserverait-il à mes yeux alors que je n'étais plus officiellement en fonction ? Ma passion pour le style de vie proposé par le Nazaréen subsisterait-elle maintenant que je n'étais plus en représentation ? Je le souhaitais vivement, mais j'étais disposé à laisser les choses aller leur train.

Je pressentais bien que ce qui est enraciné dans les profondeurs d'un être, au-delà des images qu'il renvoie ou qu'on lui renvoie à travers la fonction qu'il a exercée, ne peut disparaître dans les aléas de la vie, mais il me fallait le vérifier. Pendant dix ans, je ne me suis guère interrogé sur mon évolution intérieure, absorbé que j'étais par une activité professionnelle prenante (formation continue en milieu hospitalier), sollicité par la gestion de la vie quotidienne et de ses multiples contraintes (ce dont est dispensé habituellement le clerc !), préoccupé aussi, désemparé même, par les ennuis de santé de mon épouse qui commencèrent quelques mois après le début de notre vie commune. Ces événements m'ont profondément marqué. C'est dans ce contexte que s'opéra en moi une maturation spirituelle dont je ne m'aperçus qu'après coup. Si mes convictions de fond sur Jésus et sur « Dieu » demeuraient, elles se décapèrent et s'affinèrent encore davantage dans ce contexte.

Plongé dans une profession où il n'était plus question de dire « Dieu », expérimentant par ailleurs mon impuissance et mes insuffisances face à mon épouse malade, j'ai été sévèrement laminé. J'étais de nouveau au pied du mur. Je traversai des jours noirs, j'essuyai des orages, j'avançai dans le brouillard en éprouvant intensément ma pauvreté et ma solitude fondamentale. En même temps, une sorte de conviction intime, enfouie au fond de moi-même et à peine perceptible à certains moments, m'assurait que mes choix fondamentaux d'antan n'étaient pas du vent.

En effet, je continuais d'expérimenter dans l'engagement quotidien de ma vie professionnelle et conjugale la vérité existentielle des paroles et des gestes de Jésus, rapportés par les évangiles : les béatitudes, la parabole du pharisien et du publicain, celle du grain qui pousse tout seul, celle du bon Samaritain, la grande mise en scène du « jugement dernier » : « *J'ai eu faim, et vous m'avez donné à manger...* », la réponse de Jésus à Jean-Baptiste : « *Allez rapporter ce que vous voyez et entendez : les boiteux marchent, les aveugles voient, les sourds entendent...* ». Dans le monde non confessionnel de l'hôpital où j'étais plongé, je voyais s'accomplir, à travers mille gestes d'humanité posés par des soignants, les uns croyants, les autres non, l'Évangile de libération. Ces attitudes avaient leur valeur en elles-mêmes et je n'avais nulle envie de les récupérer. Je constatais seulement en mon for intérieur leur consonance avec le message et la pratique de Jésus. Sa « Bonne Nouvelle » n'était-elle pas en réalité une invitation pressante faite aux humains à s'humaniser dans toutes les dimensions de leur vie. Lui-même n'avait-il pas mené une lutte sans merci pour témoigner que croire en « Dieu » c'était croire en l'homme ? En m'inscrivant dans cette tradition, je ne pouvais pas douter que l'essentiel réside dans ces innombrables gestes et paroles de vérité, d'ouverture, de fraternité, de justice, d'attentions et d'écoute mutuelles qui, sous toutes les latitudes – personne n'en a le monopole –, donnent quotidiennement à notre monde visage d'humanité, en dépit de tous les gâchis qui s'y étalent. Dans cette perspective, même si les Églises chrétiennes connaissaient une désaffection certaine, du moins en Occident, l'avenir de « Dieu », lui, n'était pas en péril.

Ainsi mon christianisme devenait plus léger, même si la porte que j'avais dû franchir était étroite. Je ne pouvais pas ne pas croire en « Dieu » – jamais je n'ai éprouvé de doute radical –, mais mes représentations sur « Lui » étaient ténues et balbutiantes. À la suite de saint Augustin, Marcel Légaut, évoque, d'une manière infiniment sobre et dépouillée, la présence de « Dieu » au plus intime de l'homme, présence inspirante, totalement respectueuse de ses cheminements. Cette façon de parler me convenait et me convient toujours. J'aime considérer que « Dieu » est à l'œuvre en tout être, au cœur même de sa liberté qu'il sollicite sans la violer, de telle sorte que, lorsque l'homme s'humanise en répondant aux exigences intimes qui montent en lui, le fruit d'humanité qui en résulte est conjointement de l'homme et de « Dieu » et a valeur d'éternité. Quant à Jésus, la mémoire vivante en moi de cet être de lumière demeurait source d'émerveillement et me stimulait dans l'invention de ma propre existence. Au hasard des journées, me revenaient à l'esprit certains passages des évangiles. Je les ruminais silencieusement. Ils me confortaient, me maintenaient dans la vigilance, me remettaient en cause, m'entraînaient.

Je le voyais maintenant de plus en plus clairement : mon goût pour la parole évangélique n'était pas seulement lié à l'exercice de mon métier précédent. Si tel avait été le cas, je n'aurais été auparavant qu'un « *fonctionnaire de Dieu* ». En réalité, ce goût était enraciné beaucoup plus profondément en moi. Ces vieux récits évangéliques continuaient de me parler : « *L'homme qui marche* », comme l'appelle Christian Bobin, sans m'indiquer la route à prendre, m'invitait à demeurer en mouvement, comme il l'avait été toute sa vie. Son chemin d'humanité m'appelait à tracer le mien, tant bien que mal. Tel était le paradoxe : il avait fallu que je cesse officiellement de dire « Dieu » et Jésus, ce qui avait été l'une de mes raisons de vivre les années précédentes, pour vérifier mon attachement personnel à l'Évangile et ma foi en son « Dieu ». Ainsi, en empruntant des chemins différents de ceux d'hier, je constatais une sorte de fidélité intérieure au plus intime dont j'étais seul à pouvoir rendre compte.

Sur les sentiers de Compostelle et d'Assise, rencontre des mystiques

La découverte des mystiques m'a confirmé dans cette approche. Il m'a fallu arriver à la soixantaine pour les croiser sur mon chemin. En partant à pied vers Compostelle à l'automne 1993, j'ai glissé dans mon sac – sous quelle inspiration ? – deux petits volumes de l'universitaire Bernard Sesé, présentant la vie et la démarche spirituelle des deux mystiques espagnols du Siècle d'or, Thérèse d'Avila et Jean de la Croix. Immédiatement, je suis tombé sous le charme de ces êtres de feu, réformateurs de l'ordre du Carmel au XVIe siècle. Ce n'était pas des illuminés, mais des gens solidement enracinés dans leur temps. La vie ne les avait d'ailleurs pas ménagés. Thérèse, initiatrice de la réforme chez les carmélites, dut déployer des trésors d'intelligence, de diplomatie et d'énergie pour mener à bien, à travers l'Espagne, son entreprise de fondations, en dépit d'oppositions multiples à son projet. De son côté, Jean de la Croix, dont l'enfance et l'adolescence avaient été marquées par la misère et les malheurs familiaux, connut la persécution et l'emprisonnement de la part de ses frères hostiles à la réforme. Dans les dernières années de sa vie, il fut même, au sein de l'Ordre qu'il avait contribué à rénover, l'objet de suspicions et de calomnies, avant de mourir marginalisé dans d'atroces souffrances physiques. Non, ce n'était pas des mièvres ni des confits en dévotions, mais des passionnés de l'Évangile dont l'ambition était de vivre, au cœur de la vie quotidienne, en communion avec la Source indicible qui les inspirait de l'intérieur. Lucides sur les mille illusions qui guettent le croyant et dans lesquelles il est si facile de se complaire inconsciemment, ils invitaient à progresser vers la foi nue, par une disponibilité du cœur et de l'âme à la divine présence expérimentée au plus intime.

Leur langage était celui des amoureux et des poètes. En effet, comment suggérer autrement que par la métaphore l'expérience d'une Présence indicible au cœur de son cheminement intérieur ? Comment traduire la communion réelle, quoique nocturne, avec cette Présence invisible sinon par le poème ? Pour Jean de la Croix, la flamme intérieure qui l'animait et le brûlait lui inspira des poèmes d'une rare intensité, dont certains furent écrits dans sa geôle de Tolède. Il n'est pas étonnant que le livre de la Bible qui l'a le plus inspiré soit le Cantique des Cantiques, ce chant amoureux de l'amant et de l'amante, devenu pour les croyants juifs le symbole de l'amour passion entre « Dieu » et les hommes. Dans les « *Dits de lumière et d'Amour* », rassemblant de courtes pensées adressées à des personnes dont il accompagnait l'itinéraire, images et comparaisons abondent pour exprimer la quête de « Dieu » par l'âme. Je ne cesse de me nourrir de ces textes, même si mes propres représentations sont différentes.

Après mon voyage vers Compostelle, quand j'ai mis le cap vers Assise, également à pied, j'ai découvert avec émerveillement le chemin du petit pauvre, François. J'avais de lui jusqu'alors une image d'Épinal. Je perçus alors en ce nouvel être de feu une liberté qui m'éblouissait. Il était capable de brûler ses vaisseaux, au grand dam de son père, pour vivre la radicalité de l'Évangile. Son style de vie, pauvre et fraternel, son lyrisme poétique et sa joie imprenable, son audace et son humilité, m'impressionnaient. Son Cantique des créatures, écrit peu avant sa mort alors qu'il était aveugle et aux prises avec toutes sortes de souffrances physiques et morales, est pour moi un sommet de la prière pacifiée qui, plus que les mots qu'il professe, traduit avec simplicité la vérité de la vie de son auteur. Là encore, pas de discours conceptuels qui risquent de donner l'illusion d'atteindre la Réalité et de la posséder, mais un langage poétique, qui évoque et suggère un mystère intérieur qui échappe à toute définition et à toute emprise.

Dans le sillage de ces grands mystiques, j'ai appris à en connaître quelques autres : Maître Eckhart et Angelus Silésius. Leurs écrits, ruisselant de lumière et d'eau vive sur fond d'existence tragique et de silence de « Dieu », valent à mes yeux plus que mille traités de théologie spéculative. La lecture que j'ai faite des œuvres de l'un et de l'autre (j'ai encore beaucoup à découvrir) a confirmé et approfondi mon intuition : on ne parle bien du mystère de « Dieu » et de l'homme que par le poème et l'image. Dans l'immense mouvement des réinterprétations qui se sont succédé au cours de l'histoire biblique sur dix siècles, c'est le langage poétique qui a peut-être le mieux traduit l'aventure tumultueuse de la relation des croyants avec leur « Dieu » et la découverte toujours plus affinée du sens de leur existence. C'est pour cette raison que la Bible me passionne.

Non rien de rien, je ne regrette rien

En relisant cette traversée du désert, j'avoue que je suis heureux d'avoir été contraint à l'exode intérieur. Cette marche décapante qui me faisait quitter les sécurités du passé et m'entraînait dans une aventure incertaine m'a d'abord obligé à prendre personnellement ma vie en main. Personne ne peut faire à la place d'un autre ce travail de dessaisissement, d'élagage, d'approfondissement, de recréation. Spirituellement – il en est ainsi dans tous les secteurs de la vie –, on ne peut être que radicalement seul (ce qui n'est pas synonyme d'isolement). L'expérience de cette solitude fondamentale est éprouvante, car elle peut générer de l'incompréhension, mettre en marge et donner le vertige. Elle ouvre cependant sur l'apprentissage de la véritable liberté qui n'est ni repli sur soi ni chemin de facilité. Fragile, vulnérable et jamais à l'abri de dérapages, cette liberté intérieure est un trésor précieux que rien ni personne ne peuvent ravir à celui qui la cultive. Cette voie non balisée sur laquelle il était possible que je m'égare m'a stimulé à forer en mes profondeurs pour trouver des sources inconnues auxquelles je me suis abreuvé. Peut-on d'ailleurs les découvrir si l'on n'a pas été soumis, d'une manière ou d'une autre, au tarissement des points d'eau auxquels on s'alimentait jadis ? Mais creuser est un labeur, surtout quand il faut creuser à grande profondeur. Ce chantier jamais terminé demande droiture intérieure et probité intellectuelle, exige patience et ténacité, mais quel bonheur lorsque l'eau vive jaillit enfin et étanche la soif ! Ce qui désaltère, ce ne sont pas les doctrines bien empaquetées, mais ce qui donne sens à sa propre existence. On ne peut adhérer en effet qu'à ce qui est croyable par soi dans l'univers culturel qui est le sien. Enfin, cette traversée du désert m'a fait rencontrer beaucoup d'autres nomades de tous les temps, à la recherche eux aussi d'oasis et de puits pour se ressourcer. À la croisée de nos chemins singuliers, se sont tissés entre nous, pourtant si différents, venant de tous horizons, des liens de connivence spirituelle. Certains de ces chemineaux ont été pour moi des révélateurs insignes du mystère de l'homme et de « Dieu » et j'ai à leur égard une dette infinie de reconnaissance. Aujourd'hui, je poursuis mon chemin avec confiance. Pour le temps qui me reste à vivre, j'aimerais demeurer le nomade que j'ai toujours été.

Suis-je toujours catholique ?

Depuis que j'ai quitté la prêtrise, où en suis-je dans mon rapport à l'Église romaine dans laquelle je suis né, j'ai grandi et ai découvert l'Évangile, où je me suis investi à plein temps durant de longues années et au sein de laquelle j'ai fait de si belles rencontres et connu tant de grands bonheurs ? Eh bien, je reste à l'intérieur, mais loin, très loin du chœur, tantôt au fond de la nef, tantôt sur le seuil, tantôt même sur le parvis. Il arrive même que je m'absente un moment, comme on prend de la distance vis-à-vis d'une famille trop pesante.

J'ai en effet peine à croire que l'Église catholique romaine puisse se rénover vraiment et opérer en elle-même la mutation si nécessaire, hors de laquelle on ne peut que bricoler et rafistoler. Elle me semble en effet enkystée structurellement dans une idéologie et une organisation de type impérial, dont les racines remontent en amont même de Constantin. Je récuse ce modèle qui n'a rien d'évangélique. Par ailleurs, sa prétention à détenir la vérité sur tout et pour tous m'est insupportable. Certaines de ses préoccupations visant à ravaler les façades de la vieille maison ne me concernent plus. Car « *le lieu du combat* », selon le beau titre d'un livre de Maurice Bellet, me semble ailleurs. Les vrais problèmes se posent à un autre niveau de profondeur. Dans le contexte de la modernité où nous sommes plongés depuis des décennies, le progrès scientifique et la critique des sciences humaines ne cessent d'éroder et de faire tomber les plâtres des grandioses constructions théologiques sur lesquelles reposaient l'identité humaine et chrétienne. Devenir humain, s'accomplir humainement, découvrir le sens de sa vie et, pour l'être de foi, faire l'approche d'un « Dieu » en qui l'on puisse croire au cœur même de sa recherche d'humanisation, tels sont, à mon sens, les grands chantiers auxquels sont désormais confrontés nos contemporains qui s'interrogent sur leur destinée d'une manière personnelle, en refusant les facilités des réponses toutes faites. C'est, me semble-t-il, à cette profondeur de vie spirituelle que l'Église, communauté des disciples de Jésus, est invitée à s'atteler, ce qui exige décapages, dépouillement de ce qui est mort et abandon du périmé, ce qui suppose en même temps ouverture à l'inconnu, créativité, intériorité, risque et tâtonnements, exigence d'intégrité intellectuelle, liberté de recherche et de débat. Comment pourrions-nous nous contenter de ressasser les vieilles leçons, de réendosser les vieux habits, de dépoussiérer les vieux arguments, de resservir les vieux menus, de rechanter les vieilles rengaines, de rabâcher les antiques formules réputées intouchables ? Pour ma part, je suis en admiration devant nos devanciers croyants, depuis les exilés de Babylone au VIe siècle avant J.-C. jusqu'à ceux que l'on nomme les « modernistes »[1] à la fin du XIXe et au début du XXe siècle de notre ère, et de tant d'autres à travers les âges, qui ont payé le prix fort du courage et de l'intelligence de la foi dans les conditions nouvelles où la vie les avait « déportés ». Ces gens-là nous montrent le chemin, un sentier étroit, mais le seul qui ouvre un avenir. C'est d'eux dont on se souvient aujourd'hui et non des inquisiteurs ni des thuriféraires. Leur mémoire demeure source d'inspiration.

« *Laissez les morts enterrer les morts* », disait Jésus, et encore : « *On ne met pas du vin nouveau dans de vieilles outres... Si le grain de blé ne meurt en terre, il ne produira pas de fruit* ». Il m'arrive de rêver que l'Église romaine, mon Église, prenne au sérieux ces paroles. Mais les années passent et je ne vois rien venir. Alors pourquoi y demeurer, même sur les marges ? Je crois pouvoir répondre : « Parce que c'est ma famille ». Je reste catholique parce que là sont mes origines et aussi parce que je suis conscient plus qu'autrefois que la mémoire de Jésus, pour se transmettre de générations en générations, a besoin d'un minimum institutionnel. J'accepte cette incontournable réalité par réalisme, même si la famille chrétienne où je me sens à l'aise est le protestantisme libéral. Par ailleurs, l'Église romaine ne se réduit pas à ceux qui la dirigent et qui sont souvent si décevants. Elle est la vaste communauté des disciples de Jésus qui, tant bien que mal depuis vingt siècles et aujourd'hui encore, témoignent de l'Évangile du Nazaréen. Je me sens le débiteur reconnaissant de ces humbles anonymes qui ont passé et passent le relais, et aussi de ces êtres de feu qui ont incarné et incarnent, chacun à leur manière, l'esprit évangélique.

En même temps, je me sens en communion profonde avec celles et ceux qui, par le vaste monde, à l'intérieur et au-delà des clôtures religieuses, cherchent à vivre authentiquement, quels que soient leurs credo et leurs doctrines et osent balbutier librement, en paroles et en actes, « *leur petite vérité de leur propre voix* », selon la formule de Jean Sulivan. « *Tout ce qui s'élève converge* », disait Teilhard de Chardin. Ce n'est pas étonnant puisque les religions sont nées de cet effort d'intériorisation commun à tous les êtres, lorsqu'ils sont présents à eux-mêmes et fidèles aux exigences intimes qui montent de leurs profondeurs. Ainsi, alors que chacun chemine spirituellement sur sa voie particulière, liée à ses origines ethniques et géographiques, est-il possible d'expérimenter une réelle communion avec des humains dont la route emprunte d'autres itinéraires

1. Jacques Musset, *Sommes-nous sortis de la crise du modernisme ? Enquête sur le monde catholique du XXe siècle et l'après-Vatican II*, Karthala, 2016.

que le sien ? J'en ai fait et je continue d'en faire l'expérience aussi bien avec des croyants qu'avec des agnostiques et des athées. Ce qui unit alors les êtres, au-delà des mots et des parcours singuliers, c'est de se sentir mutuellement en marche vers leur propre humanité. C'est pour moi l'une des plus grandes joies qu'il m'est donné d'éprouver.

Le « Dieu » auquel je ne crois plus

Dans ces dernières pages, je vais résumer et préciser l'essentiel de ma démarche de foi en « Dieu » et en Jésus, dont j'ai décrit les étapes précédemment. Il me faut d'abord dire que je suis débarrassé définitivement du « Dieu » théiste auquel je ne crois plus. Copernic, Galilée, Newton, Darwin, Marx, Freud m'ont ouvert les yeux. Je ne crois plus en un Dieu tout-puissant, créateur du ciel et de la terre, qui ferait la pluie et le beau temps ; je ne crois plus en un Dieu créateur de l'homme à partir de rien à son image et à sa ressemblance ; je ne crois plus en un Dieu consolateur de nos misères dont il pourrait nous alléger dès cette terre si nous le lui demandions ; je ne crois plus en un Dieu paratonnerre protecteur en échange du culte qu'on lui rend ; je ne crois plus en un Dieu qui aurait confié aux religions, y compris la catholique, le soin d'interpréter ses volontés et de les faire respecter.

Par ailleurs, les exégètes et les historiens, qui depuis quatre siècles décodent les vieux textes bibliques et évangéliques, m'ont eux aussi dessillé les yeux et vacciné à tout jamais contre les lectures littérales et fondamentalistes. Je ne crois donc plus au Dieu qui a créé l'homme dans un état de béatitude et qui, après la désobéissance initiale de celui-ci, l'a réduit à une vie éprouvante et incertaine en tous domaines ; je ne crois plus que les petits humains naissent pécheurs, grevés de la tache originelle commise par Adam et Ève ; je ne crois plus en conséquence au Dieu qui envoie des cieux son Fils bien-aimé pour réparer la faute originelle et renouer avec les hommes pécheurs. Je ne crois plus au Dieu dont la voix retentit à travers le ciel ouvert, au Dieu qui conduit en sous-main l'histoire personnelle des individus et des peuples, au Dieu qui attribue des vocations auxquelles il faut obéir sous peine de trahison ; je ne crois plus au Dieu qui se joue des lois physiques, physiologiques et psychologiques qui régissent le monde et les humains... Ces représentations de Dieu qui persistent, bien que totalement périmées par les découvertes des sciences, me paraissent indignes de l'homme, car elles le déresponsabilisent et l'abêtissent. Ces dernières années les livres de l'évêque anglican des États-Unis, John Shelby Spong, publiés en français ont démontré l'impasse à laquelle conduisait de nos jours la référence à ce Dieu « théiste ». Mais le cadavre du Dieu théiste bouge encore...

Mon approche du « Dieu » auquel je crois

J'en arrive à la représentation du « Dieu » qui me paraît à moi-même crédible et raisonnable. J'affirme pour commencer – et c'est fondamental – que ma recherche de « Dieu » et ma foi en lui ne peuvent être séparées de mon souci et de mon effort de vivre vrai dans mon existence quotidienne. Elles s'enracinent en eux. Hors de mon lieu d'investissement humain, il n'est pas d'expérience de Dieu possible pour moi. C'est donc dans cette démarche existentielle d'humanisation, en réponse aux exigences intimes qui me sollicitent, que j'en suis arrivé en effet à me dire qu'en moi il y a plus grand que moi. Je vais décrire cette prise de conscience dans un instant.

Mais j'ajoute deux choses pour éviter tout malentendu. D'une part, le mystère de ce « plus grand que moi », que par commodité on a l'habitude d'appeler « Dieu », est en soi inconnaissable. C'est seulement par réflexion sur ma propre expérience d'homme que je postule ce « plus grand que moi » à l'œuvre en moi. D'autre part, tout ce que je m'aventure à dire de cette Réalité n'est que la traduction verbale d'une expérience singulière, relative à ma culture, à ma propre personnalité et à mes évolutions. Mon « Dieu » n'est pas donc celui d'un autre et il ne peut pas l'être. Chacun en effet ne peut que témoigner de sa propre expérience de « Dieu » à travers ce qu'il s'efforce de vivre, inspiré intérieurement par le souci de probité et de fraternité. En ce sens, je fais totalement mienne la phrase du grand théologien espagnol José-Maria Castillo : « *De Dieu, seule notre vie parle, notre façon de vivre, notre comportement. À partir de là, nous pourrions commencer à aborder la question de Dieu* ».

Je me livre à « l'exercice ». J'ai dit que ma foi en « Dieu » découle de ce que j'expérimente dans mon effort d'humanisation. Cette démarche est celle de Marcel Légaut exprimée dans son livre *Devenir soi*, au chapitre V intitulé *Approche du mystère de Dieu*. Je la trouve convaincante. Elle n'aboutit pas à une preuve mais à une conviction, à laquelle, en mon âme et conscience, je me dois d'adhérer car elle s'impose à moi par souci de vérité et de cohérence avec moi-même. En quoi consiste cette démarche ?

En tâchant de vivre vrai et en expérimentant que là est la vraie vie pour moi et pour les autres, je constate que je suis loin d'être toujours ouvert aux appels qui me sollicitent de l'intérieur. Comme n'importe quel humain, je n'échappe pas aux sirènes qui m'invitent à emprunter la pente spontanée de la facilité, de la futilité, de la paresse, de la vanité, de l'égocentrisme, du renoncement à résister à l'inacceptable, de la peur d'autrui, des autojustifications. Je vis un tiraillement et je cède au confortable. Ce qui m'étonne tout de même quand j'y réfléchis – et c'est là le lieu de mon questionnement récurrent – c'est qu'en dépit des occasions manquées d'obéir à ma conscience, je constate que j'ai progressé en humanité au long des années. Mes choix fondamentaux se sont révélés féconds, les épreuves que j'ai traversées m'ont appris, non sans résistance ni grande douleur parfois, à consentir à la réalité et à me l'approprier, avec en prime une maturation inespérée ; la paix qui m'habite aujourd'hui en profondeur n'est pas altérée par les houles de surface. J'en arrive dès lors à formuler la question : comment se fait-il que, moi, humain fragile et vulnérable, j'ai pu, malgré les obstacles intérieurs et extérieurs de toutes sortes et sans que soit changé mon tempérament de base, avec ses limites et ses déficiences, advenir cependant à une certaine qualité d'humanité que j'ignorais il y a soixante ans et qui ne cesse de m'étonner ?

Comme Marcel Légaut, je me suis maintes fois posé la question : d'où vient cette transformation improbable, qui résulte du travail d'humanisation auquel je me suis livré tant bien que mal au fil des années, en fidélité aux appels de ma conscience ? Marcel Légaut, y répond pour lui-même et je fais mienne sa réponse où tous les mots portent dans sa longue phrase qu'il faut lire et relire pas à pas :

> « *Toutes ces réalités qui désormais font partie intégrante de ce que cet homme est, qui sans lui ne seraient pas ce qu'elles sont devenues, mais dont il ne peut pas comprendre complètement pourquoi et comment elles ont pu se développer en lui... [...], tout cela, ne serait-ce pas les traces en lui d'une action liée à lui mais qui, si inséparable qu'elle ait été de lui n'était pas que de lui [...] ?*
>
> *À la suite de millénaires de croyants balbutiant leur foi comme ils le pouvaient, comme l'époque le leur permettait, on peut appeler cette action [cette motion] qui opère en soi l'action de Dieu, sans nullement se donner de Dieu – et même en s'y refusant – une représentation bien définie comme celles dont par le passé les hommes ont usé si spontanément et si puérilement. [...]*

La reconnaissance du caractère radical de cette ignorance est l'unique et l'ultime connaissance que nous puissions atteindre de Dieu »[2].

Légaut rejoint ici l'expérience des mystiques.

Bien entendu, cette prise de position – je le redis – n'est en rien une preuve mais l'interprétation croyante d'une expérience de « transcendance » commune à tous les humains. Cette capacité qu'a l'homme de vivre à un niveau éminent de profondeur, d'authenticité, d'ouverture à autrui, de don de soi-même, j'imagine que vous, mes amis athées, qui la connaissez, l'expliquez uniquement par les propres ressources dont dispose l'homme, ressources cachées et si souvent méconnues, auxquelles il a peine à croire tant elles sont peu exploitées ? Mais le mystère demeure. Pascal en était vivement conscient : « *L'homme passe infiniment l'homme* » écrit-il. Comment rendre compte de cette étonnante expérience spécifiquement humaine que l'être humain constate lorsqu'il est fidèle aux appels qui montent en lui ? Pour ma part, j'y vois la trace d'une « présence » intime, mystérieuse et indéfinissable, qui tout en étant fortement inspirante respecte infiniment la liberté de l'être humain.

Mon expérience de Dieu et celle de Jésus

Mon expérience de « Dieu » telle que je viens d'en parler rejoint-elle celle de Jésus ? Je le pense. Certes Jésus s'exprimait dans la culture de son temps. Il se représentait « Dieu » comme un Père qui est aux cieux, qui donne généreusement du pain à ceux qui l'en prient, et qui est sur le point de faire advenir définitivement son règne sur le monde en y réduisant les forces mortifères. Cette représentation ne peut être telle quelle la mienne aujourd'hui. Mais si nos représentations diffèrent, nos expériences de « Dieu » ne convergent-elles pas ?

D'une part, le critère de fidélité de Jésus à son « Dieu » est aussi le mien. Il se traduisait chez lui par l'investissement de toute sa personne – paroles et actes en cohérence – dans une pratique de libération au bénéfice de ses compatriotes marginalisés, exclus, victimes de toutes sortes de déshumanisation. Il incluait une lutte contre le mensonge et l'injustice, des défis lancés à l'hypocrisie religieuse et à la bonne conscience, et un appel incessant à l'authenticité, au refus de la duplicité, à l'ouverture du cœur à

2. *Devenir soi*, p. 133 et 136.

toute misère. Jésus se situait ainsi vigoureusement dans la ligne des prophètes, ses grands devanciers qui répétaient à longueur de siècles : le vrai culte rendu à « Dieu » est « *que le droit jaillisse comme les eaux et la justice comme un torrent intarissable* » (Amos 5, 24-25). Jésus a poussé à l'extrême cette logique en mettant sur le même plan les deux grands commandements : aimer « Dieu » et aimer son prochain (Mc 12, 28-34), ce qui a fait dire à l'auteur de la première lettre de St Jean : « *Celui qui n'aime pas son frère qu'il voit ne peut aimer Dieu qu'il ne voit pas* » (4, 20). Tel est pour moi, disciple de Jésus, le cœur du christianisme : devenir humain et participer à l'humanisation du monde actuel dans l'esprit de Jésus. Il n'y a rien en cela de religieux au sens de rites à accomplir ou de lois à observer à la lettre. « *Rien d'autre que le respect du droit, l'amour de la fidélité, la vigilance dans ta marche avec Dieu* », disait déjà au VIIIe siècle avant notre ère le prophète Michée.

Cette exigence retentit toujours, aujourd'hui comme hier, au fond des consciences humaines. C'est à travers elle que « Dieu » « parlait » à Jésus et qu'il me « parle » aujourd'hui. Dans l'épaisseur des événements quotidiens et à partir d'eux, il m'appelle à maintenir en mon être l'ouverture qui empêche ma vie de se cadenasser, de se rapetisser, de s'enfermer, de s'aseptiser, de s'endormir, de se clôturer. Encore faut-il que je sois disponible à l'écoute. Il en va de même pour tous les humains dans leur histoire particulière. Parfois je suis sourd, mais l'exigence revient sans cesse et je m'efforce vaille que vaille de la traduire en actes. C'est là le grand exercice vital de mon existence, car – je le vérifie – c'est la voie de la vraie vie.

Entre Jésus et moi, la différence n'est donc pas dans le chemin à suivre, encore que le témoignage de Jésus ne me souffle pas les décisions que j'ai à prendre ni les actions à entamer. Ne vivant pas dans le même monde que le sien, c'est à moi de les découvrir. La différence entre nous réside en vérité dans la qualité de nos réponses. Si, comme aimait à le dire le théologien Stanislas Breton : « *Jésus est l'un d'entre nous mais avec une intensité d'exception* », je marche derrière lui, en mesurant l'écart de ma réponse avec la sienne, tout en me laissant inspirer par l'esprit qui l'animait. J'écris le mot esprit sans majuscule comme dans la Bible juive et les évangiles. Lorsqu'il y est question de l'esprit de « Dieu » (étymologiquement le souffle de « Dieu »), c'est une formule pour évoquer en réalité la présence agissante du « Dieu », source incessante de vie pour les humains. Jésus est habité par l'esprit de « Dieu », est-il écrit dans les évangiles. C'est en effet à « Dieu » qu'il réfère ses paroles et ses actes qui font vivre et libèrent. La personnification de l'Esprit (impossible dans les évangiles, écrits dans le cadre de la culture juive) est venue plus tard. Les premiers conciles des IVe-Ve siècles, après avoir défini la divinité de Jésus « de même nature que le Père » a fait de l'esprit de « Dieu » le Saint-Esprit, troisième personne de la Trinité. Pour ma part, j'en reste à considérer Jésus comme « l'un d'entre nous avec une intensité d'exception » et l'expression « l'esprit de Dieu » comme synonyme de « Dieu » à l'œuvre au cœur des humains. Je me réclame en cela des recherches du grand théologien Joseph Moingt qui, dans ses derniers livres, démontre que les déclarations dogmatiques sur la Trinité, issues des conciles, excèdent de beaucoup les affirmations des évangiles sur Jésus et l'esprit de « Dieu ».

D'autre part, les paroles de Jésus sur son « Dieu » il y a vingt siècles et celles que je risque aujourd'hui ne sont-elles pas toutes les deux l'écho de l'expérience intime de « Dieu » en chacun de nous ? Qu'affleurait-il à la conscience de Jésus au cours des heures silencieuses pendant lesquelles il aimait se recueillir solitairement, en pensant à Celui qu'il appelait son Père ? N'est-ce pas en ces moments qu'il se ressourçait en force intérieure, en approfondissement de ses engagements, en fidélité créatrice à sa propre mission ? N'est-ce pas dans ces temps de silence que germaient en lui les paroles aux formes diverses – prières, déclarations, paraboles – qui ensuite sur ses lèvres laissaient percevoir à autrui l'étonnante Présence qu'il expérimentait ?

Pour ses disciples, comment n'en irait-il pas de même ? Dans l'une de ses prières, Marcel Légaut formule avec justesse et extrême concision comment, dans ses propres temps de recueillement, des paroles vraies ont pu naître en lui sur son « Dieu » et sur sa relation à lui :

> « *La parole qui s'efforce de dire exactement ce que j'atteins de Dieu malgré une ignorance invincible de nature, ce que j'espère de Lui malgré l'ordre transcendant qui le sépare de moi. Ce que j'aspire à être par le plus authentique qui s'efforce en moi-même, ce que j'atteins de moi quand je suis à moi-même dans la lucidité est* <u>*la seule prière dans le langage de l'homme qui soit langage pour Dieu*</u>*. L'adressant à moi-même dans le recueillement, je me tiens devant Dieu. L'adressant à Dieu dans l'adoration, j'entre en ma présence. Autant qu'il m'est donné, quand je me parle ainsi, Dieu m'écoute ; quand je m'écoute ainsi, Dieu me parle* »[3].

Marcel Légaut ne confondait pas son expérience indicible de « Dieu » avec ce qu'il en disait dans son propre langage, de même que Jésus n'identifiait pas les mots qu'il employait avec l'expérience qu'il faisait de son « Dieu ». Si tout langage est relatif à la culture de celui qui l'énonce,

---

3. Marcel Légaut, *Prières d'homme*, Aubier, 1984, p. 31-32.

cependant ce langage ne lui était-il pas indispensable pour s'exprimer à lui-même – de son propre point de vue d'homme situé dans une histoire et une aventure de foi singulière – quelque chose de l'intensité de son expérience et ainsi pour progresser en humanité ?

Il en est de même pour moi. Ce que j'ai écrit sur mon expérience de « Dieu » – parfois sans employer du tout le mot même de « Dieu »[4] – est une manière de me dire à moi-même et de laisser pressentir aux autres quelque chose de cette expérience indéfinissable. Il reste que personne n'est à l'abri des inflations et des dérives de langages. C'est pourquoi il est une tradition chrétienne dont les tenants se refusent de dire quoi que ce soit sur leur expérience de « Dieu ». On l'appelle théologie négative ou voie apophatique (du mot grec *apophèmi* qui signifie *nier*), car elle nie toute pertinence aux propos humains sur « Dieu ». Elle a d'illustres représentants comme Maître Eckhart et de nombreux mystiques. Elle insiste plus sur ce que « Dieu » n'est pas que sur ce qu'il peut être, ou adopte le langage poétique pour exprimer l'indicible. Sans aller jusqu'à cette ascèse, les chrétiens sont mis en garde contre les bavardages, les discours pieux et les énoncés dogmatiques et sont appelés à la sobriété dans l'expression de leur foi.

Permettez-moi de terminer par une transcription que j'ai faite du « Notre Père » (Matthieu 6, 9-13), dans un vocabulaire non religieux. Personnellement, quand je récite cette prière, je m'adresse à « mon Dieu », mais, telle qu'elle est rédigée, tout homme et toute femme, croyants de foi religieuse, agnostiques ou athées, qui expérimentent la sorte de « transcendance » intérieure, commune à tous les humains, dont j'ai parlé, peuvent se recueillir devant le fond d'eux-mêmes où s'alimente le meilleur d'eux-mêmes lorsqu'ils s'efforcent de vivre avec authenticité.

Ô réalité secrète
enfouie en nos profondeurs,
Source inépuisable
d'où naît le goût et le souci de vivre vrai !

Que nous soyons attentifs
à ta présence discrète
sans cesse à l'œuvre en chacun de nous
quel que soit le nom qu'on te donne.

4. Par exemple, dans mon recueil intitulé *Vers la Source cachée...*, inspiré par une cinquantaine de psaumes, Olivetan, 2019.

Qu'à ton inspiration
s'ouvrent largement les cœurs.

Que tes appels perçus au plus intime
soient notre pain quotidien.

Que suscités inlassablement
à la foi en nous-mêmes,
nous croyions en notre prochain,
en dépit de nos médiocrités
et de nos manques de fraternité.

Et qu'ainsi nous évitions,
autant que possible,
les impasses.

Que nous y étant fourvoyés,
nous puisions en toi la force
de nous relever
et de poursuivre le chemin.

Au fond, mes amis athées, ce qui nous différencie, ce n'est pas l'ambition que nous avons les uns et les autres de vivre une vie qui soit vraiment humaine ni l'ardeur à la traduire en actes au quotidien. C'est la manière dont nous nommons ce qui nous inspire communément au plus intime. Ce n'est pas secondaire à mes yeux, mais c'est second par rapport à l'expérience d'humanisation vers laquelle nous tendons tous et sur la voie de laquelle nous nous accompagnons. Dans le respect de la manière dont chacun donne sens à son cheminement, poursuivons ensemble la seule aventure qui vaille : celle de grandir en humanité et de participer à l'humanisation de notre monde.

13

Un parcours de pensée pour éclairer ma foi

Bernard QUELQUEJEU*

« Soyez prêts à rendre raison
de l'espérance qui est en vous »
I Pierre 3, 16
Fides quaerens intellectum
Thomas d'Aquin

Plus que le contenu de ma foi, je voudrais tracer ici les étapes du chemin de pensée que je crois aujourd'hui devoir suivre, afin de tenter de « rendre compte » de mon adhésion à la foi chrétienne et de vérifier que celle-ci n'est pas déraisonnable à mes yeux. Une justification ? Non, sûrement pas, ce serait beaucoup trop demander : la foi n'est pas la

* Polytechnicien, dominicain, Bernard Quelquejeu a une maîtrise de théologie, un doctorat de philosophie (Paris-Nanterre en 1968 avec Paul Ricœur, thèse publiée sur Hegel). En 1975, il publie *Manifeste de la liberté chrétienne*. Il est cofondateur de l'association. *Droits et libertés dans les Églises* (1987), professeur d'éthique philosophique à la Faculté de philosophie de l'Institut catholique de Paris (1970-1997), directeur de séminaire d'éthique à l'Institut œcuménique ISEO (1983-1999). Il a réalisé de nombreuses publications en philosophie morale et politique dont *Sur les chemins de la non-violence* (2010), *Morale citoyenne et morales englobantes* (2013) ; *L'interconvictionnalité. Oser le néologisme*, revue *Diasporiques* (2020).

raison. Je ne puis m'essayer qu'à une explication, à un éclaircissement qui, peut-être, compose et organise quelques-unes des démarches que j'ai accomplies au cours de mon histoire intérieure, mais surtout, qui répond à un appel tenace que je m'adresse aujourd'hui à moi-même.

Qui ai-je en face moi comme interlocuteur concret en développant un tel cheminement ? D'abord moi-même. Il est illusoire de prétendre se faire comprendre d'autrui si l'on pas auparavant cherché à se comprendre soi-même. Mais je ne m'adresse pas seulement à moi. J'ai en face de moi un interlocuteur ami, ...X..., bien réel, que je sais être très éloigné de toute confession croyante, et que je vois animé d'une grande probité intellectuelle. Loin de moi tout désir de le convaincre de quelque croyance que ce soit, mais j'aspire à lui faire partager quelque chose des interrogations, des recherches, et même des doutes qui jalonnent tout cheminement de foi, mais aussi, finalement, à travers ceux-ci, à lui laisser entendre quelque écho de la joie de croire[1].

« **dieu est mort ! dieu reste mort ! Et c'est nous qui l'avons tué !** »
(Nietzsche, *Le Gai Savoir*)

Je vis aujourd'hui dans un monde où les traces de [Dieu] se sont amplement effacées. Hier encore, les signes sociaux d'une proximité de [Dieu] étaient innombrables. Les églises au cœur de chaque village dressaient leur clocher vers un ciel habité et leurs cloches inscrivaient dans le temps de chacun les heures de la prière. Des croix souvent fleuries marquaient bien des carrefours. Les confréries de la sainte locale ou la

1. Face aux caractéristiques uniques du vocable « Dieu », entraînant les désastreuses méprises que je n'ai cessé de rencontrer au cours de maints dialogues, je me trouve obligé, par souci de rigueur, de proposer à l'attention du lecteur les discernements conventionnels suivants :

J'écris **[Dieu]** pour signifier ce terme comme simple mot vide, dépourvu de toute référence identifiable, dont l'usage n'a pas d'autre justification que de figurer parmi les mots du lexique des usages publics.

J'écris **dieu** lorsque je l'utilise, dans un contexte où il est question de religion ou de philosophie, comme faisant référence de manière intentionnelle à l'Être suprême, au Principe premier, au Créateur, à l'Absolu, au Tout-puissant, au Très-Haut, à l'Ultime, etc., selon la représentation doctrinale de chacun.

J'écris **Dieu** lorsque je fais référence à l'objet central de la foi juive, ou à la réalité mystérieuse que Jésus nomme son « Père » et à laquelle il ne cesse de référer sa propre personne, ses enseignements et ses actes.

Fête-Dieu invitaient les fidèles aux lentes processions au long des rues. Malgré ses évidentes limites, le catéchisme déposait dans les esprits des images et des mots qui rendaient chacun capable par la suite de se dire et donc de pressentir quelque chose de la profondeur de son existence.

Une grande part de tout cela s'en est allée. Une vague d'indifférentisme ou d'agnosticisme a rendu muets presque tous les anciens signes d'un au-delà, et indiscernables les empreintes du divin. Loin de moi l'idée de le déplorer, car nous avons, peut-être, gagné en maturité, en lucidité. Je constate. Aujourd'hui, un Français sur deux se déclare sans religion. Nous mesurons encore mal les profondes conséquences d'un tel changement. Il signifie d'abord une inversion capitale qui transforme radicalement la posture du croyant que j'essaie d'être. Hier, la proximité de [Dieu] était une évidence. Il allait de soi, il allait sans dire que chacun avait une religion, quelle qu'elle soit : l'incroyant, l'athée étaient rares, et ils suscitaient un sentiment d'étonnement, souvent de réprobation. Écoutons J. Locke (1690) : « *Ceux qui nient l'existence d'une puissance divine ne doivent d'aucune façon être tolérés. La parole, le contrat, le serment d'un athée ne peuvent pas constituer quelque chose de stable et de sacré, alors qu'ils forment les liens de toute société humaine au point que la croyance en Dieu étant refusée, tout se dissout* ». C'était l'agnostique ou l'athée qui devaient se justifier de leur exception. Aujourd'hui, il faut bien reconnaître que la charge de la preuve a changé de camp. C'est l'insignifiance de toute affirmation croyante, l'agnosticisme, l'indifférence qui sont considérés pour ainsi dire comme normaux, comme allant sans dire, et c'est l'homme de foi qui, dans le meilleur des cas, est invité à s'expliquer, voire à se justifier.

C'est dans ce contexte, en fonction de la condition nouvelle faite aujourd'hui au croyant par la culture ambiante, que je tente ici de jalonner le parcours de pensée qui est le mien pour « rendre compte de l'espérance qui est en moi ».

La philosophie est à présent disqualifiée pour établir l'existence de dieu.

Sur ce chemin, je rencontre une autre métamorphose, d'ailleurs étroitement liée à l'inversion que je viens de décrire. Elle ne peut manquer de retentir profondément sur mon entreprise, jusqu'à en changer l'économie. Avec l'avènement des Lumières, en Angleterre et en France comme en

Allemagne, il est arrivé à la raison philosophique un « événement de pensée » de première grandeur : en s'exerçant à la réflexion et aux démarches critiques qui l'accompagnent, cette pensée s'est elle-même découverte disqualifiée pour résoudre l'interrogation concernant l'existence de dieu. Cet événement marque un tournant décisif dans l'histoire de la philosophie. Jusqu'alors, la « question de dieu » avait constitué l'un des chantiers de sa recherche, une branche maîtresse de sa ramure. Elle avait orienté les interrogations des penseurs dès son apparition en Grèce et avait suscité les spéculations d'un Aristote, d'un Platon et de bien d'autres après eux. Avec l'essor du christianisme, l'interrogation concernant dieu, relancée sur de nouvelles prémisses, n'avait cessé de préoccuper les Pères de l'Église, les grands philosophes juifs et chrétiens du Moyen Âge et de la Renaissance, les Thomas d'Aquin, les Spinoza, et tant d'autres... Et voici qu'en 1781, au terme de onze années de travail solitaire, un professeur de Königsberg publie un gros ouvrage qui l'institue grand penseur de l'*Aufklärung*, et dans lequel il établit « l'échec de toute tentative philosophique en matière de théodicée ».

Pour ce qui regarde la question de dieu, rien ne sera plus comme auparavant. Je sais bien qu'après Kant, des philosophes, dénonçant le refus kantien de toute intuition intellectuelle, continueront à spéculer sur dieu : j'ai fréquenté Hegel, Schleiermacher et quelques autres. Cependant il m'apparaît que la critique kantienne de dieu a eu, peut-être, moins de conséquences sur la pensée philosophique elle-même qu'elle n'en a eu sur dieu, je veux dire sur les présupposés et les appréhensions désormais praticables concernant dieu. J'en veux pour indice que ceux des philosophes qui continueront à développer les outils de la pensée réflexive inaugurés par Descartes et développés par Kant et ses successeurs dans le domaine théorique de la connaissance, puis par Maine de Biran et quelques autres dans le champ de l'agir, se sont tous attachés à marquer l'écart infranchissable qui sépare le Dieu d'une révélation ou de la religion, et le dieu auquel peuvent s'intéresser « les philosophes et les savants », comme l'écrivait Pascal.

Telle est la position de Maurice Blondel, dans la célèbre finale de *L'Action* :

> « *À la philosophie de montrer [à propos de Dieu] la nécessité de poser l'alternative* "Est-ce ou n'est-ce pas ?" *[...] À elle de prouver qu'on ne peut, en pratique, ne point se prononcer pour ou contre ce surnaturel : "Est-ce ou n'est-ce pas" ?. À elle, encore, d'examiner les conséquences de l'une ou de l'autre solution [...] : elle ne peut aller plus loin ni dire, en*

> *son seul nom, que ce soit ou que ce ne soit pas. Mais, s'il est permis d'ajouter un mot, un seul, qui dépasse le domaine de la science humaine et la compétence de la philosophie, l'unique mot capable, en face du christianisme, d'exprimer cette part, la meilleure, de la certitude qui ne peut être communiquée parce qu'elle ne surgit que de l'intimité de l'action toute personnelle, un mot qui soit lui-même une action, il faut le dire : "C'est"* ».

Je demeure également très touché par une scrupuleuse réserve que Jean Nabert s'imposera jusqu'au bout de sa quête. Il entreprend une réflexion rigoureuse menée au long d'un parcours qui part de la liberté et de sa fondation réflexive, s'assure ensuite des fondements de l'éthique et de son effectuation dans l'action morale, scrute derechef les abîmes du mal, et tente finalement d'éclairer le problème philosophique de Dieu en partant de la qualification de « divines » que nous nous reconnaissons le droit d'attribuer à certaines actions sublimes de sacrifice, de renoncement, de pardon, d'humilité. Pourtant, au terme de ce long parcours mené afin de pouvoir affirmer l'actualité divine, Jean Nabert écrit : « *Ne faut-il pas renoncer tout d'abord et fondamentalement au dieu des philosophes pour retrouver le Dieu du message, le Dieu existentiel* » (DdD, 324) ... et « *il n'y a qu'un Dieu, le Dieu de la religion* » (DdD, 157).

Et j'entends encore Paul Ricœur affirmer, au cours d'une causerie à *Présences Protestantes*, non comme une assertion passagère mais comme un principe de méthode qui structurera toute sa pensée : « *Je n'ai jamais considéré qu'établir l'existence de Dieu relèverait de la compétence de la philosophie* ».

Me voici averti. La voie d'approche de dieu par les seules ressources de la réflexion rationnelle et de la connaissance philosophique m'est désormais une voie fermée. Mais cette incompétence reconnue à la philosophie, comme entreprise capable à elle seule de solutionner la question de dieu, ne signifie nullement, à mes yeux, qu'elle n'ait plus aucun rôle à jouer dans mon itinéraire de pensée : bien au contraire, resituée dans sa vocation propre et menée selon ses légitimes procédures, elle se révèle irremplaçable. Elle seule, à mes yeux, – on le constatera bientôt – est susceptible de répondre aux questions qui m'habitent depuis des années : quelle mode de rationalité peut s'accorder avec ma foi ? Celle-ci est-elle compatible avec les acquis fondamentaux de la raison moderne ? Les affirmations maîtresses de la foi sont-elles communicables, dans quel langage ? Oui, dans ma quête de vérité, raison et foi, loin de s'exclure l'une l'autre, s'appuient mutuellement, non sans conflits souvent. Les conditions faites aujourd'hui à toute affirmation de foi dessinent peut-être une nouvelle figure dans la longue histoire du couple foi-raison. Je vais essayer de dire comment.

« Le témoignage donne à croire »

S'il ne dispose plus des certitudes que procure la connaissance rationnelle, à quelle forme de connaissance mon cheminement peut-il désormais recourir ? La réponse n'est pas douteuse. Une accession à la foi ne peut plus avoir lieu qu'à partir de l'écoute de témoignages. C'est sur la connaissance par témoignage que ma foi s'est bâtie, et c'est donc de ses procédures propres qu'il m'appartient de mener une vérification.

Cette orientation, irremplaçable, reçoit d'ailleurs une solide caution offerte par chacun des philosophes dont je viens d'évoquer les démarches. C'est au *témoignage*, à son pouvoir dans une approche de l'absolu, à sa dimension « métaphysique » même, que Jean Nabert a consacré une grande partie des recherches qui ont été regroupées dans l'ouvrage posthume *Le désir de Dieu*. De son côté, le célèbre livre d'Henri Bergson *Les deux sources de la morale et de la religion* constitue un vigoureux plaidoyer en faveur du recours au témoignage, celui des personnalités héroïques ou religieuses, des grands saints et saintes, et plus encore des grands mystiques : seuls leur contribution et plus encore leur exemple peuvent, aux humains que nous sommes, donner un accès au divin. Quant à Paul Ricœur, non seulement il a mené plusieurs études philosophiques directement consacrées au témoignage, mais il n'est pas exagéré d'affirmer que les concepts de témoignage, d'attestation, d'écoute constituent à ses yeux des éléments clés de toute identité personnelle ou collective, de sa philosophie herméneutique, particulièrement de son herméneutique biblique, et finalement de son éthique philosophique tout entière.

Ainsi, c'est en m'appuyant sur ces précieux modèles que je peux entamer l'étape présente de mon cheminement. En écho à la belle formule kantienne « *le symbole donne à penser* » qui a « enchanté » Ricœur jusqu'à constituer une maxime de ses recherches, je proposerais volontiers ici un adage neuf : « le témoignage donne à croire ».

Mais quel témoignage ? Les témoins dignes d'être écoutés et pertinents dans ma quête sont nombreux, je puis bien reconnaître que plusieurs d'entre eux m'ont été et continuent de m'être secourables. Cependant, la multiplicité des témoignages se présentant comme relatifs à une approche de dieu suscite une interrogation : leur validation requiert la mise en œuvre d'une critériologie spécifique. Mais je manquerais de franchise si je prétendais que, tel que je suis aujourd'hui, je les range tous sur la même ligne. L'un d'entre eux occupe à mes yeux un rang unique : c'est Jésus, le Nazaréen. Je vais dire pourquoi. Cette préférence ne signifie d'ailleurs nullement qu'elle éclipserait ou invaliderait tous les autres, bien au contraire, j'y reviendrai en finissant.

Pour recevoir le témoignage porté par Jésus, je dois donc interroger le souvenir que son existence parmi nous nous a laissé. Et moi comme chacun, nous le pouvons, car les récits de sa vie, de ses actes, de ses paroles, accessibles à tous, sont adressés à tous, comme le sont ceux de tout autre personnage historique. Ils ne sont nullement réservés à ceux qui leur reconnaîtraient un rôle plus ou moins déterminant dans leur venue à la foi : ils sont proposés à l'écoute et à la compréhension de chacun. Pour expliquer mon propre chemin de pensée, il me faut commencer par dire comment je considère le personnage de Jésus. Dans un premier temps, pour le comprendre, je l'observe avec ce simple regard d'homme qui me situe dans la condition commune à tous. C'est seulement dans un second temps que je tenterai de confesser ce que je crois discerner en lui avec un autre regard, avec les yeux de ma foi.

Jésus, à hauteur d'homme, « dans les limites de la raison »

Comme pour tout personnage historique, Jésus le Nazaréen ne peut être approché sans précautions critiques. Je ne puis ici me dispenser d'en évoquer brièvement quelques-unes. Certes, la réalité historique d'un rabbi juif (prédicateur ? prophète ? réformateur ? agitateur social ? ...) nommé Jésus, au tout début de notre ère, ne fait plus sérieusement de doute : Jésus est aujourd'hui un personnage historique solidement attesté. Cependant, si l'on peut acquérir quelques données assurées de sa vie, si on peut reconstituer sous garantie critique plusieurs épisodes de sa brève carrière, et nombre de ses enseignements, on n'oubliera jamais de se souvenir que Jésus n'a rien écrit. L'essentiel de ce que l'on peut connaître, ou au moins conjecturer avec assurance à son sujet, sur sa personne, sur sa pensée nous a été transmis par un petit nombre de ceux qui ont partagé les trois années de sa pérégrination : essentiellement les quatre évangiles, auxquels on doit ajouter diverses épitres de Paul et quelques témoignages issus des communautés qui se sont réclamées de lui très vite après sa disparition. Plus important encore : comment lire ces textes ? Ils ne doivent surtout pas être lus et compris comme des chroniques ou des reportages animés d'un souci de données factuelles et d'exactitude historique ou textuelle. Ils veulent d'abord livrer la mémoire brûlante que leurs auteurs ont gardée de sa rencontre, de l'expérience exceptionnelle pour eux que furent le partage de sa vie, l'empreinte ineffaçable qu'il a gravée au fond de leur cœur, le désastre de sa mise à mort, finalement l'obéissance à la mission qu'il leur a confiée : porter autour d'eux, et aussi loin qu'ils le pourront, l'attestation de ce qu'ils ont vu, entendu et cru à son contact. Ces témoignages, divers, pas complètement coordonnables d'ailleurs, m'offrent cependant un portrait très distinct du Nazaréen.

Jésus est né juif dans une famille juive de Galilée, il a vécu son existence entière dans la société juive. Il s'est compris lui-même comme un réformateur, comme un fédérateur d'Israël dans la perspective de l'advenue imminente du Royaume, ce Règne de Dieu qui était attendu par tous ses contemporains. C'est naturellement au travers des traditions de son temps que le Nazaréen se forme, qu'il comprend peu à peu sa vocation et va conduire son action. Il se trouve au carrefour de deux grandes traditions juives : la tradition pharisienne (« il leur expliqua par la Loi et les Prophètes et les Psaumes ... »), mais aussi la tradition baptiste et apocalyptique du Jourdain, d'abord représentée par Jean le Baptiste. La signification de Jésus doit être passée au crible des influences diverses qu'il a reçues pour comprendre quelle est la part d'innovation et de singularité de son message et de ses actes, car c'est dans le cadre culturel, politique et religieux, des débats internes du judaïsme de son temps qu'il va jouer son destin et trouver sa mort. Je ne dirai jamais assez ma reconnaissance au peuple juif de son époque qui a su faire émerger et s'épanouir une personnalité comme celle de Jésus.

Depuis de longues années, je regarde Jésus vivre. Au cours des événements qu'il traverse sur sa route, je le regarde agir, ou réagir. J'écoute ses paroles, ses colères, ses accueils, je cherche à les comprendre. Quelle attitude intérieure oriente son existence ? Qu'est-ce qui détermine ses choix, ses refus ? Quel esprit l'habite ?

Il me semble que l'esprit de Jésus se caractérise d'abord par une totale droiture de cœur, par une grande lucidité vis-à-vis des préjugés de son temps, par une impitoyable dénonciation des hypocrisies et des faux-semblants, où qu'elles se manifestent, mais sans mépris des personnes. Il montre une liberté intérieure sans mesure. Ce qu'il dit et ce qu'il fait laisse deviner une attitude faite d'authenticité et d'intégrité, éloignée de toute recherche de domination et de pouvoir. On chercherait en vain un écart entre son style de vie et son enseignement. Bien sûr il n'est pas le seul à montrer de telles dispositions, mais il me semble que Jésus les possède à un degré éminent.

L'esprit de Jésus se marque, plus encore peut-être, dans son attitude vis-à-vis d'autrui. Doué, semble-t-il, d'une grande empathie, il ne cesse d'accueillir celles et ceux qu'il croise sur sa route, il guérit les malades, il relève chacun et le rétablit dans sa dignité, il appelle chacun à rejoindre le meilleur de lui-même. Il n'a de cesse de réintégrer dans leur milieu les victimes de discrimination. Il montre nettement ses préférences : les personnes méprisées, les marginalisées, les exclues, les exploitées, les disqualifiées. Il se montre intransigeant dans sa dénonciation des préjugés qui excluent, des pratiques qui aliènent, des structures sociales ou religieuses qui oppriment. Mais il se refuse toujours à écraser ses adversaires, à prendre sa revanche, à haïr. Pas de doute : Jésus prend place parmi les non-violents redresseurs de torts et passionnés de justice.

L'esprit qui anime Jésus lui donne une étonnante force de caractère. Il ne se dérobera jamais aux appels qui le sollicitent sur son chemin, quels que soient les vives critiques, les qu'en-dira-t-on, les calomnies que vont finir par soulever ses enseignements ou son comportement. Cet engagement, à ses risques et périls, fera l'objet d'une résolution sans limite. Sa fidélité absolue à ce qu'il pense être sa mission va mettre rapidement un terme à son aventure. Il veut réformer une religion qu'il juge pharisaïque, discriminante, infidèle à ses origines : et voici qu'il heurte les tenants du pouvoir religieux et les responsables du culte, il dérange les autorités politiques, juive et romaine. Inflexible dans son témoignage, Jésus sera mis à mort, dans l'infamie de la crucifixion. Il inscrit son nom parmi ceux qui choisissent de donner librement leur vie pour témoigner de leur foi.

Un dernier trait marque l'esprit du Galiléen. C'est le plus décisif peut-être, car il va marquer une inflexion dans la portée de mon rapport à lui. L'esprit qui anime Jésus dans la totalité de son existence, dans sa vie intérieure, dans sa vie relationnelle avec ses compagnons, dans sa prédication aux foules qui le suivent, dans le sens qu'il reconnaît peu à peu à sa mission, – il le réfère incessamment à une réalité intime qu'il porte en la profondeur de sa conscience et à laquelle il donne un nom : « Père ». Impossible, me semble-t-il, de comprendre quoi que ce soit de Jésus sans prendre en compte cette Source à laquelle Jésus alimente absolument la totalité de son être et de son agir. Quelle signification dois-je accorder à cette dépendance souveraine de Jésus à celui qu'il nomme (son) Père ? Il y a plus encore : Jésus donne à son enseignement l'autorité reconnue, par lui-même et par ceux qui l'entourent, aux prophètes qui ont parlé au nom de Dieu (« *on vous a dit..., et moi je vous dis...* ») ; il s'attribue lui-même le pouvoir, proprement divin, de remettre les péchés. Comment puis-je accueillir cette exorbitante prétention ? Quel crédit puis-je faire à cette promesse de Jésus, historiquement bien attestée, celle d'un Royaume d'amour, de justice, de paix, au-delà de nos existences terrestres, avec Dieu, en Dieu ?

Jésus a-t-il cru en Dieu ?

Il ne fait aucun doute que Jésus était un juif croyant. Aucun doute qu'en parlant de son « Père » à ses disciples, Jésus par ce nom désignait « *Yahvé* », le Dieu de la foi juive, ce Dieu que celle-ci confessait être l'Acteur immémorial de toute son histoire. Dieu des origines, Celui qui s'annonce à Abraham comme Parlant, comme Locuteur, susceptible de commander et de promettre. Dieu qui montre sa puissance en délivrant son peuple de l'esclavage d'Égypte et le conduit en Terre promise. Dieu qui se révèle à Moïse comme Interlocuteur en livrant son imprononçable Nom pour qu'on puisse l'invoquer : désormais, l'innommable devient l'invocable. Dieu qui ouvre ainsi une alliance, donne sa Loi et ne cessera plus d'accompagner son peuple, en dépit de ses régulières infidélités, le rappelant à l'ordre par les prophètes et l'instruisant avec les écrits de sagesse. Dieu de qui et à qui le croyant peut à bon droit, comme Job, se plaindre. Dieu que le juif prie avec les psaumes. Oui, Jésus croyait en « *Yah*vé » : il n'a jamais manqué d'inscrire sa mission au cœur de cette histoire, et d'éclairer tous ses actes par des références littérales aux livres bibliques qui racontent cette histoire et la méditent inlassablement.

Cette foi qu'il mettait dans le Dieu d'Israël, et qu'il nommait son Père, Jésus, bien entendu, ne pouvait pas ne pas l'affirmer enracinée au sein de la tradition de son peuple, dans les termes de la confession de foi de son temps, et donc coulée dans les représentations religieuses de la culture au sein de laquelle il vivait, même s'il s'est efforcé de proposer une figure profondément renouvelée de ce Dieu. Sa foi, il ne pouvait pas la vivre en dehors des coutumes et des mœurs collectives et religieuses de son temps, même s'il s'est efforcé de réformer la manière dont cette foi renouvelée devait être vécue dans le tissu des pratiques quotidiennes. Ce conditionnement historique, auquel nul humain n'échappe jamais, m'a longtemps suscité difficulté : le Dieu de Jésus n'était-il pas, lui aussi, frappé et atteint par les critiques, déjà évoquées, que notre modernité adresse à toute représentation religieuse en proclamant la « mort » de Dieu, critiques que je veux entendre sans tricher ?

Je réponds aujourd'hui qu'en effet, certaines naïvetés d'autrefois ne sont plus de mise. Une compréhension de Jésus, même « à hauteur d'homme » comme celle que je développe présentement, réclame des discernements appropriés. Nous devons apprendre à distinguer, très nettement, les représentations que Jésus pouvait avoir de son Dieu, ainsi que le langage dans lequel elles s'exprimaient, relatives à son contexte culturel et religieux, d'avec le mouvement foncier de sa foi personnelle, avec la confiance inconditionnelle qu'il plaçait dans Celui qu'il nommait son Père, faite d'étonnante familiarité, d'assurance, de disponibilité. Je sais que cette attitude de Jésus s'offre à plusieurs lectures, y compris celles, les plus décapantes, que lui adressent certaines interprétations psychanalytiques. Je revendique cependant la liberté que m'offre la pluralité des lectures, ouverte par le conflit des interprétations.

En tout cas, j'affirme que cet exercice – celui de la raison critique – qui consiste à distinguer chez Jésus le foyer de ses convictions croyantes relatives au rapport qu'il entretenait avec son Dieu d'avec les représentations culturelles et religieuses dont il héritait et auxquelles il ne pouvait pas se soustraire, est un exercice crucial, décisif dans toute démarche soucieuse d'approcher aujourd'hui un personnage historique comme Jésus. C'est celui des historiens ou des auteurs contemporains, nombreux, comme John P. Meier ou James D. Tabor, qui s'efforcent de conduire une analyse critique de toutes les ressources disponibles, témoignages, traces, afin de dresser, au-delà d'une inatteignable biographie de Jésus, un portrait compréhensible le plus précis et factuel de son personnage.

« Et vous, qui dites-vous que je suis ? » (Mt 16, 15)

Au demeurant, ce discernement critique se révèle riche de perspectives ultérieures. C'est lui qui ouvre la voie à quelque réappropriation de la figure du Jésus historique que chacun, qu'il soit croyant ou non, peut, s'il s'en sent l'appel, effectuer de Jésus, au simple titre d'un modèle attachant parmi d'autres ou comme un exemple d'humanité accomplie. Il me semble que le portrait du Galiléen, que j'ai esquissé ci-dessus, ne peut manquer de poser, à ceux qui en ont pris honnêtement connaissance, une question difficile à éluder, comme le notait Blondel. Cette question, Jésus lui-même l'a posée à ses compagnons : « Et vous, qui dites-vous que je suis ? ».

À cette question, j'ai depuis longtemps entendu autour de moi diverses réponses, d'implications différentes. Il y a d'abord ceux qui sont, un moment, plus ou moins impressionnés par la personnalité ou l'enseignement de Jésus, voire son destin, mais sans que cela retienne ultérieurement leur intérêt. D'autres vont un peu plus loin : ils insistent sur la signification qu'ils attachent à une histoire exemplaire. Jésus est un sage, un homme spirituel qui propose, parmi bien d'autres, un modèle de vie et même une vision du monde, mais ils jugent que son monde et son mode de vie sont trop éloignés de nous pour les concerner véritablement. Certains, encore, diront, avec Kant, que Jésus incarne LE modèle de « l'homme parfait agréable à Dieu qui donne sa vie pour les autres », tel que le dessine la philosophie critique, ou rapprocheront la figure de Jésus de celle de Socrate, soulignant que tous deux n'ont rien écrit (comme le Bouddha d'ailleurs), tous deux meurent innocents, tous deux vont vers une mort libre et volontaire alors qu'ils pourraient y échapper. D'autres encore sont convaincus que Jésus continue d'exercer une influence significative dans l'un ou l'autre des registres de l'existence : par exemple, sa trace est manifeste dans la confirmation de valeurs morales essentielles à la vie personnelle et sociale, dans l'affirmation d'une forme de spiritualité présente au cœur de chacun, ou encore comme fournissant inspirations, sujets ou motifs dans toutes les formes de la création artistique passée ou contemporaine : musique, peinture, sculpture, poésie...

Beaucoup de ces lectures, de ces interprétations m'intéressent, plusieurs ont apporté leur concours à la formation de mon imaginaire, enrichissent mon regard sur Jésus et m'offrent des occasions ou des thèmes d'échanges précieux avec ceux qui m'entourent. Et pourtant je dois dire, nettement, qu'elles passent largement à côté de la signification que j'accorde à la personne de Jésus. Pour moi et en moi, le Nazaréen est tout autre que les figures qui viennent d'être évoquées. À la question « Et toi, qui dis-tu que je suis ? », je fais mienne une réponse très différente qu'il me faut dire.

Une expérience surprenante

Dans le paragraphe « Jésus à hauteur d'homme », j'ai tracé une esquisse de ce que l'on peut dire raisonnablement de Jésus au terme d'une lecture réfléchie ou critique des témoignages que nous ont laissés quelques-uns de ceux qui l'ont accompagné, principalement les auteurs des quatre évangiles ; je l'ai tracée en relevant les quatre traits majeurs qui me semblent caractériser l'*esprit* de Jésus. Je dois maintenant avouer à quel point une telle lecture est loin de me laisser intact. Il se trouve qu'elle m'introduit dans une expérience suffisamment singulière et forte pour que je me sente obligé de l'interroger et de l'analyser dans une démarche réflexive. Devant le modèle d'humanité que m'offre la personne de Jésus, j'éprouve un trouble profond, difficile à qualifier, que je peux dire de l'ordre du vertige ou du moins de l'ébranlement, qui n'est peut-être pas sans parenté très assourdie avec le terrassement de Paul de Tarse ou la nuit mystique de Pascal. Dominent d'abord les sentiments négatifs : au-delà de la conscience de ma finitude qui m'est un peu familière grâce aux philosophes qui m'ont aidé à la percevoir, c'est la médiocrité, la banalité, l'insignifiance de mon existence qui se manifestent à moi. Plus profond encore, je me surprends, par comparaison avec Jésus, à prendre une conscience douloureuse des tendances mauvaises, des inclinations malfaisantes qui m'habitent et qui viennent si souvent dévoyer ma pensée ou pervertir mes actes. En présence de Jésus, de son procès et de sa mise à mort, j'aperçois obscurément la radicalité du mal, jusqu'en ses confins injustifiables. Je perdrais vite cœur si ne venait aussitôt à mon aide un double recours de pensée. D'abord l'enseignement d'Éric Weil qui m'a fait définitivement comprendre que « *le non-sens ne peut apparaître que sur l'horizon du sens* ». Ensuite, les leçons si précieuses de Jean Nabert, m'expliquant que l'analyse réflexive des sentiments d'erreur, de faute, de « péché », d'égoïsme est susceptible de conduire à la certitude d'une « affirmation originaire » que plus rien ne saurait ébranler, même si sa volatilité nécessite toujours une vérification que seul peut procurer l'agir éthique. Dès lors, la toxicité des sentiments négatifs que j'avais commencé par ressentir peut changer de sens. L'expérience d'ébranlement que la rencontre de la personne de Jésus a fait naître en moi m'amène à la découverte d'une sorte de ressource nouvelle désormais présente au fond de mon être, toujours celée mais toujours disponible, capable de faire sens et de transformer peu à peu la conscience que j'ai de moi-même, d'autrui, de mon monde. J'emprunte ici à Nabert une citation qui déploie cette transformation, mieux que je ne saurais le dire moi-même :

> « *C'est l'expérience d'une vie qui n'est plus concentrique au moi et qui frappe d'irréalité maintes données dont la conscience se croyait solidaire ; c'est la profondeur accrue de notre attachement aux êtres, corrélatif de je ne sais quel renoncement à tout ce qui concerne les intérêts du moi propre ; c'est un accroissement de notre attachement à la densité du temps historique ; c'est un sentiment de confiance doublé d'une sorte*

d'indifférence au succès. C'est le sentiment d'une régénération qui n'annule point tant notre passé qu'elle ne le dépouille ».

Pour ma part, il m'arrive de donner le nom de Voix à cette ressource originaire. C'est une sorte de parole intime, qui se fait entendre dans le silence ou qui s'impose parfois avec insistance et d'une manière récurrente. Lorsqu'il m'arrive d'y faire attention, elle me fait éprouver un dépassement, une sorte de saut, que j'oserais qualifier de transcendance, à la condition expresse que l'on n'y attache aucun surpassement de l'ordre simplement humain, et qui demeure donc accessible à chacun, qu'il soit agnostique, athée, indifférent ou croyant.

Je crois bien que la fréquentation de la figure de Jésus – comme celle de tout autre authentique maître de sagesse ou de spiritualité – est susceptible d'amener chacun, à condition qu'il n'y fasse pas obstacle, à faire une expérience de ce genre et à entendre une voix intérieure lui intimer quelque aspiration, quelque invitation.

Que signifie une expérience aussi intime ?

Pour ma propre part, je ne peux manquer de m'interroger sur cette expérience et sur la ressource qu'elle suscite en moi. Elles me semblent comporter divers traits. D'abord, je ne puis pas la récuser ou l'ignorer en arguant du fait qu'elle se ferait présente en chacun et qu'elle constituerait un lot commun de l'humaine condition : pour moi, sa réalité est mienne, totalement mienne. Ensuite, elle occupe si bien le fond de ma conscience qu'elle tend à se confondre avec elle. Elle participe ainsi à la constitution du sujet unique que je suis : elle concourt à la position de soi par soi qui est le premier caractère de toute subjectivité. Mais je sais aussi que c'est de cette Voix, et pas d'ailleurs, qu'émane l'appel que je m'adresse à moi-même. Voici que je me trouve inexorablement confronté à un paradoxe très déconcertant : en même temps que j'affirme cette ressource au foyer de ma conscience-de-moi-même jusqu'à devenir indiscernable de celle-ci, je vois bien que je n'en suis pas l'origine et que sa provenance m'échappe. L'affirmation que cette donation est la source de ma conscience de moi est une affirmation qui est mienne et qui pourtant n'est pas de moi. Elle ne peut pas être, elle n'est pas le fait de ma conscience, puisqu'elle la constitue. À travers ce que je découvre ainsi au fond de ma propre subjectivité, et qui me constitue responsable de moi-même, je découvre que je n'existe pour moi que par un acte qui n'est pas de moi bien qu'il ne puisse s'accomplir qu'en moi[2].

Je me souviens alors que, seize siècles avant moi, saint Augustin dans ses *Confessions* avait tenté d'exprimer ce qu'il avait expérimenté en lui-même, vécu lui-même, dans sa célèbre affirmation : « Mais, Toi, Tu étais plus intime que l'intime de moi-même et plus élevé que les cimes de moi-même »[3]. Ce faisant, Augustin sans hésiter donnait un *nom* à ce TOI dont il éprouvait la présence au cœur de l'intime de lui-même, pratiquant ainsi une interprétation *théo*-logique à ce que j'essaie, ici, de constituer philosophiquement, avec les seules ressources que m'offre la pensée réflexive, la raison accessible à tous, et en prenant le plus grand soin de ne pas dépasser encore ce que cette raison se reconnaît le droit d'affirmer.

Cette expérience, toute rationnelle qu'elle soit, reste pour une part énigmatique, je dois bien l'avouer. Elle n'en comporte pas moins immédiatement des implications cruciales. Ma conscience-de-moi n'est plus un absolu, elle n'est pas à l'origine d'elle-même. Je ne suis pas l'origine du sens. Voici averti l'ami de la sagesse : la philosophie, qui commence par elle-même, par une décision qui lui est propre et lui appartient, est précédée par autre chose qu'elle-même, n'en déplaise à Descartes. Elle ne peut pas assumer la question de l'origine, donc de la fondation ultime. Je suis originairement précédé. Je sais que ma vie a été précédée par d'autres vies, que ma parole, aussi originale et innovante qu'elle soit, a été précédée par d'autres paroles, que la loi morale a été précédée par les enseignements immémoriaux de sagesse, que toute œuvre d'art, dans sa forme, a été précédée par d'autres formes esthétiques, etc. Ma foi, si j'en pose l'acte, sera précédée par d'autres fois.

---

2. Il est permis de voir dans l'enfantement une métaphore – imparfaite – de ce déconcertant paradoxe. Avec un enfant qui grandit en elle et qui va commencer à gigoter, la femme a le sentiment de porter quelque chose qui lui est profondément intime, au tréfonds de ses entrailles, dans la chair de sa chair. Mais elle sent, elle sait, que cet être en elle, dans le même temps, est radicalement « autre » ; le sentiment de la présence forte d'une « altérité » et même d'une altérité secrète qui vous « envahit », même si elle l'accueille en sachant que ce sera un don et une grâce. Une altérité reçue comme un don, pas comme un viol. Dans ce paradoxe, je perçois obscurément une sorte de métaphore de l'immanence/transcendante de Dieu. Il se fait présent au plus intime de notre vie, de notre conscience, mais il demeure conjointement l'altérité absolue. Sa transcendance. C'est peut-être là le cœur de la vie spirituelle.

3. « *Tu autem eras interior intimo meo et superior summo meo* » *Confessions* (III, 6, 11).

Les compétences de la réflexion philosophique s'achèvent ici

Pour moi, finalement, c'est une bonne nouvelle. Cela signifie qu'au terme de mon parcours de pensée, pratiqué de part en part avec les seules procédures que m'offre la réflexion philosophique, je débouche non pas sur une clôture, une impasse, mais bien sur une ouverture, sur un au-delà ou un en deçà de la pensée rationnelle livrée aux seules ressources dont elle se reconnaît elle-même pourvue aujourd'hui, comme je l'indiquais en commençant. Un en deçà ou un au-delà qui n'est rien d'autre qu'une possibilité ouverte, une liberté offerte à qui veut la saisir. Pour moi, je m'en saisis, car c'est la possibilité d'engager la dernière étape de mon parcours. Une étape que certains diront religieuse, continuant d'exploiter les ressources de la connaissance par témoignage, et qui se trouve dès lors constituer non pas une démarche irrationnelle, qui serait menée sans raison ou même contre la raison, mais simplement au-delà d'elle, quoique non soustraite pour autant à son légitime contrôle.

On l'aura compris, mon parcours de pensée achoppe ici à un non-savoir. Car il y a une dernière question que je n'ai pas encore posée et qu'il me faut bien poser. La ressource originaire, que j'appelle parfois la Voix, d'où vient-elle ? Quelle est sa provenance ? Qu'est-elle ou qui est-elle ? Je dois répondre que je ne le *sais* pas. Que je ne puis pas le *savoir*. D'où provient la conscience morale, porteuse de l'injonction éthique ? D'où provient la conscience religieuse, faisant entendre l'appel à croire ? Depuis longtemps, de nombreux philosophes s'interrogent à son sujet. Ils l'ont le plus souvent approchée à travers une métaphore : ils parlent eux aussi de la *voix* de la conscience. L'un des derniers d'entre eux à s'interroger en ces termes avec vigueur est Heidegger, dans un chapitre célèbre d'*Être et temps*. E. Levinas, lui, soutient qu'autrui est le chemin obligé de l'injonction éthique, mais qui, en fin de compte, est autrui ? La diversité de leurs réponses cache mal leur ignorance. Oui, la conscience morale est comme une voix qui me parle. Mais en tant que philosophe, je suis, comme Ricœur à la fin de *Soi-même comme un autre*, incapable de dire d'où elle vient. Est-ce la voix de mes ancêtres qui veillent sur moi des lointains de l'histoire ? Est-ce la voix de la sagesse des peuples qui m'avertit afin que nous ayons un avenir ? Est-ce, comme le pensait Heidegger, la voix de moi-même qui me parle à moi-même du fond de moi-même ? Est-ce une place vide ? Est-ce la voix d'un dieu mort qui nous aurait laissé, après sa mort, un testament intouchable auquel nous n'aurions qu'à obéir ? Serait-ce la voix d'un Dieu Vivant qui nous accompagnerait tout au long de notre histoire ?

« Et toi, qui dis-tu que je suis ? »

En ce point précis de mon parcours de pensée, je suis amené à poser librement un acte d'une nature différente de tous ceux que j'ai posés jusqu'ici au long de mon cheminement. Pourquoi ?

J'ai fortement souligné un peu plus haut que la figure de Jésus proposée à chacun, depuis des siècles, comme le sont bien d'autres figures religieuses, d'autres personnages de sagesse ou de spiritualité, avait donné lieu à un large spectre de lectures ou d'appropriations. J'ai omis de signaler qu'une longue tradition, qui remonte au Jésus historique lui-même, a proposé et propose toujours une interprétation, une lecture qu'il faut comprendre comme une chaîne ininterrompue de témoignages. En premier, Jésus s'est présenté lui-même comme *Témoin* original et inégalable de celui qu'il a nommé Père et qu'il a reçu mission de nous faire connaître afin que nous puissions, de manière nouvelle, l'invoquer à notre tour. Ceux qui l'ont accompagné pendant sa courte vie publique se sont à leur tour compris et librement institués comme *témoins* de ce Jésus, et plusieurs d'entre eux, en écrivant les évangiles ou des épitres, ou en y laissant leur vie, ont voulu, non pas écrire quelque espèce de biographie, mais livrer un témoignage de leur foi, laquelle est une interprétation de la geste singulière et quelque peu insondable de ce Jésus qu'ils avaient côtoyé et en lequel ils avaient mis leur confiance. Cette interprétation est le fruit d'une relecture de l'existence de Jésus après sa mort, relecture qui est surtout le fait de Paul, puis de Jean, mais déjà discernable dans chacun des évangiles synoptiques : du vivant de Jésus déjà, ils avaient tous commencé de comprendre qu'en annonçant que le Royaume attendu était maintenant commencé dans sa parole, ses gestes, sa personne même, Jésus manifestait clairement qu'il était plus qu'un prophète ; portée après son départ, la proclamation apostolique selon laquelle Dieu-Père a « ressuscité » Jésus, transmet l'assurance, la garantie donnée par Dieu lui-même qu'est vrai et fidèle le témoignage que Jésus lui a rendu. Pour le dire d'un mot, dans le « Jésus de l'Histoire », ils ont reconnu la révélation même de ce Dieu-Père à laquelle la vie et la mort de leur maître leur avait donné accès. Sans eux et sans ceux qui les ont suivis et imités, Jésus et son témoignage seraient tombés dans l'oubli. Cette chaîne de témoins constitue un immense fait socio-historique qui a commencé de prendre corps il y a vingt siècles. En même temps que d'autres traditions de pensée, de philosophie, de sagesse ou de spiritualité qui se proposent à moi, elle fait partie de ce monde culturel qui me « précède ». C'est cette chaîne de témoins qui est arrivée jusqu'à moi.

Ils me posent une question, la question à laquelle seule une réponse positive peut me constituer croyant : Et toi, te sens-tu appelé à ton tour, librement, à faire tienne notre tradition d'interprétation ? Te sens-tu appelé, comme nous, à faire confiance à ce Jésus que nous t'avons fait connaître et à le suivre, à croire à la bienveillance de ce Dieu-Père dont nous ne savons rien d'autre que ce que Jésus nous en a montré, à reconnaître dans l'esprit de Jésus dont tu as discerné les traits, le don de l'Esprit que celui-ci a promis de nous donner et qui réalise présentement en nous la communion avec Dieu ?

Un dernier obstacle à l'acte de foi chrétienne s'est longtemps dressé devant moi. Une croyance au Dieu-Père tel que nous l'a révélé Jésus ne m'oblige-t-elle pas à faire de Jésus un témoin incomparable, unique, et donc exclusif de tous les autres témoignages rendus au divin que j'ai rencontrés et entendus au cours de ma vie, et même de ceux qui pourraient se proposer à moi dans mon avenir ? La foi chrétienne m'isole-t-elle de toutes les autres religions, de toutes les convictions ultimes de ceux qui m'entourent ? J'ai souligné que, face à la pluralité des témoignages rendus à dieu, il appartenait à chacun de procéder à un discernement mettant en œuvre une critériologie du divin, afin de dénoncer les idoles qui se dissimulent si souvent sous les apparences de quelque absolu. Il n'est pas douteux que le philosophe n'est pas en mesure de dépasser le caractère provisoire, relatif, de tout discernement sélectif dans cette diversité des témoignages, et de parvenir à quelque certitude d'être en présence de la Vérité. Et cependant, dans sa réflexion philosophique sur la portée du témoignage et sur l'éventuelle unicité d'un Témoin, J. Nabert a osé faire un petit pas de plus :

> « *Ainsi, [...] en rassemblant sous une même idée des moments de l'expérience humaine qui sont autant de formes du divin, la réflexion progresse en quelque manière vers Dieu. Qu'une conscience choisisse un hors-la-loi qui l'a particulièrement frappé, et s'y arrête, il symbolise tous les autres, il conduit à un Dieu qui n'est pas l'être universel et absolu de la théologie traditionnelle. Une sorte de personnalisation de l'absolu devient possible.* »

En est-il de même pour le croyant ? La confiance faite à Dieu-Père dans la foi chrétienne implique-t-elle de faire de Jésus l'unique Témoin et de rejeter absolument toute autre révélation ? Il m'a fallu comprendre peu à peu que, loin de limiter et circonscrire la signification de ce que je me hasarde à nommer Dieu, notre Dieu, le témoignage de Jésus-Christ, d'une certaine manière, en augmente encore l'énigme, le mystère. C'est là, à mes yeux, l'une des expressions les plus centrales du paradoxe chrétien. Comment cela ? Le paradoxe consiste en ce que Dieu-Père devient d'autant plus Autre, à la fois insaisissable et invocable, qu'il est signifié de la façon où Jésus en témoigne et le signifie. C'est l'apôtre Paul qui a su le dire peut-être le mieux dans son *Épitre aux Philippiens* : en Christ, Dieu s'est anéanti, s'est comme vidé de lui-même (le grec parle de *kénose*), de sa toute-puissance, de tous les attributs de domination, de despotisme, de violence dont les humains ne cessent de le charger. En instaurant au cœur du signifiant Dieu ce symbolisme de la kénose, Paul, de manière totale et irréversible, ne destitue pas seulement toute prétention autoritaire d'aucune puissance ecclésiastique et, du même coup, toute revendication de légitimation religieuse de la puissance publique et de monopole des normes morales. Je pense qu'il faut aller plus loin encore : sur le fondement de la foi en ce Dieu-là, je dois confesser que s'il s'est révélé inauguralement dans toute l'histoire juive avec Abraham puis Moïse, et de manière plénière dans la Geste de Jésus, il se révèle encore ailleurs, selon sa libre altérité, sous des modalités inattendues, radicalement déconcertantes. Dans toute rencontre avec autrui, je suis, comme croyant chrétien, invité à une attitude d'humilité, d'abaissement, éloignée de toute superbe, de toute prétention à détenir la vérité, afin de me tenir prêt à reconnaître et à accueillir la moindre expression de sa manifestation. Les livres de la Bible nous en ont instruits : l'Ancien Testament contient aussi le livre des Proverbes, celui de l'Ecclésiaste (Qohélet), dans lesquels Dieu-Yahvé n'apparaît jamais comme tel, sinon sous la guise d'une figure presque personnalisée, la *Sagesse*. Le Nouveau Testament est plus explicite encore au chapitre 25 de Matthieu : « Seigneur, quand nous est-il arrivé de te voir affamé et de te nourrir, assoiffé et de te désaltérer, étranger et de t'accueillir, prisonnier ou malade et de venir te voir... ? – En vérité, je vous le dis, c'est à moi que vous l'avez fait... ».

Je comprends donc ma foi comme une démarche intérieure simple en elle-même, mais qui est riche de plusieurs composantes. En son foyer : la confiance que j'accorde à Jésus, en dépit de larges pans d'obscurités qui subsistent en moi concernant sa personne et sa mission. Le Dieu de ma foi demeure au-delà de toute représentation : sans pouvoir savoir qui il est, je puis l'invoquer comme un Tu qui me parle, puisque Jésus, par ses actes, ses paroles, le don de lui-même, nous a manifesté qu'il est, inconcevablement, miséricorde, bonté, don, amour. Ma foi enveloppe ensuite mon appartenance à la grande communauté des croyants, inaugurée et signifiée par mon baptême, reçu dans mon enfance mais ratifié par un choix continu renouvelé chaque année. Elle m'incline à la célébration du Repas du Seigneur, geste symbolique de mémoire et de partage enjoint par Jésus lui-même, dans lequel est signifiée et réalisée la communion avec lui et la continuation de l'œuvre de Dieu-Père. Je ne dissocie pas volontiers ma foi et mon espérance, si ce n'est selon le contenu qu'une longue tradition remontant au Nouveau Testament a discerné pour chacune de ces deux attitudes du cœur. Enfin ma foi me relance sans relâche dans un engagement de toute mon existence, de toutes mes pratiques, à la « suite » de Jésus dans l'Esprit qui fut le sien, en ressuscitant continûment l'expérience de cette source inspirante que je puis retrouver en moi, qui est moi sans être de moi, – mais à la condition expresse de me souvenir (Blondel, Nabert) que sa vérification ne peut être acquise que par l'action, par la pratique éthique telle que l'a menée Jésus en choisissant ses préférés : les sans-voix, les exclus, bref les pauvres.

J'exprime ma gratitude envers les trente personnalités citées dans les pages ci-dessus à l'égard desquels, à un titre ou un autre, je me reconnais une dette : Abraham, Moïse, Job, Qohélet, l'auteur des Psaumes, Jean-Baptiste, Marc, Luc, Matthieu, Paul, Jean, Pierre.

Le Bouddha, Aristote, Platon, Augustin, Thomas d'Aquin, Descartes, Pascal, Spinoza, Locke, Kant, Schleiermacher, Hegel, Nietzsche, Maine de Biran, Heidegger, Bergson, Blondel, E. Weil, J. Nabert, P. Ricœur.

14

Dieu sans superstition

James WOODY*

C'est curieux, chez les humains, ce besoin de faire des idoles. La Bible est constellée de récits de fabrication d'idoles et de leur destruction. Il y a les idoles en bois ou en or devant lesquelles on s'agenouille. Il y en a qui ne sont pas matérielles, mais qui ne sont pas moins dangereuses et qui ne nous font pas moins courber l'échine que les totems ou les veaux d'or.

Nous avons tendance à chercher ce qui nous rassure, ce qui nous permet de maîtriser notre vie, ce qui nous donne l'impression de contrôler l'avenir. Les idoles figent la vie dans un état définitif. Elles transforment les idées en idéologies, l'amour en morale, la foi en certitude. Dès lors, la foi n'est plus notre attachement à la vie qui ne cesse d'évoluer, mais un attachement à une image de la vie qui n'a déjà plus rien à voir avec la vie réelle. Si les rédacteurs bibliques combattent l'idolâtrie, c'est justement pour sauver la foi : la sauver de notre tendance à en faire une vérité définitive pour nous rassurer et nous donner l'illusion de maîtriser la vie.

C'est cela que j'avais en tête en suivant assidûment mes séances de catéchisme, en lisant et relisant les textes de la Bible qui étaient pour moi comme des enquêtes policières à mener pour trouver, sinon le coupable, du moins le mystère de la vie qui y était caché. Je nourrissais l'espoir que

---

* James Woody est pasteur de l'Église protestante unie de France au temple de Maguelone (Montpellier). Il a présidé l'Association protestante libérale et dirigé la publication de son mensuel *Évangile & liberté* ; il poursuit les dialogues entre la théologie et ce qui fait notre culture. Il est l'auteur de *Grains de sel* (Actes Sud), de *Vivre la liberté* (Cerf), de *La grâce pour tous* (La Baume Rousse).

la foi était une manière de maîtriser la vie, de contrôler le futur, qu'elle était le moyen d'avoir les super pouvoirs qui me permettraient d'avoir une vie tranquille.

Au fil des années, de mes études de théologie, de mes lectures, de mes rencontres surtout, j'ai découvert que la foi que la Bible révèle est bien autre chose. Les rédacteurs bibliques ont développé un art de vivre, d'être humain, qui ne se fonde pas sur la maîtrise de l'histoire, mais sur notre capacité à inventer ce qui nous permettra d'exister d'une manière fraternelle avec nos contemporains. C'est cette foi biblique qui m'a saisi et que j'aimerais explorer comme on découvre la vie sous un jour nouveau.

L'expérience du mal

Tout va bien jusqu'au jour où ça ne va plus si bien que cela. Chacun connaît son chemin de Damas, l'expérience qui nous retourne la tête – qui nous convertit – et qui nous fait ouvrir les yeux comme jamais sur la vie. Pour ma part, ce fut l'expérience du décès de ma grand-mère paternelle qui n'a pu être ranimée. Ce n'est pas l'expérience du cadavre, de la mort en tant qu'état, mais de l'être qui se défait de la vie, du corps qui refroidit, de la mort en tant que processus qui a été décisif. J'étais alors étudiant en théologie. Je me suis mis à la lecture de la Bible pour donner du sens à ce qui venait de se passer. Et je n'ai rien trouvé de satisfaisant. Je n'ai rien trouvé qui m'apaise, qui me permette de comprendre ce qui s'était passé, ce que je ressentais comme un malheur et une injustice. J'étais même infichu de penser la suite, l'après-mort, d'une manière acceptable pour moi. J'étais capable de faire le catalogue des réponses officielles qui étaient consignées dans les livres de la bibliothèque de la faculté de théologie ; j'étais incapable de formuler la moindre pensée dont je puisse dire sincèrement qu'elle était juste.

Dans son roman *La peste*, Albert Camus met en scène un ecclésiastique, l'abbé Paneloux, qui va être confronté à la mort d'un enfant qui n'avait rien fait de mal pour succomber à l'épidémie. C'est par cette expérience tragique que la justice de Dieu est repensée par ce professionnel de la foi qui fait face au malheur, à la souffrance. Quelle est la part de Dieu dans le mal et quelle est la part du mal dans notre histoire ? C'est à cela que je me suis confronté. C'est cela qui a été le point de départ d'une foi qui n'était plus un ânonnement irréfléchi de la religiosité ambiante, mais une adhésion personnelle à une vision de l'homme, de la vie, du monde, qui était non seulement crédible, mais qui avait ressuscité mon espérance et le goût de la vie. Le temps était venu de passer de la foi qu'il faut croire à la foi qui croit, passer d'une théologie dite orthodoxe à une théologie dite libérale.

Je suis régulièrement frappé que des personnes que je vais visiter alors qu'elles sont malades, parfois dans un état critique, me disent que leur douleur n'est rien comparée à ce que Jésus a enduré. Si je trouve juste que le Christ relativise bien des idées reçues, je regrette que le Christ soit utilisé pour masquer la réalité. Dans ce cas, il est regrettable que le Christ soit instrumentalisé pour minimiser la douleur, la souffrance, le malheur, qui ne sont jamais acceptables, pas même de manière infime.

Aux disciples qui lui demandent si la personne qu'ils croisent est née aveugle parce qu'elle a péché ou parce que ses parents ont péché (Jean 9), Jésus rétorque en n'adhérant pas à leur conception de la justice. Jésus ne se laisse pas coincer par un raisonnement qui se fonde sur une idéologie selon laquelle il y a toujours une faute à l'origine de notre souffrance : notre malheur serait alors le châtiment par lequel Dieu, ou ce qui dirige la marche de l'univers, nous punirait de ce que nous avons fait de mal. Jésus réplique que la foi en Dieu ne consiste pas à élaborer une justice pénale, mais à découvrir ce que Dieu nous permet de faire pour réagir à ce qui nous arrive, pour rendre notre vie infiniment plus vivable.

Pourquoi penser que la douleur pourrait faire partie d'un plan divin ? Pourquoi penser que le mal pourrait être rédempteur, autrement dit que le mal nous permettrait d'avoir une vie bonne et qu'il serait nécessaire pour devenir plus humain ?

J'entends que le mal aurait été voulu par Dieu lui-même. N'est-ce pas Dieu qui a puni Ève d'avoir consommé de l'arbre de la connaissance du bien et du mal, en faisant en sorte que les femmes accouchent dans la peine (Genèse 3, 16) ? Si nous prenons la Bible pour une norme à laquelle il faudrait se soumettre, dans ce cas, la douleur est une décision divine à laquelle nul ne peut se soustraire. Mais la Bible a été conçue dans une autre perspective : elle a été composée pour nous révéler ce qui n'est pas immédiatement perceptible, dans le but de nous préparer à ce qui peut arriver. Pour ce qui concerne Ève, Dieu est ce qui prévient la femme que c'est avec peine qu'elle accouchera. C'est en le sachant qu'il est possible de se préparer pour lutter aussi efficacement que possible contre la douleur, par exemple en bénéficiant d'une péridurale au bon moment. Quant à la phrase qui précède, elle est étrangement mal traduite la plupart du temps, puisque le verset de la Genèse fait dire à Dieu : je multiplierai ta peine et tes grossesses et non la peine de tes grossesses – la peine étant le mal qu'on se donne à faire quelque chose, c'est-à-dire le travail qu'on effectue.

Dieu favorise la multiplication des œuvres, de ce dont nous sommes féconds, ce qui ne se fait jamais sans peine, autant le savoir. Il n'y a pas d'improvisation musicale géniale sans des heures de travail au préalable. Il n'y a pas de création à couper le souffle sans de la recherche, sans des essais souvent infructueux et un patient travail de la pensée pour élaborer une œuvre.

Dans ce cas, il n'est plus question de mal. Le mal est supplanté par le désir d'engager la vie sur la voie d'un plus grand bonheur. C'est à cela que le Dieu de Jésus-Christ nous appelle ou, pour le dire dans des termes non religieux, c'est ce qui rend notre vie pleinement accomplie, pleinement humaine.

Face aux difficultés, quand nous sommes pris par l'affliction, nous découvrons que nos images traditionnelles, qui font de Dieu un justicier qui punirait par le moyen de maladies, de multiples souffrances infligées à ceux qui auraient mal agit, ne tiennent pas. Elles ne tiennent pas dans la mesure où tout châtiment est un mal supplémentaire, ce qui crée encore plus de désordre, d'une part, et parce que bien des malheurs surviennent sans raison, de manière absurde, comme c'était le cas pour l'enfant de *La peste*.

La vie et la mort

Il me semblait qu'être chrétien créait l'obligation de croire en la résurrection de la chair au sens d'une vie physique après la mort, une vie physique différente, mais une vie physique quand même, dans un lieu de l'univers préparé par Dieu. Pourtant la foi chrétienne est bien autre chose qu'un espoir qu'il y ait une vie après la mort, sans quoi ce serait une sorte d'assurance-vie acquise par le baptême.

Je remarquai que les rédacteurs bibliques n'ont pas manqué de dire la rupture que la mort provoque dans l'histoire d'une personne. Qohèleth (3, 20), d'une manière brutale, constate que tout le monde finit en poussière. L'évangéliste Luc (12, 16-21) indique que les biens matériels que nous amassons ne nous suivront pas dans la tombe. D'un autre côté, le même évangéliste fait dire à Jésus sur la croix qu'un des hommes crucifiés à ses côtés sera avec lui au paradis (24, 34). Et les textes abordant la résurrection font état d'une vie autre après la mort : Jésus apparaît à ses disciples à Pâques, l'apôtre Paul parle d'un corps spirituel qui vient du ciel (1 Corinthiens 15, 42).

Après la mort, le défunt n'a plus de vie d'ordre matériel. C'est la dimension spirituelle, seule, qui concerne les morts. D'une part, ils peuplent la mémoire des vivants (et non un coin de l'univers) et, d'autre part, leur vie a laissé une trace indélébile dans notre univers. En effet, chaque vie a un impact sur son environnement proche et, de loin en loin, chaque vie a un impact sur le monde entier qui ne serait pas le même sans ce que chacun a injecté à son niveau. En d'autres termes, si la mort met un terme à la vie biologique d'un individu qui n'aura plus ni pensée, ni désir, ni action directe dans le monde, elle ne peut annuler ce qui a été vécu, ce qui a été offert et qui continuera à produire des effets.

En relisant les récits bibliques de Pâques, je constatai qu'ils révèlent que le ressuscité n'est pas un être doté d'un corps charnel puisqu'il passe à travers les portes fermées ; il n'est même pas un prolongement direct de ce qu'il avait été puisqu'il n'est reconnu ni par Marie (Jean 20, 14), ni par ses disciples (Luc 24, 16-31). La résurrection indique, par conséquent, le rétablissement de ce qu'avait été l'existence du défunt de sorte que son existence irrigue encore les vivants. Ainsi les récits de Pâques disent que l'assassinat de Jésus n'a pas anéanti sa prédication ni l'espérance qu'il avait suscitée chez les personnes qu'il avait côtoyées. Tout cela est restauré, réveillé, remis debout. C'est la raison pour laquelle l'apôtre Paul (1 Corinthiens 15, 55) demande : « Ô mort, où est ta victoire ? Ô mort, où est ton aiguillon ? ».

Toutes ces réflexions étaient intéressantes, mais cela ne suffisait pas totalement à régler le sens de la vie et, surtout, je ne voyais plus vraiment l'intérêt des récits de résurrection ni l'importance du salut dont on dit qu'elle est la caractéristique du christianisme. C'est à partir de l'affirmation paulinienne de la victoire sur la mort que l'éclaircie est arrivée. En quoi la mort était-elle vaincue par le fait que la mémoire des défunts, elle, n'était pas morte. Je trouvais cela assez faible, finalement. C'était une maigre compensation au regard de ce que signifie la mort de quelqu'un qu'on aime. Quelle pouvait être la grandeur de cette victoire, alors ? Cela a pris du temps pour la découvrir. Cela a nécessité de nombreuses rencontres avec des personnes d'horizons différents. Ce n'est pas au fil des préparations d'enterrement ou de discussions sur la mort que j'ai compris le gain que Pâques nous offrait. C'est en discutant de la vie, plutôt, que j'ai compris l'impact que la foi chrétienne, l'événement de Pâques et la possibilité de la résurrection pouvaient avoir sur mon attitude face à la vie. Je me suis découvert bien moins angoissé que beaucoup par la question de la mort et, paradoxalement, bien plus inquiet au sujet de la vie. C'est ainsi que j'ai compris que Paul nous parlait d'un déplacement de centre de gravité dans notre existence : oui la mort existe et elle est implacable.

Jésus lui-même n'y a pas échappé. Mais ce n'est pas la mort qui dicte notre vie. Oui la mort existe et il est donc urgent de vivre. Il est donc impératif de ne pas laisser la vie nous filer entre les doigts. Mais ce n'est pas la peur de la mort qui détermine ce que je fais, ce que j'organise, ni les relations que je tisse. La mort a perdu en ce sens qu'elle ne dirige pas ma vie quotidienne. Je ne suis vraiment pas pressé de mourir, mais la mort ne m'effraie pas. Elle m'incite plutôt à ne pas ménager ma peine pour vivre tout ce qu'il est possible de vivre et pour mener les combats ou prendre les engagements qui rendront mon quotidien et celui de mes prochains infiniment plus exaltants.

La résurrection était donc à comprendre dans un sens existentiel : ce sont les disciples de Jésus qui sont ressuscités à Pâques, ce sont les personnes que le Christ croise qui sont ressuscitées, qui sont rendues à la vie authentique. Il n'est plus question de traîner les pieds dans la vallée de l'ombre de la mort, pour paraphraser le psaume 23 ; il est désormais question de prendre place avec confiance devant toutes les adversités qui se présentent. Pâques, c'est donc l'éveil des consciences : au cœur du deuil, au cœur de tous les types de deuil, une vie est à nouveau possible. Voilà de quoi Dieu sauve : d'une vie morne, monotone, en sous-régime, sans intérêt, sans joie, sans éclat – une vie qui ne conduise à aucune action de grâce. Dieu, c'est ce qui nous sauve de l'ennui. C'est ce qui nous sauve de l'absurde, ce que serait une vie dénuée de tout sens – en l'occurrence le sens que je décide de donner à ma vie en fonction de ce que je comprends de mon face à face avec Dieu, de ma quête de ce qui a un caractère ultime.

Le doute, meilleur ami de la foi

Au fil du temps, j'ai donc découvert que Dieu était bien autre chose qu'un être surnaturel capable de tout. Cela s'est particulièrement formalisé par la lecture de l'ouvrage de l'évêque anglican John A. T. Robinson (1919-1983) *Dieu sans Dieu*. Le titre original *Honest to God* (Honnête envers Dieu) me semble plus juste, aussi bien à l'égard de la démarche de ce théologien qui cherchait à lier les résultats de la recherche théologique faite dans les facultés et la foi personnelle en Dieu, qu'à l'égard de ce que je ressens comme une exigence incontournable : croire ce que je pense et penser ce que je crois. Autrement c'est le règne de l'hypocrisie dénoncée à juste titre par Jésus.

Oui, c'est bien cela qui commença à m'obséder : être honnête envers Dieu. Et pour cela, il me fallait pratiquer le doute, le doute sérieux, le doute cartésien, le doute radical qui consiste à douter de Dieu lui-même. Non pas seulement se demander si la religion telle que je l'avais en tête n'était pas une fadaise. Non pas se demander seulement si la religion ne serait pas un coup monté par quelques-uns pour prendre l'ascendant sur des esprits faibles et en faire commerce. Mais remettre Dieu en question. Douter de Dieu, douter de son existence, douter de Dieu comme être, comme phénomène, comme l'un des aspects de la vie. Après tout, si Dieu est Dieu, il n'a rien à craindre d'une mise en doute sérieuse. Plus important, quand j'y songe : si ma foi est bel et bien placée dans le Dieu vivant, le Dieu de Jésus-Christ, celui qui a partie liée avec la résurrection, qu'aurais-je à craindre d'une profonde critique en règle de tous les aspects de ma foi ? Aurais-je peur que certains points ne résistent pas à l'examen ? Mais, dans ce cas, si cela ne résiste pas, ce serait un gain de ne plus m'encombrer d'une image de Dieu erronée, ou d'un concept théologique hors d'usage.

Après ce travail permanent de plusieurs mois, qui a consisté notamment à rejeter l'idée même de Dieu, il me m'était plus possible d'adhérer à la religiosité ambiante qui affirmait : Vous avez besoin de quelque chose d'extraordinaire ? Demandez à Dieu. Vous avez besoin de quelque chose d'ordinaire ? Demandez-le-lui aussi. Tout cela me paraissait de plus en plus un infantilisme sans rapport avec la vie réelle. Mon expérience avait chassé le Dieu de l'enfance pour faire advenir le Dieu d'Abraham, d'Isaac, de Jacob, de Jésus, de Paul. Ce n'était plus le Dieu sympathique, l'ami gentil qui dit toujours oui, qui était l'objet de ma foi. Dieu était tombé d'un piédestal qui ne lui convenait pas. Il avait perdu sa toute-puissance et était devenu faible, faible comme en parlait le pasteur Wilfred Monod (1867-1943) ou plus récemment le philosophe John Caputo (1940-).

Le doute avait dégagé Dieu d'une gangue faite de siècles de discours religieux, résultant de projections des craintes, des ambitions, des volontés de pouvoirs, et de paresse intellectuelle. Les discours religieux devinrent difficiles à écouter. Le summum fut d'entendre que, l'espoir étant une vertu chrétienne, il était donc normal de compter sur Dieu pour que se réalise tout ce que nous voulons. Voilà un raisonnement qui se fonde sur une idolâtrie et un abus de langage : d'une part, Dieu est pris pour ce qu'il n'est pas et, d'autre part, l'espérance est confondue avec l'espoir.

L'espérance et non l'espoir

Dieu n'est pas un distributeur automatique qu'il suffirait d'actionner pour obtenir tout ce que l'on souhaite. Bien évidemment, dans une version mythologique où Dieu serait doté de pouvoirs qui annuleraient les lois de l'univers, cela pourrait fonctionner. C'est ce que pensent les gens qui prennent les miracles de la Bible au pied de la lettre. Ce faisant, ils ne voient pas que ces récits sont des métaphores qui ne parlent pas de la matérialité, mais qui utilisent la matière (la mer, un handicap, du pain et des poissons, une maladie contagieuse...) comme image pour parler des aspects immatériels de l'existence que nous ne pouvons pas voir à l'œil nu : les sentiments, les devoirs, les idées, les vertus...

Plutôt que parler de Dieu comme de quelqu'un d'extraordinaire, nous pourrions prendre exemple sur la Bible qui parle de Dieu comme d'un verbe qui rend l'usage des autres verbes possibles. Ainsi, Moïse découvre que Dieu est le verbe « advenir » conjugué au présent et au futur (Exode 3). Dieu est ce qui fait advenir le présent. Dieu est ce qui fait exister ce qui n'existait pas encore (Romains 4, 17). Dieu désigne ce processus qui conduit de la vie biologique à la vie humaine, ce qui fait que nous ne sommes pas seulement une combinaison complexe de molécules, mais un être vivant (*bios*) capable d'être tendu vers un idéal de vie (*psychè*), un être qui peut donner du sens à ce qu'il vit ou ce qu'il souhaite vivre. En tant que verbe qui désigne ce processus qui conduit à l'existence, Dieu n'est pas à envisager sous les traits d'une personne, d'un être particulier supérieur à tous les autres êtres et doté d'une conscience particulière. Il n'est donc pas quelqu'un ou quelque chose qui a la possibilité d'intervenir directement dans le cours de l'histoire. Dieu est plutôt l'être, au sens de ce qui fait exister les êtres – c'est le fondement de l'être. Dieu désigne tout ce qui conduit à l'existence.

J'en tire comme conséquence qu'il est illusoire d'attendre de Dieu qu'il fasse quoi que ce soit pour moi, en l'occurrence qu'il satisfasse mes espoirs. Cela ne veut pas dire que Dieu soit inutile, vain ou obsolète. Cela signifie que l'œuvre divine n'est pas le résultat d'une action réalisée par un être particulier, Dieu, qui se serait arrangé pour qu'un événement particulier arrive ou qu'une chose soit fabriquée de toutes pièces, c'est-à-dire à partir de rien. L'œuvre divine consiste dans toutes les actions que nous menons et qui ont pour caractéristique de viser l'universel (elle ne fait de tort à personne) et de relever de la logique du don (au lieu d'être dans la logique de l'échange).

Il en résulte que l'espérance n'est pas un espoir, mais la grammaire des espoirs. D'une manière analogue, la mémoire est la grammaire des souvenirs. L'espérance est un effort, un travail, au même titre que la mémoire. C'est ce travail qui rend les espoirs concrets, effectifs. L'espérance n'attend pas que Dieu agisse pour notre compte ; l'espérance est tout sauf une démission personnelle. Au contraire, l'espérance est un engagement personnel qui se fonde sur l'adhésion à ce que Dieu désigne, ce qui est juste et désirable. En conséquence, l'espérance met en œuvre ce qui fera advenir l'horizon que Dieu désigne. Il n'y a ni magie, ni surnaturel dans une vie heureuse ou, pour être plus précis, ce qui est surnaturel dans la foi chrétienne, c'est de ne pas s'en remettre aux pratiques superstitieuses.

D'un point de vue physique, un arbre qui se trouve à deux mètres de moi a beaucoup plus d'influence sur moi que Mercure, Mars ou Vénus. Cela signifie qu'un thème astral n'est pas pertinent pour expliquer ma vie, mon comportement, mes réactions, mon caractère. D'ailleurs, je n'ai pas manqué de vérifier auprès de personnes qui s'y entendaient en astrologie, qu'elles n'étaient pas capables de déterminer mon signe à la seule observation de mes faits et gestes, alors qu'elles me connaissaient, mais qu'elles ignoraient ma date de naissance.

Pour autant, l'astrologie, les superstitions, ne sont pas sans effets. Elles sont une croyance parmi d'autres et, à ce titre, la confiance qu'on leur porte influe effectivement sur nous. C'est vrai pour toute information que nous tenons pour vraie. À partir du moment où nous avons foi en une information, nous construisons la suite de notre vie en fonction de cette information, notamment.

C'est le fait de considérer que la position des planètes a un impact sur nous qui conditionne notre avenir. Ce sont nos choix qui déterminent principalement notre avenir, de même que les choix que nous ne faisons pas. C'est la raison pour laquelle les rédacteurs bibliques s'opposent à la consultation de ceux qui prétendent dire l'avenir (Deutéronome 18, 9-14) : se fier totalement aux prévisions d'un professionnel du futur, c'est renoncer à soi, à sa faculté de jugement personnel, à sa capacité d'initiative, à sa créativité, à son génie propre. En développant le principe de responsabilité individuelle, à contre-courant de la pensée dominante de leur époque, les prophètes Jérémie et Ézéchiel ont rappelé un aspect décisif : nous ne sommes pas prisonniers d'un destin. Contre des mythologies qui déclarent que nul ne peut échapper à son destin, que tout est écrit à l'avance, les rédacteurs bibliques ont cassé l'idole de la fatalité. Ainsi, ce n'est pas parce que nos pères ont mangé des raisins verts que nous aurons les dents agacées (Jérémie 31, 29-30 ; Ézéchiel 18, 2-3).

Foi et esprit scientifique

Les mythes bibliques ont privilégié la liberté et son corollaire, la responsabilité individuelle. Ce choix ne procède pas d'une fantaisie ou de la volonté de se démarquer de l'idée majoritaire pour occuper un créneau disponible et exister dans le champ des idées. Ce choix s'est opéré à l'encontre d'une idée reçue particulièrement fausse qui voudrait qu'il y ait un gouffre infranchissable entre la foi et la science. Les rédacteurs bibliques, loin d'être hostiles à la science telle que nous la concevons de nos jours, ont montré un véritable esprit scientifique. Certes, ils n'avaient pas les connaissances que nous avons aujourd'hui. Ceci explique que le rédacteur de Josué 10, 12-13 pense que c'est le soleil qui tourne autour de la Terre. Cela ne retire rien à l'esprit scientifique qui s'exprime dès Genèse 1 où les différents éléments de l'univers ne sont pas considérés comme des divinités, contrairement à l'usage de l'époque où on parlait du dieu soleil, du dieu vent, de la déesse lune. Le travail de démythologisation a débarrassé notre univers de son caractère sacré au sens où Dieu serait dans les astres, dans les plantes, dans les lieux et les objets ou encore dans les éléments naturels. Ce travail a permis qu'il n'y ait plus de tabous, que tout puisse être observé avec un esprit scientifique.

L'esprit scientifique des rédacteurs bibliques les a conduits à tenir compte de toutes les contraintes à l'œuvre dans notre histoire et à révéler les espaces qui restent disponibles, pour que nous puissions interagir avec les événements dans le sens que nous voulons imprimer à notre vie. C'est pour cela que Jésus s'insurge contre un ordre établi par ses contemporains, qui ne permet pas aux personnes de s'épanouir. C'est pour cette raison que Jésus tient tête aux tenants d'un monde sans audace, sans transgression. Car il y a de l'imprédictible dans notre monde. Il y a de l'indéterminé dans notre avenir. Cela peut effrayer ceux qui manquent de confiance dans leur capacité à affronter la nouveauté ; cela ravit les amoureux de la vie qui ont là l'occasion d'orienter leur quotidien. Et Jésus a révélé que la foi, la confiance que nous avons dans l'idéal de vie, que la Bible nomme Dieu, nous permet de faire valoir nos talents en mettant à profit ces occasions et en ne se laissant pas impressionner par les sirènes antiscientifiques qui dénigrent la pensée, le raisonnement.

Je me souviens très bien de l'événement par lequel je me suis senti autorisé à ne pas mettre mes cellules grises de côté en matière de religion. Mon professeur d'histoire du christianisme ancien, Jean-Daniel Dubois, rendait notre premier devoir. J'avais choisi de travailler sur Irénée de Lyon, *Contre les hérésies*. Les mots qu'il m'adressa furent un électrochoc.

Il me demandait de refaire mon devoir en adoptant un regard critique sur cet éminent Père de l'Église. Non, ce qu'il avait écrit n'était pas parole d'Évangile. Oui, il manipulait les faits, l'histoire, en créant une filiation artificielle entre les gnostiques pour disqualifier tout le monde. La critique... voilà comment elle fit son entrée dans mon rapport à la religion, à la foi, à la vie. Non pas l'opposition systématique, mais l'art de s'interroger et d'interroger ce que l'on tient pour évident, puis de le replacer dans son contexte, de le mettre en tension avec d'autres versions des faits. Engager un débat contradictoire comme cela se fait dans les tribunaux, lorsqu'il s'agit d'établir les faits et de rechercher la vérité. Favoriser la pluralité, ne pas s'en tenir à un seul son de cloche. Et, surtout, ne pas céder à la facilité qui consiste à répéter ce qui s'est toujours dit. Ne pas céder à la tentation de condamner l'esprit scientifique au prétexte qu'il tuerait la foi, qu'il découragerait les vocations, qu'il serait une offense à Dieu, alors que c'est l'esprit scientifique qui sauve Dieu de nos superstitions.

C'est dans ces circonstances que la prière a été décisive. La prière intervient ici pour replacer notre vie devant Dieu, c'est-à-dire devant le réel. C'est par la prière que le croyant tient bon face à la tentation de céder à l'irrationnel, de s'en remettre à des pratiques superstitieuses qui nous donneraient le sentiment de bénéficier de forces hors du commun, mais qui s'avèrent inefficaces car sans prises sur le réel. Le rédacteur qui met une prière de consécration du temple dans la bouche du roi Salomon n'agit pas autrement. En 1 Rois 8, 27, Salomon prie en s'interrogeant : « Mais quoi ! Dieu habiterait-il véritablement sur la terre ? Voici que les cieux et les cieux des cieux ne peuvent te contenir, combien moins cette maison que je t'ai bâtie » ! La prière ne consiste pas à débrancher le cerveau, bien au contraire. C'est une manière de mobiliser toutes nos capacités pour prendre en compte tous les paramètres utiles pour bien appréhender la situation qui est l'objet de la prière. Se placer devant Dieu, c'est désirer ardemment tenir l'alpha et l'oméga, les tenants et les aboutissants d'une situation pour mieux la comprendre.

C'est en pensant à ce qu'est la prière, à « comment marche la prière », que je me suis dit qu'elle ne pouvait pas être le catalogue des bons sentiments ou des espoirs un peu vains. La prière est d'abord une lutte contre soi-même, contre la tentation de faire de notre point de vue le centre de gravité autour duquel tout devrait tourner – c'est, pour une part, la découverte de Jacob après une lutte terrible avec un personnage mystérieux en Genèse 32, 25-33. La prière m'est apparue également comme une lutte contre la tentation de faire de Dieu le fantasme qui satisferait mes envies et acquiescerait à mes délires.

En lisant *La prière d'un homme moderne* de Louis Évely (1910-1985), j'ai été frappé d'une vérité qui m'avait échappé jusque-là : Dieu n'a vraiment pas besoin qu'on lui dise ce qu'il doit faire. Ne serait-ce que la prière que Jésus a enseignée à ses disciples, le Notre Père, ne saurait être comprise comme la dictée faite à Dieu de ce qu'il doit faire promptement. Le christianisme a eu la fâcheuse tendance de tout inverser au point qu'on s'est mis à penser que prier c'est parler à Dieu alors que prier, « c'est écouter Dieu qui te parle ». Comment se fait-il que cette vérité d'une simplicité évangélique échappe à la majorité des croyants qui pensent savoir mieux que Dieu ce que Dieu devrait faire – si nous gardons l'image d'un Dieu qui serait une personne ? Peut-être parce que nous confondons la parole et la conversation. Parce que nous confondons la parole de Dieu avec nos verbiages. Or, comme l'a écrit le théologien Paul Tillich (1886-1965) dans *Religion biblique et ontologie*, « le Dieu de la Bible ne parle pas ou n'entend pas » de la même manière que nous parlons et entendons lorsque nous discutons avec quelqu'un. Tillich rappelle que la parole de Dieu a un rapport avec ce qui a un caractère ultime, avec la réalité dernière, avec le sens profond de notre vie.

La prière nous évite de nous réfugier dans une bulle, hors du monde, ce qui nous mettrait à distance de la vie. La prière nous fait tenir notre place dans le monde comme Jésus l'a fait pour ses disciples selon Jean 17 : sans être du monde, c'est-à-dire sans adopter la manière courante de vivre, c'est dans le monde que nous sommes appelés à déployer nos talents et à éprouver un véritable bonheur, car c'est ce monde que Dieu aime (Jean 3, 16), pas un monde parallèle. La foi n'offre pas un paradis artificiel, elle nous rend capables de faire de notre vie un véritable paradis, dans ce monde-ci.

Certes, la religion pourrait atténuer notre angoisse de vivre en toute liberté à grands renforts de ritualisme. Mais ce n'est pas le chemin qu'a pris la foi biblique. Contre les grigris et les rituels qui devraient nous épargner tout malheur, le livre biblique Job a développé une critique de cette vision du monde. Ce conte met en scène une personne particulièrement zélée en matière de rituels et qui, pourtant, connaît une véritable chute libre en perdant sa famille, ses biens, sa santé et sa réputation. Ce conte biblique prend alors le contre-pied des superstitieux qui pensent qu'il y a un lien de causalité entre un pain posé à l'envers sur une table et un marin qui meurt en mer, entre un trèfle à quatre feuilles et le bonheur, entre le fait de se lever du pied gauche et le malheur.

La superstition fait une place à l'espoir qu'un regard favorable de Dieu (ou de ses saints si on veut complexifier le modèle mythologique) soit conditionné par l'accomplissement scrupuleux de rituels. Dieu serait bienveillant envers nous au prétexte que des actions sans lien de causalité avec les faits auraient été exécutées. En récusant les pratiques superstitieuses, les rédacteurs bibliques ont remis la responsabilité individuelle au cœur de l'histoire. Les prophètes ont disqualifié les coutumes qui dispensaient de s'engager personnellement dans la résolution des problèmes : « Ne continuez pas d'apporter de vaines offrandes. L'encens m'est une abomination, ainsi que la nouvelle lune et le sabbat, la convocation des assemblées. Je ne puis supporter l'iniquité et la fête solennelle », dit Ésaïe (1, 13). La justice sociale requiert notre travail, pas des gestes folkloriques.

Ce faisant, les rédacteurs bibliques ont refusé de faire de leur religion un moyen de se rassurer à bon compte par le biais des rituels, d'ordalies, tout cela destiné à se prouver que Dieu ou les dieux sont bien disposés à notre égard. Cette quête pour se rassurer est infinie par définition car ces tests incessants sont sans rapport avec la vie telle qu'elle est, telle qu'elle va. En effet, ils ne s'appuient sur aucun lien de causalité. Ils ne peuvent donc nous rassurer de manière définitive. Les superstitieux sont toujours à la recherche de nouvelles preuves de leur félicité. La foi, quant à elle, consiste à découvrir que nous sommes capables de faire face à ce qui arrive, et que nous pouvons réagir de manière adaptée à notre situation en tenant bon les idéaux que nous voulons promouvoir.

Transcender notre condition

Il peut y avoir une certaine paresse à s'en remettre aux superstitions qui offrent un cadre de vie prêt à l'usage, qui donnent des explications prêtes à penser sur le cours des choses, qui donnent des rituels prêts à l'emploi pour satisfaire aux aléas de l'existence.

Je constate qu'il y a le plus souvent une foi qui se trompe d'objet. Il y a le plus souvent une envie profonde de s'en remettre à une puissance supérieure, quelque chose de plus grand que soi. Il y a souvent une véritable ambition qui n'a pas trouvé d'autre chemin que la superstition pour devenir réalité. Il y a une envie de transcendance d'un quotidien insatisfaisant, qui se porte sur une ambiance mystérieuse, faite de savoirs et d'interprétations qui donnent le sentiment d'une omniscience, d'un savoir total. S'en remettre à un savoir total, c'est s'en remettre à un totalitarisme, ce qui ne laisse plus aucune place à l'imprévu, à ce que nous pourrions concevoir de neuf. C'est une manière insidieuse d'abdiquer sa liberté.

Or c'est à la liberté que nous sommes appelés (Galates 5, 13), non pour nous affranchir de toutes les contraintes, mais pour accéder à notre statut de fils et de filles de Dieu. Cela semble anecdotique, mais c'est un point d'une grande portée que n'a pas manqué de relever le théologien Friedrich Gogarten (1887-1967) qui élabora une théologie de la sécularisation. Cette sécularisation, loin d'être subie, a été l'œuvre même du christianisme qui devrait, aujourd'hui encore, chercher à rendre les individus majeurs, autonomes. Plutôt que les maintenir dans l'état de l'enfance, privés de parole, sans capacité de jugement, le christianisme a considéré que c'est le statut de fils et de fille de Dieu qui était à viser par les gens. Le fils n'est plus l'enfant, mais il reste dans un lien filial avec ses parents dont il a hérité pour se construire une personnalité propre et un avenir qui n'appartient qu'à lui. Ainsi en va-t-il des humains dans leur ensemble à l'égard de Dieu dont ils ne doivent pas tout attendre, mais dont ils ont reçu ce qui leur était nécessaire pour devenir une instance de jugement et être en mesure de prendre toutes les décisions utiles, sans s'en remettre à l'Église ni se défausser sur Dieu.

Dans cette perspective, la religion ne nous maintient plus sous la domination de ceux qui savent, des spécialistes de la foi. Elle ne nous rend pas non plus dépendants d'un Dieu omnipotent, c'est-à-dire qui fait tout. La religion se démarque d'une croyance dans le surnaturel. Se fier à des forces surnaturelles, c'est adhérer au principe qu'il y a des mécaniques à l'œuvre dans l'univers qui échapperaient à l'observation scientifique, qui seraient inexplicables parce qu'elles seraient supérieures à la raison, au monde. C'est bien autre chose d'explorer l'ensemble des conséquences que peuvent avoir une parole, un geste, une décision, puis choisir notre attitude en fonction de ces effets possibles, comme le fait le croyant qui pense son éthique.

Au lieu de repérer ce qui est facteur de transcendance dans le réel de notre vie, la superstition nous fait adhérer à ce qui nous permet d'échapper au réel, en nous offrant des tranches d'irrationalité qui nous donnent le frisson d'échapper à la pesanteur du monde. Toutefois le frisson ne dure qu'un temps. Et on ne reste pas suspendu au-dessus du sol en niant la pesanteur, mais en en faisant une force au service de nos projets.

De l'audace

L'importance accordée à la responsabilité individuelle conduit à voir les humains comme des êtres doués de capacités pour répondre aux défis qui se présentent au quotidien. La foi biblique crée des êtres appelés à répondre personnellement aux différentes situations auxquelles nous sommes affrontés et qui sont autant de sollicitations de toute notre personne. C'est la raison pour laquelle les personnages bibliques disent régulièrement « Me voici ». Ils répondent présents, ils sont responsables au sens strict du terme. Et en répondant présents, ils mobilisent tout leur être au service d'une cause, d'une situation dans laquelle ils vont s'impliquer personnellement. C'est la raison pour laquelle l'audace est un élément constitutif de la spiritualité chrétienne.

Jésus a franchi de nombreuses frontières aussi bien humaines, en allant au-devant des réprouvés, que politiques en allant vers les étrangers, que religieuses en fréquentant les impurs. Il l'a fait en révélant des images de Dieu peu conformes aux yeux des prêtres et des commentateurs de la loi de Moïse. Jésus a fait preuve non seulement de courage en prenant le risque de faire ce qui ne se faisait pas selon les normes de l'époque, mais aussi de créativité en considérant chaque situation d'une manière unique. Jésus ne s'est pas contenté de répéter un catéchisme qu'il aurait appris par cœur. Ce sont ses opposants ou ses disciples qui étaient prisonniers de schémas mentaux, de représentations le plus souvent fondées sur des intérêts personnels et non sur une expérimentation sérieuse de la vie dans ses multiples facettes.

Les miracles de Jésus ne sont pas des actions qui défient les lois de la physique ou de la biologie. Les miracles de Jésus défient les conventions sociales, religieuses, les accords tacites, les petits arrangements entre amis. Les miracles de Jésus ont ceci de surnaturel qu'ils témoignent de l'audace de Jésus qui va à rebours des idées reçues pour aller dans le sens de la vie, d'une vie marquée par le bonheur et par la grâce. Les miracles de Jésus sont extraordinaires car ils injectent de l'amour gracieux dans tous les actes ordinaires de la vie qui sont le plus souvent faits sans y penser. Cela va jusqu'à l'amour des ennemis, ce qui est vraiment contre nature, contre notre pente naturelle. L'audace est manifestement le signe d'une foi authentique en Dieu, cette foi qui exorcise les peurs, qui transcende les déterminismes, qui relativise la force du pouvoir, qui nous affranchit des conformismes. L'audace est miraculeuse, le miracle étant le signe que l'ordre naturel du monde a été rompu : la loi du plus fort cesse de régir l'histoire ; la fraternité supplante la rivalité ; les personnes mises sous tutelles gagnent leur liberté ; les tyrans sont contestés, etc.

Les personnages bibliques font preuve d'audace pour offrir une suite aux histoires qui se bloquent, qui patinent, qui tournent en rond, qui touchent à leur fin. Dieu est présenté comme une puissance créatrice qui permet au monde de se reconfigurer pour être plus vivable, plus propice à la croissance de l'humanité (Genèse 1). Dieu est présenté comme la source de la créativité qui invente une manière de rompre l'enchaînement fatal de la vengeance en plaçant un signe sur Caïn qui vient de tuer son frère Abel (Genèse 4). Des femmes font preuve, elles aussi, d'une audace créatrice en ne se soumettant pas à un ordre moral qui stérilise les êtres au lieu de les rendre féconds, aimants. Tamar se fait passer pour une prostituée afin d'offrir un descendant à son beau-père dont les fils sont morts les uns après les autres (Genèse 38). Ruth, une étrangère, restera avec sa belle-mère qui lui conseille pourtant de l'abandonner (Ruth). Une femme réputée pécheresse enfreindra les codes en pleurant à chaudes larmes sur les pieds de Jésus, pieds qu'elle essuiera ensuite avec ses cheveux (Luc 7, 36-50). Paul (1 Co 10, 25-27) et Pierre (Actes 11, 3) mangeront des viandes préparées d'une manière que la religion condamnait, afin de ne pas rompre les relations interpersonnelles avec ceux qui sont qualifiés de gentils, les païens, et parce que les aliments ne sont dotés de pouvoirs particuliers qu'aux yeux de ceux qui y croient.

Je constate que les textes bibliques sont construits sur des narrations dans lesquelles des personnages évoluent, se débrouillent avec la vie, n'ont rien de croyants exemplaires au sens où ils ne seraient jamais hésitants, qu'ils ne seraient jamais touchés par la résignation (même Jésus a prié pour qu'il soit épargné par l'épreuve, selon Marc 14, 35). La Bible n'est pas rédigée en citant les intellectuels de l'époque, en citant les bons auteurs. La Bible se plonge dans la pâte humaine car c'est dans cette pâte que s'incarne l'espérance divine. C'est dans les tréfonds des personnes que se trouve l'humanité que les rédacteurs bibliques ont eu à cœur de ressusciter. Cela nous invite à prendre les gens au sérieux, tous les gens, qui s'avèrent être des théologiens à leur manière, dont il faut tenir compte dans nos propres élaborations théologiques. C'est dans la trajectoire des personnes que Dieu s'incarne et c'est dans l'histoire humaine qu'il laisse des traces – pas dans les livres. Dieu est devenu chair, il n'est pas devenu livre, nous rappelle Jean en préambule de son évangile.

Ce fut audacieux de la part de Pierre Valdo (1140-1217) de vendre ses nombreux biens pour porter secours aux démunis et fonder la fraternité des Pauvres de Lyon. Il en a fallu de l'audace au pasteur John Bost (1817-1881) pour fonder ce lieu de soins près de Bergerac, magnifique, qui

« accueille au nom de son Maître ceux que tous repoussent ». Il en a fallu de l'audace à Suzanne de Dietrich (1891-1981) pour créer le Cimade en 1939 afin d'intervenir dans les camps d'internement et ressusciter l'humanité particulièrement humiliée ou pour sauver des personnes de confession juive d'une mort inéluctable. Georgette Siegrist (1897-1981), Jane Pannier (1876-1944), Madeleine Barot (1909-1995) et tant d'autres ne manquèrent pas d'audace elles non plus. Irène Frachon (1963-), en soulevant le problème sanitaire causé par le médicament Médiator, fit preuve d'une audace qui n'a pas faibli devant la puissance des laboratoires Servier qui ont voulu la museler.

L'audace n'est pas une manière de se faire remarquer. C'est adapter son comportement aux personnes, à leurs besoins, au contexte dans lequel elles se trouvent, en ne cédant rien sur l'exigence de vie à laquelle la foi nous appelle. L'éthique de la responsabilité qui est développée par les rédacteurs bibliques conduit chacun à prendre les initiatives nécessaires pour résoudre les difficultés, pour réduire les injustices et pour favoriser ce qui concourt à une existence plus satisfaisante. C'est une manière de ne pas laisser la grâce s'abîmer dans une étagère poussiéreuse. Cela consiste souvent à transgresser les usages, les codes, parfois à transformer les erreurs en nouveaux projets. La foi chrétienne ne va pas dans le sens d'une reproduction à l'identique de ce qui s'est fait jusque-là : l'imagination est à l'œuvre pour répondre d'une manière nouvelle aux sollicitations qui surviennent et qui sont toujours inédites. La foi chrétienne ne fait pas des croyants des automates programmés, elle les rend capables de toutes les audaces.

Envoi

Ami(e)s lectrices et lecteurs inconnus qui venez de terminer ce livre : nous, qui en avons lancé l'idée, fixé les objectifs et en avons été les premiers lecteurs, nous vous exprimons d'abord notre joie à la vue du travail accompli, et nous vous adressons ensuite une invitation.

Les quatorze contributeurs de cet ouvrage vous ont offert le témoignage très personnel et mûrement réfléchi de leur propre foi chrétienne, en évitant les deux écueils contre lesquels nous les avions mis en garde : la répétition impersonnelle d'un credo doctrinal, aussi bien que le schéma biographique brut de leur parcours personnel. Vous avez pu remarquer que leurs professions de foi sont d'une grande diversité d'approche, de ton, d'expression, ce qui fait leurs richesses, mais interdit quelque conclusion que ce soit : le bilan de la lecture appartient à chaque lecteur. Nous nous contenterons ici de quelques remarques, en privilégiant celles qui, au-delà de la reprise des caractéristiques de toute expérience chrétienne, s'attachent à souligner les conditions nouvelles d'un témoignage évangélique susceptible de faire sens pour nos contemporains marqués par la culture de nos sociétés modernes.

1. À des degrés divers, les auteurs sont conscients qu'ils vivent leur foi dans un monde SÉCULARISÉ (50 % des Français se déclarent sans religion) ; plusieurs d'entre eux disent explicitement qu'ils s'adressent à un ami incroyant ou athée, et constatent que cet état de choses pose à leur expérience croyante, aux expressions dans laquelle celle-ci cherche à se dire et donc au témoignage qu'ils désirent porter, des difficultés renouvelées qui les obligent à des ruptures parfois douloureuses, à la recherche de chemins nouveaux, à l'invention de langages inédits.

2. Beaucoup d'entre eux avouent avoir des difficultés à parler de « Dieu », terme à la fois vide, dépourvu de toute référence identifiable, et tellement surchargé de désastreuses méprises et de dramatiques équi-

voques. La plupart choisissent plus volontiers d'expliciter leur expérience croyante à partir de Jésus de Nazareth et de son Évangile, de sa vie, de ses paroles, de sa passion, ce qui leur permet ensuite d'en venir à parler de leur rapport au « Dieu de Jésus » (expression utilisée par beaucoup d'entre eux) et de l'expérience singulière qu'il leur arrive de faire de son Esprit. Un tel choix n'est-il pas un précieux enseignement pour offrir aujourd'hui un témoignage évangélique susceptible d'être entendu ?

3. Ils manifestent, chacun à sa façon, que leur foi chrétienne est singulière et existentielle, car elle traduit l'impact que l'Évangile a eu et continue d'avoir dans leur histoire, dans la profondeur de leur conscience et dans leur agir. Elle est une « expérience » originale et inédite, souvent surprenante.

4. Tous mettent en évidence, selon une étonnante diversité, que le point de départ de leur foi chrétienne est toujours redevable d'un héritage, reçu pour les uns au berceau et dans une première initiation – qu'ils seront éventuellement amenés à remettre plus ou moins radicalement en question, – ou pour d'autres, à tel ou tel moment de leur vie, avec la rencontre de Témoins de l'Évangile : ce peut être la lecture de la Bible, particulièrement les évangiles, un livre, un film, un événement inattendu, le croisement de personnalités chrétiennes qui les marquent ou les aident, et bien d'autres péripéties. Nos auteurs se sentent et se savent héritiers.

5. Ils attestent aussi que la découverte initiale de l'Évangile a été suivi d'un long CHEMINEMENT, celui d'une appropriation personnelle, faite de réinterprétations difficiles (interprétation, terme fréquent aussi) : cette démarche a conjugué la *réflexion* intellectuelle (pour être crédible, la foi doit être perçue comme raisonnable aux yeux de celui qui y adhère), une *expérimentation* (cette foi doit être aussi vérifiée comme chemin de vie), des *échanges* (cette foi, pour mûrir et grandir, doit accepter la confrontation, entendre les objections qui lui sont adressées). Dans ce long parcours, ont alterné lumières, doutes, obscurités. Ce cheminement s'est creusé et approfondi au fil de la maturation humaine des auteurs, non exempte d'épreuves.

6. Ils affirment enfin que c'est dans la durée que s'est affermie la conviction qu'ils pouvaient se dire croyants chrétiens, sans qu'ils soient pour autant exempts de nouveaux questionnements. La stabilité acquise qui procure joie et paix au plus intime ne protège pas contre les vicissitudes et les aléas de l'existence.

Et maintenant voici notre invitation. Vous, lectrices et lecteurs, comment avez-vous reçu les différents témoignages que vous avez lus dans cet ouvrage ? N'hésitez pas à nous l'écrire, n'hésitez pas à interroger tel ou tel auteur, à lui formuler vos connivences, vos réactions, vos questions, vos étonnements. Nous le leur transmettrons. Plus encore : nous vous lançons un appel.

Pourquoi ? Sur la vingtaine de nos connaissances, femmes et hommes, à qui nous avons proposé de rédiger un témoignage réfléchi et argumenté de leur foi chrétienne, les trois quarts ont immédiatement accepté, et avec empressement. Celles et ceux qui ont dû se récuser, par un vrai manque de temps ou par un scrupule les retenant d'oser se dire « chrétien », nous ont tous exprimé leur vif regret de devoir décliner notre proposition.

La très large acceptation de notre invitation est assez frappante. Elle témoigne, semble-t-il, d'une aspiration, d'une attente : le désir de faire le point sur ses propres convictions de foi, peut-être une attente d'être invité à s'en expliquer, à attester qu'au sein d'un monde sécularisé, la foi chrétienne n'est pas déraisonnable.

Cette constatation nous détermine, au terme de ce livre, à lancer à la lectrice, au lecteur un appel. Qui que vous soyez, que vous vous disiez chrétien ou croyant d'une autre religion, mal-croyant, ou agnostique ou athée, vous est-il arrivé de vous livrer vous-mêmes à la mise par écrit de votre « foi », celle qui vous anime en profondeur, celle qui donne sens à votre existence, celle que vous traduisez dans vos choix moraux, dans votre manière personnelle de vivre votre vie selon toutes ses dimensions ? Voulez-vous nous les partager ? Oui, nous sommes tous animés d'une « foi ». La foi chrétienne se présente comme une voie, une voie parmi les autres. Ne serait-il pas passionnant d'échanger à propos de nos fois respectives, dans le respect de chacun et la reconnaissance mutuelle ?

Avec nos sentiments fraternels.

Jacques MUSSET
et Bernard QUELQUEJEU

Table des matières

Introduction 5

Prologue
Bernard Quelquejeu et Jacques Musset 7

1. **La foi, une aventure personnelle ouverte à l'universel**
Michel Anquetil 11

2. **Mon Credo aujourd'hui**
José Arregi 37

3. **Les aventures du ciel et de la terre**
Paul Blanquart 61

4. **Traduire pour transmettre la foi et habiter le monde**
Bernard Bourdin 75

5. **Parcours de vie, de foi et de raison d'un « croyant en exil »**
Serge Couderc 87

6. **Un itinéraire spirituel**
Annie Crépin 115

7. **Jésus, la boussole de ma vie sur le chemin des hommes**
Robert Dumont 133

8. **Mon cher Victor**
Paul Fleuret 151

9. **Après vous**
Yves Guéguen 167

10. L'espérance qui conduit à la foi
Georges Heichelbech 181

11. « Le Christ existant comme communauté ».
Un lien social au défi de la sécularisation
Bernard Lauret 197

12. Lettre à des amis athées sur ma foi chrétienne
Jacques Musset 221

13. Un parcours de pensée pour éclairer ma foi
Bernard Quelquejeu 247

14. Dieu sans superstition
James Woody 267

Envoi
Jacques Musset et Bernard Quelquejeu 285

Collection *Sens et Conscience*
Le christianisme dans la modernité

« Sens et Conscience » est une collection créée en 2015 et dirigée par Robert Dumont, oratorien et ancien prêtre-ouvrier.

John Shelby Spong

- *Jésus au XXIe siècle*, 1re éd. 2013, 2e éd. revue 2015.
- *Né d'une femme. Conception et naissance de Jésus dans les évangiles*, 2015.
- *La Résurrection, mythe ou réalité ?* 2016.
- *Sauver la Bible du fondamentalisme*, 2016.
- *Pour un christianisme d'avenir, ni les credo anciens ni la réforme, ne peuvent susciter une foi vivante. Pourquoi ?* 2019.
- *Être honnête avec Dieu. Lettres à ceux qui cherchent*, 2020.
- *Le quatrième évangile. Récits d'un mystique juif chrétien*, 2021.
- *Libérer les évangiles. Une lecture midrashique de l'évènement Jésus*, 2021.

Jacques Musset

- *Repenser Dieu dans un monde sécularisé*, 2015.
- *Sommes-nous sortis de la crise du modernisme ?* 2016.

Jacques Giri

- *Les nouvelles hypothèses sur les origines du christianisme. Enquête sur les recherches récentes*, 1re éd. 2007, 5e éd. mise à jour, 2015.
- *L'homme dans l'Univers : les questions que nous posent les découvertes de l'astrophysique*, 2017.

Louis-Pierre Sardella

- *Regards sur la crise moderniste en France. Une Église intangible dans un monde en mouvement*, 2018.

Antonino Franco

- *M.-D. Chenu : homme d'écoute, théologien de l'événement*, 2019.

Jean-François Petit (dir.)

- *La crise moderniste revisitée*, 2019.

Robert Ageneau, Serge Couderc, Robert Dumont, et Jacques Musset (éd.)

- *Manifeste pour un christianisme d'avenir*, 2020.

Serge Couderc (éd.)

- *Marcel Légaut, éveilleur de l'essentiel*, 2020.

Pierre Lebonnois

- *Ma longue métamorphose.*
  De l'état clérical à la condition laïque, 2021.

Bruno Mori

- *Pour un christianisme sans religion.*
  Retrouver la « Voie » de Jésus de Nazareth, 2021.

Philippe Liesse

- *Simplifier Dieu.*
  Mémoires d'un diacre non aligné, 2021.

Paul Fleuret

- *Mon exode de laïc chrétien.*
  Entre rupture et invention, 2022.

Jacques Musset et Bernard Quelquejeu (éd.)

- *La foi et ses raisons...*, 2022.

Eugen Drewermann

- *Le secret de Jésus expliqué aux jeunes*, mai 2022.

Composition, mise en page :
Écriture Paco Service
27, rue des Estuaires - 35140 Saint-Hilaire-des-Landes